DEMAIN, LE SOLEIL

Ishmael Beah

DEMAIN, LE SOLEIL

Roman

Traduit de l'anglais (Etats-Unis)
par Alice Delarbre

Titre original : *Radiance of Tomorrow*
Published by arrangement with Sarah Crichton Books,
an imprint of Farrar, Straus and Giroux,
LLC, New York.

© Ishmael Beah, 2014.
© Presses de la Cité, 2015 pour la traduction française.
ISBN 978-2-258-11336-7

Presses
de   un département **place des éditeurs**
la Cité

place
des
éditeurs

*Pour Priscillia, ma femme,
ma meilleure amie, mon âme sœur.
Merci d'insuffler à ma vie un amour et une joie
dont j'ignorais jusqu'alors l'existence*

Note de l'auteur

J'ai grandi en Sierra Leone, dans un petit village où, enfant, mon imagination a été sans cesse sollicitée par la tradition du récit oral. Dès mon plus jeune âge, j'ai su l'importance de raconter des histoires, j'ai compris que celles-ci étaient le plus puissant moyen d'évocation des diverses rencontres de la vie, la meilleure façon d'apprendre à faire face aux difficultés de celle-ci. Les histoires sont les fondations de nos existences. Nous les transmettons afin que les générations suivantes puissent tirer les enseignements de nos erreurs, de nos joies et de nos réussites. Dans mon enfance, chaque soir, je m'installais près du feu, et ma grand-mère, ou un autre ancien du village – comme nous les appelions –, nous livrait un récit. Certains portaient sur les valeurs morales de mon peuple, sur les exemples à suivre. D'autres se voulaient simplement drôles. D'autres encore terrifiants, au point qu'on avait peur d'aller aux toilettes la nuit. Chacun avait sa signification, sa raison d'être.

Je mets beaucoup de cette oralité dans mon écriture, et je tente de la laisser imprégner les mots. Ma terre natale possède une telle variété, une telle richesse dans ce domaine. En Sierra Leone, nous avons une quinzaine de langues et trois dialectes. J'en parlais environ sept dans ma jeunesse. Ma langue maternelle, le mendé, est très expressive, très imagée, si bien que lorsque j'écris j'ai toujours du mal à trouver l'équivalent anglais. Par exemple, en mendé, on ne dirait pas « la nuit tomba brusquement », mais « le ciel changea de côté ». Tous les mots fonctionnent ainsi dans cette langue ; celui que l'on utilise pour désigner un ballon pourrait se traduire par « nid d'air » ou « poche qui transporte de l'air ».

Si j'exprime une idée pareille en anglais, à l'écrit, je donne au langage, en quelque sorte, une nouvelle tonalité. « Ils jouaient avec un nid d'air. » Tout à coup, cela prend une signification différente. Quand j'ai entrepris la rédaction de ce roman, j'ai voulu intégrer à mon travail cette dimension. Car pour moi c'est elle qui rend les mots vivants.

Après la rédaction de mon autobiographie, *Le Chemin parcouru,* je me sentais un peu vide. Je ne voulais pas m'inspirer à nouveau de ma vie, j'avais le sentiment qu'il n'était pas sage de parler de soi pendant une si, si longue période. Et, en même temps, l'histoire de *Demain, le soleil* m'attirait à cause de mon premier livre. Je voulais que les gens comprennent ce que l'on ressent lorsqu'on retourne dans des endroits ravagés par la guerre, lorsqu'on essaie de recommencer à y vivre, d'y élever une famille, de ranimer certaines traditions qui ont été détruites. Comment y parvenir ? Comment façonner un futur quand le passé continue à peser sur le présent ? Chacun rentre au pays poussé par une nostalgie propre. Celle des plus jeunes est motivée par les histoires que leurs parents et grands-parents leur ont racontées, par ce qu'ils savent de leurs origines. Les plus âgés se raccrochent aux traditions. Le village est un lieu de tiraillements permanents ; tous s'efforcent d'apprendre à vivre ensemble.

Pour moi, originaire d'un endroit déchiré par la guerre – un endroit dont la plupart des gens n'ont jamais entendu parler –, écrire est devenu le moyen de faire exister, sur le papier, des choses que je n'étais pas en mesure d'offrir aux gens, de leur fournir matériellement. J'aimerais qu'en découvrant mes mots les lecteurs éprouvent des sensations concrètes, palpables ; aussi, je tâche d'adapter mon écriture au paysage qu'elle décrit. C'est pourquoi *Demain, le soleil* emprunte au mendé et à d'autres langues.

Il y a un dicton chez les conteurs : dès qu'elle est racontée, diffusée, une histoire cesse d'appartenir à son narrateur pour devenir celle de tous ceux qui ont croisé sa route, qui l'ont accueillie. Nous ne sommes que les bergers de ces récits, même s'ils émanent de nous. Et nous aurons beau chercher à les orienter dans une direction précise, ils en prendront parfois une autre, qui n'avait pas été anticipée. Voilà ce que m'inspire *Demain, le soleil*. Je suis le berger de cette histoire, mais j'espère que vous la mènerez sur le chemin de votre choix.

Ishmael Beah

1

C'est la fin, ou peut-être le début d'une autre histoire.
Chaque histoire commence et se termine par une femme,
une mère, une grand-mère, une fille, un enfant.
Chaque histoire est une naissance...

Elle fut la première à arriver là où le vent ne semblait plus souffler. A plusieurs kilomètres du village, les arbres s'étaient enchevêtrés. Leurs branches poussaient vers le sol, enfouissant les feuilles dans la terre afin de les rendre aveugles et d'empêcher les rayons du soleil de leur promettre des lendemains riants. Seul le chemin avait des réticences à se couvrir entièrement d'herbe, comme s'il savait que la chaleur de pieds nus ne tarderait pas à le ramener à la vie, à apaiser sa faim.

Les longs sentiers sinueux étaient comparés à des « serpents », sur lesquels on allait à la rencontre de son existence ou qui conduisaient à des lieux vivants. A l'image des reptiles, ces sentiers étaient enfin prêts à la mue, à échanger leur ancienne peau contre une nouvelle. Un tel processus prenait du temps, surtout s'il était régulièrement interrompu.

Ce jour-là, elle fut la cause d'une de ces interruptions en foulant la terre de ses pieds nus. Il est possible que ceux qui ont déjà vu passer de nombreuses saisons soient toujours les premiers à raviver la flamme éteinte de l'amitié entre l'homme et la nature. Il est tout aussi possible que ce fût le fruit du hasard.

La brise poussait son corps osseux, drapé dans un vêtement abîmé, usé et décoloré par d'innombrables lavages, vers ce qui avait été son village. Elle avait retiré ses tongs, placées en équilibre sur sa tête, et posait délicatement ses pieds nus sur le chemin, éveillant la terre séchée à chacun de ses pas légers. Les yeux fermés, elle invoqua l'odeur délicieuse des fleurs qui se transformeraient en grains de café, que le souffle discontinu du vent diffusait dans l'atmosphère. La fraîcheur de ce parfum l'emportait sur celui de la forêt et trouvait les narines des visiteurs à plusieurs kilomètres. Promesse, pour le voyageur, de présence humaine, d'un endroit où se reposer et étancher sa soif, voire de renseignements s'il était perdu. Ce jour-là, cependant, l'odeur lui tira des larmes. Silencieuses d'abord, elles devinrent des sanglots, puis un cri du passé. Un cri-complainte, qui pleurait ce qui avait été perdu et dont le souvenir subsistait, et un cri-victoire, qui célébrait le peu qui avait survécu, auquel on pourrait insuffler ce qu'il restait du savoir ancien. Elle ondulait au rythme de sa propre mélodie ; l'écho de sa voix l'emplissait, faisait trembler son corps, avant de se répandre dans la forêt. Elle poursuivit sa lamentation plusieurs kilomètres durant, arrachant quand sa force le lui permettait les plantes sur sa route et les abandonnant sur le côté.

Enfin, elle atteignit le village paisible, où elle ne fut pas plus accueillie par le chant des coqs que par les jeux des enfants, par le fracas d'un forgeron qui transformait un fer chauffé au rouge en outil que par la fumée qui s'échappait des cheminées. Malgré l'absence des signes d'une époque apparemment révolue, elle était si heureuse d'être rentrée qu'elle se surprit à courir vers sa maison, ses jambes soudain animées d'une énergie inattendue pour son âge. Hélas, en arrivant à son but, elle se mit à gémir. La chanson du passé avait brusquement déserté sa langue.

L'habitation avait été brûlée depuis un moment déjà et les piliers subsistants étaient noirs de suie. Les larmes qui consumaient ses yeux d'un brun profond roulèrent lentement sur son long visage, et ses pommettes saillantes ne tardèrent pas à être trempées. Si elle pleurait maintenant, c'est qu'elle n'avait pas été capable de le faire pendant sept années. Pour rester en vie, il avait fallu oublier les réflexes habituels durant la longue période où les fusils avaient bâillonné les anciens. Sur la route du retour, elle avait traversé de nombreux villages semblables à ce que son regard brouillé de larmes contemplait. Un, en particulier, l'avait terrifiée plus que les autres : des rangées de crânes humains bordaient, de part et d'autre, le chemin y menant. Lorsque le vent se levait, et il le faisait souvent, il imprimait un lent mouvement de rotation aux crânes, et elle avait eu l'impression qu'ils dirigeaient leurs orbites vides vers elle, tandis qu'elle pressait le pas. En dépit de ces spectacles, elle s'était refusée à envisager la possibilité que son propre village ait été réduit en cendres. Peut-être était-ce sa façon d'entretenir la flamme de l'espoir, d'alimenter sa détermination et de poursuivre sa route.

Elle s'était refusée à nommer l'endroit qu'elle avait atteint, même en son for intérieur. Une force prit soudain possession de sa langue, et elle demanda malgré elle :

— Retrouverai-je un jour Imperi ?

Le nom de sa terre avait été livré aux oreilles du vent, par l'intermédiaire de cette interrogation perplexe. Retrouvant l'usage de ses jambes, elle entreprit de déambuler dans le village. Il y avait des os, des ossements humains, partout, et elle pouvait seulement distinguer ceux d'enfants de ceux d'adultes.

Elle réussit à se remémorer ces lieux la veille du jour où elle avait pris la fuite pour sauver sa vie. C'était à la fin de la saison des pluies, époque de l'année où tous réparaient et rafraîchissaient les façades de leurs foyers. Il y avait de nouveaux toits, en chaume ou en zinc, et

15

les murs de certaines habitations étaient peintes de couleurs vives, soulignant la gaieté de la saison sèche. Pour la première fois, sa famille avait eu les moyens de cimenter les murs de la maison et donc de les peindre : les fondations en noir, puis du vert jusqu'au rebord des fenêtres et enfin du jaune jusqu'au toit. Ses enfants et petits-enfants, son mari et elle avaient admiré le résultat ensemble. Ils ignoraient que le lendemain ils abandonneraient tout et seraient séparés à jamais.

Quand les premiers coups de fusil avaient résonné dans le village, que la guerre était entrée dans sa vie, semant le chaos dans son sillage, elle avait jeté un dernier regard à sa maison avant de prendre la fuite. Si la mort venait à sa rencontre, au moins elle emporterait un dernier bon souvenir.

Elle était rentrée parce que le bonheur lui était impossible ailleurs. Elle avait écumé les camps de réfugiés et séjourné chez de généreux inconnus à la recherche d'une joie distincte du simple divertissement. Ce sentiment, elle l'avait appris, n'existait que sur la terre où elle se tenait à nouveau. Elle se rappelait un après-midi pas si lointain où elle s'était vu offrir, après plusieurs jours de jeûne, un délicieux bol de riz et de poisson bouilli. Elle avait dévoré avec frénésie dans un premier temps, puis ses muscles avaient perdu de leur vigueur, ralentissant les mouvements de sa main vers sa bouche. Le poivre n'avait pas le même goût que dans son souvenir. L'eau n'était pas présentée dans une petite calebasse et n'avait pas l'odeur de la jarre de terre cuite où on la gardait au frais depuis son plus jeune âge. Elle avait terminé son repas et bu pour demeurer en vie, pourtant elle savait que l'existence ne se limitait pas à ces efforts temporaires. Il ne lui était resté qu'une seule satisfaction après avoir mangé : le souvenir ravivé du bruit du poivre pilé dans un mortier, du parfum mordant qui envahissait l'atmosphère et qui faisait fuir les hommes et les garçons, provoquant l'hilarité féminine.

« C'est si simple de se débarrasser d'eux », lui disait sa mère.

Les autres femmes, elles, continuaient de rire. Leurs yeux et nez ne montraient pas le moindre signe d'inconfort, contrairement à ceux du sexe fort.

Elle considéra à nouveau les os, puis porta son regard au-delà afin de trouver le courage d'aller de l'avant.

— Je suis encore chez moi, ici, murmura-t-elle pour elle-même avec un soupir.

Elle enfonça ses pieds nus dans la poussière.

La nuit approchait, le ciel se préparait à changer de côté. Elle s'assit par terre, laissant la brise nocturne apaiser son visage et sa peine, sécher ses larmes. Lorsqu'elle était enfant, sa grand-mère lui racontait qu'aux heures les plus calmes de la nuit Dieu et les dieux mêlaient leurs doigts au vent pour débarrasser la surface du monde de certains déchets, aidant ainsi celui-ci à se préparer pour la journée suivante. Même si son chagrin n'avait pas entièrement disparu avec l'arrivée du matin, une force nouvelle avait pris possession de son cœur. Celle-ci lui donna l'idée de s'arracher à la terre et d'enlever les os. Elle commença chez elle et réunit les premiers d'une main tremblante – effet de la brise fraîche ou de l'émotion qui l'étreignait au moment de rassembler les restes de ceux qu'elle avait connus. Ses pas la conduisirent à la plantation de café derrière sa maison. Tout en tenant les os d'une poigne délicate mais ferme, elle se demandait comment un si grand nombre d'êtres avaient pu être réduits à de tels fragments. Peut-être la chair seule donne-t-elle au squelette qu'elle habille une certaine valeur. A moins que ce ne soit le souffle de la vie et les actes qui en résultent ? Elle interrompit le fil de ses questions un temps, afin que ses pensées éparpillées retrouvent une cohérence. Elle devinait que c'était l'unique moyen d'ancrer en elle le souvenir de ceux qui pesaient à présent si peu dans sa paume. Son esprit se transforma en fourmilière enfumée. Elle ne prêta que peu d'attention à l'endroit vers lequel elle se dirigeait. Ses pieds connaissaient la terre par cœur ; ses yeux, ses oreilles et son cœur entreprenaient un autre voyage.

À un détour, elle déposa son chargement. Au bruit sourd qu'il produisit en heurtant le sol poussiéreux, elle sentit son cœur tomber dans son ventre. Ses jambes se dérobèrent sous elle quand elle aperçut le dos d'un homme agenouillé, qui liait des os ensemble ainsi qu'il l'aurait fait de brindilles. Elle vit tout de suite qu'il s'agissait d'un vieillard. Ses cheveux avaient la couleur des nuages stagnants et ses mouvements exprimaient son âge. À cette vision, elle eut la sensation que son cœur reprenait sa place dans sa poitrine, permettant au reste de son corps de récupérer ses multiples fonctions.

Le vieillard devina la présence d'une ombre derrière lui et s'adressa ainsi à elle :

— Si tu es un esprit, je te prie de poursuivre ton chemin en paix. Je m'acquitte de cette tâche afin de m'assurer que les habitants n'auront pas à voir ceci, à leur retour. J'ai beau savoir qu'ils ont posé les yeux sur des spectacles bien plus terribles, je veux leur éviter cette dernière image du désespoir.

— Dans ce cas, je t'apporterai mon aide.

Elle se baissa pour ramasser les os qu'elle avait lâchés, et d'autres encore, puis s'approcha de lui.

— Je connais cette voix. Est-ce toi, Kadie ?

Il frémissait et ses mains ne parvenaient plus à accomplir ce qu'elles faisaient depuis son arrivée, à l'heure où le ciel chassait les dernières traces de sommeil de sa surface. Kadie répondit tout bas, comme par peur de troubler le silence profond qui venait de s'installer. Le cœur du vieil homme hésitait à lui donner l'autorisation de se retourner pour saluer son amie. Celui-ci resta agenouillé un moment à considérer l'ombre mouvante. Il entendait Kadie entrechoquer les os tandis qu'elle s'affairait en soupirant. Il savait très bien que dès qu'il l'aviserait il aurait le cœur alourdi d'un poids nouveau, car il lui faudrait accepter sa nouvelle apparence : elle pouvait être amputée, abîmée d'une quelconque façon. Il se débattit quelques instants supplémentaires avec ses tourments, et Kadie décida d'y mettre un terme. Elle avait deviné pourquoi il se cachait. Elle vint s'asseoir en face de lui. Il avait enterré ses yeux au plus profond de la terre.

— Arrache ton regard à sa tombe, je te prie, et vois ton amie. Je suis sûre que ton cœur se livrera à une danse joyeuse lorsqu'il découvrira que je suis aussi bien que je peux l'être.

Elle posa la main droite sur son épaule. Il la toucha et, lentement, tel un enfant pris en faute, releva la tête. Ses yeux passèrent en revue le corps de Kadie pendant que son esprit lui confirmait la réalité : ses deux mains sont présentes, ses jambes aussi, son nez, ses oreilles, ses lèvres…

— Je suis là, Moiwa, aussi entière que le jour où je suis arrivée sur terre.

La voix de la femme interrompit l'inventaire corporel auquel le vieillard se livrait.

— Kadie ! Tu es là, tu es bien là !

Il lui toucha la figure. Puis ils s'étreignirent avant de s'écarter et de s'étudier mutuellement. Il lui proposa de l'eau dans une petite jarre ancienne. Elle sourit en recueillant l'eau dans la calebasse fendillée qui flottait à la surface. L'homme possédait un de ces visages ronds et dignes qui avaient toujours une expression pensive et ne pouvaient pas garder longtemps un sourire. Sa carrure, ses mains et ses doigts étaient amincis, allongés.

— Je n'ai rien trouvé d'autre, dans les décombres, pour l'eau.

Il ne précisa pas qu'une semaine plus tôt il s'était déjà approché d'Imperi. Assez près pour apercevoir l'immense manguier au centre de la place. Il n'avait pas eu le courage d'aller plus loin. A la nostalgie avait aussitôt succédé le souvenir des horreurs de la guerre. Ça avait débuté par les gémissements de mourants, qu'il avait connus. Il avait installé son campement de fortune dans l'une des nombreuses voitures calcinées près de la rivière. Celles-ci avaient appartenu, autrefois, à la compagnie qui se préparait à entamer l'exploitation des gisements six mois avant la naissance du conflit. L'entreprise s'était refusée à construire un pont sur la rivière, ce qu'elle avait regretté dès le début des combats : il lui avait été impossible de transporter ses véhicules et son matériel flambant neufs sur l'autre rive. Les étrangers employés par la compagnie minière avaient, dans un premier temps, écarté la possibilité d'avoir à abandonner leurs voitures, chargées de nourriture, de vêtements et autres provisions. Au premier coup de feu, ils avaient pris la fuite, n'emportant chacun qu'un seul sac et s'entassant dans des pirogues qui menaçaient de sombrer tant la nervosité des passagers les faisait vaciller. Ils imploraient, de leurs yeux écarquillés, le propriétaire de l'embarcation de pagayer plus vite.

Moiwa demanda à son amie Kadie comment elle avait réussi à ramener son esprit chez elle et quelle route elle avait empruntée.

— Mes pieds ont touché cette terre le jour qui a engendré celui-ci. Et j'ai pris le chemin habituel, car mon cœur n'en connaît pas d'autre.

Elle replia les doigts de sa main droite sur ceux de sa gauche et les frotta les uns contre les autres pour se réchauffer.

— J'aurais dû le deviner, ma chère Kadie !

Elle n'avait pas changé. Kadie n'utilisait presque jamais les routes. Elle ne le faisait que lorsqu'elle n'avait pas le choix. Elle croyait au savoir transmis par ses arrière-grands-parents, qui avaient tracé ces chemins et connaissaient le pays bien mieux que ces étrangers qui montaient sur leurs machines pour creuser des routes sans se soucier de la respiration de la terre, de l'endroit où elle dormait et se réveillait, de celui où elle abritait ses esprits, où elle avait besoin de soleil, de l'ombre d'un arbre. Ils se mirent à rire, conscients que les anciennes traditions subsistaient en partie, bien que fragiles. Quand leurs rires furent épuisés, ils échangèrent quelques mots, sans s'étendre, gardant de nombreux détails pour un autre jour qui en deviendrait un autre puis encore un autre. Il valait mieux taire certaines choses tant que les poignées de main et les embrassades pouvaient exprimer leurs émotions. Viendrait le temps où la voix retrouverait la force de franchir leurs lèvres et de révéler ce qui était caché dans les replis les plus profonds de la mémoire.

Mama Kadie et Pa Moiwa, ainsi que s'adresseraient à eux leurs cadets en signe de respect, passèrent des semaines à déblayer ce qui n'avait pas sa place à la surface de la terre. Ils auraient été incapables de dire quels squelettes avaient appartenu à des personnes de leur connaissance. Dans certaines maisons, le nombre d'ossements était supérieur à celui de ses anciens habitants. Les os étaient éparpillés à travers le village et dans les buissons alentour. Il en allait de même dans les multiples endroits qu'ils avaient traversés, l'un et l'autre ; certains détruits par les flammes, d'autres transformés en forêts, les arbres poussant à l'intérieur des habitations. Ils prirent la décision de transporter les os au cimetière et de les y entasser jusqu'au retour d'un nombre suffisant de villageois. Alors, ils pourraient statuer, ensemble, sur le sort des restes de leurs frères et sœurs. Tout le temps du processus, ils ne versèrent pas une larme. Ils n'échangeaient que de rares mots, sauf quand ils se reposaient. Même dans ces moments-là, leurs conversations portaient sur des banalités, sur l'évocation du passé, avant le grand bouleversement.

— J'espère que les autres villages reviendront bientôt à la vie, j'aime tant m'aventurer sur les sentiers en milieu d'après-midi, pour aller rejoindre d'autres anciens.

Pa Moiwa balaya du regard les quatre chemins qui partaient d'Imperi.

— Comme au bon vieux temps... Crois-tu que des choses aussi simples puissent redevenir notre quotidien ? lui demanda Mama Kadie.

Elle n'attendait aucune réponse, et son ami ne lui en fournit pas. Ils se murèrent dans le silence, chacun repensant au jour où le cours de son existence avait pris une direction qu'ils cherchaient encore à rectifier.

Imperi avait été attaqué un vendredi après-midi, alors que tous étaient rentrés qui du marché, qui des champs, qui de l'école, pour se reposer chez soi et prier. C'était l'heure du jour où le soleil arrêtait sa course et étirait ses muscles à l'intensité insoutenable, même pour ceux habitués à la saison sèche. Les gens s'installaient à l'extérieur, sur la galerie de leur maison ou à l'ombre d'un manguier dans la cour, ils buvaient du thé chaud ou une boisson fraîche, discutant à voix basse – car même leurs voix avaient besoin de repos. Sauf les enfants, bien sûr. Des cris d'excitation montaient par intermittence de la rivière, où ils se baignaient et jouaient à se pourchasser. Leurs uniformes scolaires étaient étendus sur l'herbe de la rive.

Il y avait trois écoles primaires au village, et deux collèges-lycées à proximité. Si les établissements manquaient de matériel, ils contenaient suffisamment de bancs et de pupitres. Et les bâtiments étaient solides, malgré l'absence de portes, de fenêtres et de toit. Ils possédaient les ouvertures prévues pour ces « ornements » – ainsi que les appelait le directeur –, et des morceaux de zinc étaient parfois accrochés aux poutres. Les professeurs plaisantaient souvent : « Qui veut un toit, une porte ou des fenêtres quand on a besoin de laisser entrer le vent dans la classe ? La chaleur risquerait bien, sinon, de vous enseigner une leçon plus assommante que celle destinée aux élèves ! »

Ces enseignants étaient pleins d'entrain, leurs élèves encore plus, avec leurs uniformes colorés, si désireux d'apprendre qu'ils s'asseyaient à même la terre, sous les manguiers ou même en plein soleil, pour réciter avec enthousiasme ce qu'ils avaient appris.

Les habitants d'Imperi étaient au courant de la guerre qui faisait rage à plusieurs centaines de kilomètres, mais ils ne pensaient pas qu'elle viendrait jusqu'à eux. Et encore moins qu'elle infligerait des blessures aussi graves à leurs vies. Ce fut pourtant ce qui arriva cet après-midi-là.

Plusieurs tirs de lance-roquettes introduisirent le conflit dans le quotidien des villageois. Ils atteignirent l'habitation du chef, abattant tous ses murs et tuant de nombreuses personnes au passage. Ces explosions, qui faisaient crépiter la chair, furent suivies de coups de feu, de hurlements et de plaintes, alors que certains étaient abattus devant leurs enfants, leur mère, leur père, leurs grands-parents. C'était l'une de ces opérations que les combattants appelaient « Plus rien de vivant » – ils détruisaient toute forme de vie. Ceux qui réchappaient à ces attaques pouvaient s'estimer très chanceux : les soldats prenaient les villages en embuscade et tiraient à vue.

Le chaos avait englouti Imperi, et certains, en particulier les plus vieux et les plus jeunes, furent piétinés. Sur leur passage, les soldats, pour beaucoup des enfants, abattaient ceux qui n'avaient pas encore trouvé la mort. C'était un sujet de plaisanterie entre eux : en provoquant une bousculade, les civils leur facilitaient la tâche.

Mama Kadie avait vu des balles transpercer ses deux fils aînés et trois de ses filles. Ils s'étaient tous effondrés les yeux grands ouverts, emplis de la surprise de ce qui venait de leur arriver. Le sang avait jailli en plusieurs endroits de leur corps, puis leurs dents s'étaient couvertes de salive rouge tandis que la vie les quittait. C'était arrivé si vite, elle s'était précipitée vers eux sans trop savoir pourquoi. Son cœur de mère avait été réduit en miettes et elle ne pouvait rien faire d'autre. Elle ne craignait pas pour sa propre existence. Quelqu'un l'avait saisie par-derrière et entraînée à l'écart des balles, sous le couvert des buissons. Abandonnée là, elle s'était réveillée du choc et son instinct de survie avait pris le dessus. Dans de telles circonstances, on doit faire la sourde oreille non seulement à la douleur, mais aussi, parfois, au sentiment maternel en soi. L'urgence fait loi.

Elle avait pensé à ses petits-enfants. Et s'ils avaient survécu, puisqu'ils se trouvaient près de la rivière ? Même si le vent avait cessé de charrier les éclats des voix enfantines dès le début des coups de feu, elle avait été tentée de s'aventurer dans cette direction. Malheureusement, des tirs nourris en provenaient. Elle s'était retournée délibérément pour apercevoir sa maison une dernière fois avant de fuir Imperi aussi vite que son âge le lui permettait. Des balles sifflantes frappaient les gens tout autour d'elle.

Pa Moiwa la tira de ses pensées d'un raclement de gorge. Le visage de Mama Kadie, et plus particulièrement l'affaissement de ses pommettes, l'avait trahie : elle était dévorée par des souvenirs difficiles.

— J'étais à la mosquée ce jour-là, dit-il. J'ai délaissé mon tapis de prière. Je crois que Dieu a compris, il ne m'aurait pas permis de survivre à cette journée, sinon.

Avec un bâton, il traça des lignes dans la poussière, façon de se distraire, d'empêcher les images de ce jour de le posséder en totalité. Ils savaient qu'ils devraient repousser un moment encore l'évocation de cette partie du passé. Leurs esprits les y ramenaient cependant. Celui de Pa Moiwa s'attardait sur l'incendie qui avait détruit sa maison, cet après-midi-là. Sa femme, qui se remettait d'une maladie sans gravité, était alitée, et sa petite-fille de vingt ans veillait sur elle. Quand il les avait vues sortir en trombe, cherchant à éteindre leurs vêtements en feu avec ce qu'il leur restait d'énergie, il avait cru qu'elles survivraient. Mais deux enfants, un garçon et une fille, les avaient abattues avant de pointer leurs armes sur d'autres cibles, hilares. Il avait compris qu'il devait partir avant d'être repéré.

— Quant à moi...

La voix de Mama Kadie attendait de reprendre des forces.

— Lorsque l'araignée se trouve à court de fil à tisser, elle patiente dans la toile qu'elle vient de fabriquer.

Pa Moiwa usait de ce vieux dicton pour rassurer son amie : les mots lui reviendraient et elle ne ruminerait pas toujours les horreurs du passé. Ils se raccrochaient encore à un temps révolu et à un monde qui n'existait plus. Malgré tout, il en subsistait quelques fragments, de-ci de-là. Elle retrouva enfin l'usage de sa langue.

— J'ai atterri sur une petite île près de Bonthe. Un village de pêcheurs qui ne contenait que cela, des pêcheurs, leurs familles, et des huttes que le vent enlevait dans les airs une nuit sur deux avant de les reposer, comme à la recherche de quelque chose.

Mama Kadie s'adossa au goyavier sous lequel ils étaient assis.

— J'ai erré pendant des années, m'allongeant pour dormir à l'endroit où la nuit me surprenait, dit Pa Moiwa. Mon grand âge s'est révélé une bénédiction à bien des occasions, en ces temps où beaucoup ont eu motif à regretter leur jeunesse.

Il n'ajouta rien pendant un long moment, et Mama Kadie ne le pressa d'aucune question. Il se remémorait à nouveau la guerre, et plus précisément les nombreuses fois où il avait échappé à la mort. A cette époque, les soldats poursuivaient en priorité les jeunes : « Il est vieux, ne gâche pas de munitions pour lui. Il ne pourra pas aller loin, on le rattrapera à notre retour et on lui réglera son compte au couteau. » Un groupe de garçons qui auraient pu être ses petits-enfants avaient pris en chasse, et visé, des cibles plus agiles. Lorsque Pa Moiwa reprit la parole, toutefois, il décrivit une tout autre scène que celle qui possédait son esprit.

— Les os et les muscles de mes pieds n'ont jamais ressenti la fatigue de mon errance ; je dirais même qu'ils étaient impatients. Ce n'est que quand j'ai foulé cette terre...

Il frotta ses paumes sur la poussière durant quelques secondes, paupières closes, puis poursuivit :

— Ce n'est qu'à ce moment que mes jambes et mon âme ont soudain éprouvé une grande fatigue.

Il reposa sa langue pour laisser parler la brise qui venait de se lever.

A de rares occasions, ils autorisaient l'émotion enfouie en eux à se manifester sur leurs traits, à déformer leurs rides luisantes de soleil. C'était lorsqu'ils tombaient sur des os d'enfants, surtout si ceux-ci étaient réunis en nombre dans un même endroit. Ils avaient chacun plusieurs petits-enfants : Mama Kadie en avait cinq, et Pa Moiwa, six. Celle-ci fixait certains amas avec une intensité telle que ses yeux s'embuaient. Elle espérait repérer sur ces ossements un signe qui lui révélerait qu'ils appartenaient à un des siens. Après une si longue séparation, il était parfois plus facile de vouloir les enterrer que de rester dans l'ignorance de leur sort. La douleur qu'elle suscitait était insondable et infinie.

— Celui-ci appartenait à une fille, murmura Mama Kadie en examinant un os pelvien. Et ceux-là à des garçons.

Trois de ses petits-enfants étaient inséparables et elle désirait plus que tout les retrouver.

— Si seulement leurs vêtements ne s'étaient pas désagrégés...

26

Pa Moiwa appliquait souvent ses paumes sur les petits os, espérant entendre la voix de l'un de ses petits-enfants, sentir quelque chose qui lui rappellerait l'un d'eux, mais rien de tel ne se produisait. Un seul souvenir envahissait sa mémoire, celui des visages des enfants et de la cloche de l'école, le matin qui avait précédé l'attaque. Il était convaincu que ces restes humains communiquaient avec lui, même si c'était de manière diffuse. Il avait pour habitude d'accompagner ses petits-enfants à l'école chaque matin et de saluer tous ceux qu'il croisait sur sa route. Il soupira alors que ces images endolorissaient son être tout entier.

Les deux anciens étaient au village depuis près d'un mois et avaient bien avancé dans leur entreprise de nettoyage. Chaque matin, Pa Moiwa se réveillait avant Mama Kadie et allait relever les pièges qu'il avait placés dans les buissons, la veille. Dès qu'il se risquait dans un coin différent de la forêt, il découvrait d'autres restes. Il les cachait dans les fourrés ou les enfouissait pour empêcher les bêtes de les trouver. Il rentrait avec ce qu'il avait réussi à prendre : porc-épic, pintade... Puis il débitait la bête en morceaux que Mama Kadie cuisinait pour eux. Il ne lui parlait pas des crânes et des mains sectionnées, il ne lui disait pas qu'il avait examiné ceux où était encore accrochée un peu de chair, à la recherche de marques de naissance lui permettant d'identifier un de ses proches.

De son côté, elle arpentait les champs en friche en quête de pommes de terre, de manioc, de toute plante comestible qui poussait sur les lopins à l'abandon, pour accompagner la viande que Pa Moiwa rapportait. Mama Kadie apercevait aussi des squelettes, accrochés devant les fermes, qui gardaient le souvenir des balles et des machettes. Elle fit ce qu'elle put pour les décrocher et leur trouver un endroit tranquille. Elle n'en dit rien à son ami. S'ils veillaient l'un sur l'autre pendant la journée, le soir venu, chacun regagnait les ruines de son ancienne maison. Ils avaient déniché un coin où dormir, protégés d'un côté par un pan de mur, et de l'autre par du chaume tendu sur des branches. Ils avaient du mal à trouver le sommeil sur les matelas qui séparaient leurs corps de la terre. Les couvertures en loques ne parvenaient pas à réchauffer leurs vieux os. Ils étaient chez eux, pourtant. Ils savaient à travers quel feuillage filtreraient les premiers rayons du soleil, ce signe que Dieu envoyait chaque jour aux humains. Cette seule raison suffisait à justifier leur présence ici : l'on se devait, dans la mesure du possible, d'écouter Dieu dans la langue de sa terre natale.

Un matin, au terme de ce premier mois, et comme ils étaient tous deux partis chercher de la nourriture, un autre ancien arriva au village. Il avait emprunté, lui aussi, le chemin, et repéra des traces de pas un peu partout. Ignorant si elles étaient le signe d'une présence amie ou ennemie, il se cacha dans des buissons et attendit. La guerre avait beau être terminée, certains réflexes perduraient et il ne pouvait croire spontanément à l'hospitalité d'un lieu tranquille.

Il venait de la capitale, où il avait fini par atterrir après avoir passé au peigne fin chaque camp de réfugiés dans l'espoir d'y retrouver un membre de sa famille. Il avait dû systématiquement s'enregistrer en tant que réfugié, et ses poches étaient pleines de cartes d'identité. Supportant mal la surpopulation des camps, et leur saleté, il avait entrepris de tisser des paniers traditionnels. Quand il en eut vendu assez, il loua une chambre à l'ouest de la capitale. Ses nouveaux voisins, peinés par sa situation, lui apportaient de la nourriture tous les jours. Leurs enfants se prirent d'affection pour lui, cependant cette proximité lui serrait le cœur. Elle lui rappelait sa propre famille. Il lui arrivait parfois de les accompagner à l'école, néanmoins. Les enfants croyaient qu'il le faisait par goût, alors qu'en réalité il visitait chaque établissement scolaire à la recherche de son fils, Bockarie, qui enseignait avant la guerre. Dès qu'il s'installait quelque part, il les explorait tous, observait les professeurs. Aucun signe de son fils. Il savait que s'il voulait que la chance lui sourie enfin, en lui ramenant des membres de sa famille, il devrait rentrer chez lui. Voilà pourquoi, dès que la fin du conflit avait été annoncée, il s'était organisé pour retourner à Imperi.

A l'approche de son village, plus tôt dans la journée, il avait repensé au jour de sa fuite, le fameux jour de l'opération « Plus rien de vivant ». Il était à la mosquée ; les soldats étaient entrés et avaient tiré sur tout le monde. Il était tombé et des corps s'étaient empilés sur le sien. Les assaillants les avaient criblés de balles pour s'assurer que tous étaient bien morts. Il avait retenu son souffle. Il ne s'expliquait pas comment il avait survécu. Après leur départ, il avait attendu, tandis que lui parvenaient les cris de douleur d'hommes, de garçons, de filles et de femmes qu'on torturait puis abattait, dehors. Il avait reconnu la plupart des voix, et ses oreilles s'étaient, d'elles-mêmes, rendues sourdes au monde. Il était resté sous le tas de cadavres jusque tard dans la nuit. Jusqu'à la fin de l'opération. On n'entendait plus un seul être vivant, pas même le caquètement d'une poule. Il s'était alors extrait de la mêlée et avait découvert les corps troués de balles, et pour certains attaqués à la machette. Il avait fui le village couvert du sang et des excréments de ceux morts sur lui. Il n'avait rien senti durant plusieurs jours. Il avait simplement couru, encore et encore, jusqu'à ce que son nez lui rappelle de quelles substances il était recouvert. Alors seulement, il s'était mis en quête d'une rivière pour se laver. L'eau n'avait pas suffi, toutefois, à chasser l'odeur, le bruit et l'effroi qui subsistaient de cette journée.

Pendant que le matin étirait ses membres froids au soleil pour les réchauffer, Mama Kadie et Pa Moiwa retournèrent au village. Ils remarquèrent tous deux des traces de pas qui ne leur appartenaient pas et s'inquiétèrent aussitôt. Tandis qu'ils discutaient tout bas, une voix s'éleva des buissons voisins :

— Les marques que vous avez aperçues appartiennent à votre ami Kainesi, qui vous salue depuis le bosquet de caféiers, juste derrière vous.

Rencontrer de vieilles connaissances n'avait plus rien de naturel.

— Je vais maintenant apparaître à vos yeux.

Il tira son corps mince des fourrés. Les feuilles avaient laissé des gouttes de rosée sur son visage. Il portait une casquette bleue avec les lettres *NY*, comme les jeunes citadins. Il l'avait trouvée par terre et s'en servait pour protéger sa tête de la colère du soleil. Mais aussi pour les deux lettres qu'on pouvait y lire et qui étaient les initiales de son nom de famille, Nyama Yagoi. Il la retira pour révéler sa figure fripée, barrée de cicatrices, à l'instar de son crâne. Un jeune garçon l'avait tailladé avec une baïonnette avant de tenter de le lui fracasser au moyen d'une machette émoussée, clamant qu'il s'entraînait à la « neurochirurgie ».

Dans un premier temps, Mama Kadie et Pa Moiwa ne voulurent pas regarder leur ami, pourtant ils trouvèrent, sur leurs traits respectifs, le courage qui leur manquait. Ils l'embrassèrent, le pressèrent entre eux deux jusqu'à ce qu'il s'esclaffe. Les balafres sur ses joues s'élargirent et prirent l'aspect d'un second sourire.

— Eh bien, tu as réchappé à toute cette folie avec un sourire supplémentaire ! constata Pa Moiwa.

Ils se serrèrent la main, les yeux au fond des yeux. Leurs vieux doigts tièdes se raccrochèrent à ce contact un long moment.

Mama Kadie brûlait de lui demander « Comment vas-tu ? et tes enfants ? et tes petits-enfants ? et ta femme ? et leur santé ? » ainsi que l'on avait l'habitude de faire autrefois. Elle tint sa langue, néanmoins. Ces temps-ci, il ne fallait surtout pas réveiller les souffrances d'autrui. Elle prit chacun de ses amis par l'épaule, les tirant avec douceur de leur stupeur. Elle songea : Nous sommes ici, vivants, et nous devons continuer à vivre.

— J'ai maintenant deux hommes pour veiller sur moi. Deux vieux amis dont la force vaut sans doute bien celle d'un jeune homme.

Ils se réjouirent tous trois.

— Il nous reste le rire, mes amis, et avec un peu de chance certains de ceux avec qui nous avons partagé ce trésor si souvent reviendront. Nous les attendrons, conclut Pa Kainesi.

Et les trois vieux amis se dirigèrent vers les ruines de leur village, tandis qu'un vent léger se levait. Celui-ci tira les arbres de leur torpeur et souleva un petit tourbillon de poussière, comme pour nettoyer l'air et faire de la place, à nouveau, à la possibilité de la vie.

2

Imperi avait été déserté par ses habitants durant sept longues années. Les jours leur avaient paru interminables pendant qu'ils attendaient, avec fébrilité, de recommencer à vivre. Ils avaient vu les flammes de la guerre dévorer si cruellement leur village que même lorsque la fin des hostilités avait été déclarée, il leur avait fallu plus d'un an, et pour certains davantage encore, avant d'envisager un retour chez eux. Ce n'était pas que l'envie leur manquait, non. La guerre leur avait appris à ne pas se fier aux informations diffusées par la radio, la rumeur et, pour ceux installés dans la capitale, la presse écrite. Ils étaient bien placés pour savoir que la folie ne cessait pas d'un coup parce que quelqu'un avait signé un traité, parce qu'une cérémonie inutile honorait ceux qui ignoraient tout de la réalité d'un conflit dont ils venaient de proclamer la fin. La nouvelle mettrait des mois à parvenir aux combattants dans les terres les plus reculées, sans parler du délai supplémentaire pour que ceux-ci acceptent d'y croire. Les réfugiés provenaient de camps situés dans les faubourgs des grandes villes et dans les pays voisins, où ils avaient guetté, toutes ces années, sous des tentes de fortune, le moment de rentrer chez eux ou de débuter une nouvelle vie ailleurs. Le terme de cette attente n'était pas fixé. Chaque existence semblait en suspens. Aucune certitude, dans un sens ou dans l'autre. Cet état temporaire durait depuis des années, pourtant personne ne voulait accepter qu'il puisse devenir permanent.

« Nous espérons en permanence la fin de cette guerre passagère qui aura bientôt dix ans », disait un artiste dans une chanson populaire. Certains, incapables de tenir en place, erraient sans but, devenant ainsi des proies faciles – victimes de la brutalité policière, mais aussi des mauvais traitements d'employeurs, de parents ou d'amis pour qui ils travaillaient en échange d'un lit et d'un maigre revenu. Rien n'avait été facile pour personne. Les enfants nés à la fin du conflit n'étaient pas en mesure de le comprendre : leurs premiers souvenirs remontaient à une époque où les fusils s'étaient déjà tus. Et personne ne voulait leur expliquer ce qui était arrivé, autant par désir d'oublier que par impossibilité de trouver les bons mots. Il y avait d'autres enfants, en revanche, qui n'avaient connu que la guerre, ayant vu le jour pendant celle-ci. Quoi qu'il advienne, tous rentraient à Imperi.

Les premiers arrivèrent par groupes au moment où la nuit enfantait un jour qui surpassait les précédents en éclat. Mama Kadie, Pa Moiwa et Pa Kainesi s'étaient réveillés plus tôt que de coutume, avant que l'unique coq eût annoncé, de son chant, la naissance d'un jour nouveau. Ils se reposaient de leurs tâches quotidiennes, assis sur des souches à la lisière de la partie la plus ancienne du village, leur attention fixée sur la route, appelant de leurs vœux ceux qui hésitaient à rentrer. Ce matin-là, la route recracha des gens en provenance de camps, de villes, de villages, de cachettes au creux de la forêt devenues leurs maisons. Ils avaient vagabondé et vu bien des endroits où leur présence était devenue si irritante qu'ils ne pouvaient plus y regarder leurs ombres s'allonger.

Cela débuta par une dizaine de voyageurs chargés de petits balluchons faits de tissu ou de toile enduite. Leurs enfants, une demi-douzaine d'entre eux, âgés de moins de dix ans, les suivaient. Ils étaient sur la route depuis deux jours à présent. Motorisés les cinq premières heures, ils avaient accompli le reste du chemin à pied. Les voitures ne venaient pas encore jusqu'à Imperi. Au moment d'entrer dans le village, ils ralentirent la cadence tandis que leurs yeux partaient en éclaireurs, avisant les impacts de balles dans les murs, les taches noires laissées par la langue rouge du feu, les herbes qui avaient poussé dans ce qu'il restait des maisons. Puis ils reportèrent leur attention sur leurs enfants, comme pour trouver la force de s'aventurer plus avant dans leur village natal. Leur hésitation se manifestait dans chaque partie de leur corps : les bras plaqués contre le buste, les lèvres rentrées, les paupières clignant à toute allure. Ils se détendirent néanmoins à mesure de leur progression. L'un des enfants, une fillette dont les traits trahissaient de la surprise devant l'histoire qu'elle découvrait et qui ne correspondait pas à celle qu'elle avait entendue, demanda à sa mère :

— Où est-ce que tu t'asseyais pour écouter des contes ? Il y en aura ce soir ?

La mère considéra sa fille en souriant et lui caressa la joue sans lui répondre. Ses bras se balançaient librement. Son corps et sa démarche exprimaient à présent une aisance qui réconforta la petite fille. Celle-ci saisit la main de sa mère et la posa contre son visage. D'autres arrivèrent pourvus de sacs en plastique que le vent manquait de leur arracher, révélant ainsi qu'ils étaient presque vides. Les nouveaux venus avaient accompli la totalité du trajet à pied – soit trois jours pour ceux qui marchaient vite. Ils n'avaient pas de quoi se payer un moyen de transport. Ils débarquèrent par deux ou trois. Peu de mots furent échangés, même s'ils s'étaient tous connus autrefois. Si leurs yeux montraient un signe de reconnaissance, la peur qu'on y lisait aussi leur nouait la langue.

La plupart des habitants entraient sans rien dans le village. Certains étaient accompagnés de familles et d'enfants qui avaient vu le jour ailleurs. Des mères, revenues seules, étudiaient avec frénésie le visage de chaque enfant, chaque jeune, à la recherche des leurs. Parfois, l'une s'élançait derrière un petit garçon ou une petite fille ; lorsqu'il ou elle se retournait, la femme se laissait lentement choir à terre, vaincue. La plupart n'avaient cessé de chercher depuis sept ans, et c'était là leur dernière chance de se débarrasser du poids qui leur écrasait la poitrine.

Des enfants et des jeunes gens revenaient seuls, sans parents. Au début, ils arrivèrent un par un, puis par deux, et enfin par groupes de quatre, six ou plus. Ils avaient été recueillis dans des orphelinats ou des familles qui avaient voulu les adopter. Certains étaient même passés par des centres pour apprendre à redevenir des enfants « normaux », expression qu'ils haïssaient tant qu'ils avaient préféré vivre dans la rue. Ils avaient développé une intelligence qui dépassait celle de leur âge et avaient surmonté tant d'épreuves que chaque jour de leur existence équivalait à trois années au moins. Cela se devinait dans leurs regards farouches. Il fallait les observer attentivement pour apercevoir des traces de leur enfance. Ils savaient d'où leurs parents étaient originaires et ils étaient venus ici dans l'espoir d'alléger leurs souffrances ou de retrouver de la famille. Ils avaient marché plus longtemps que n'importe lequel des habitants d'Imperi. Parmi ces enfants, il y avait une jeune fille, âgée de seize ans tout au plus, qui portait un enfant sur le dos, un garçon d'environ deux ans. Grande pour son âge, elle avait un visage long et des yeux étroits. Elle gardait les lèvres pincées en marchant, comme pour réunir assez de force à chaque pas. Sa poitrine disait que cet enfant était le sien. Son regard, quand il tombait sur celui-ci, contenait à la fois amour et haine profonde. Mama Kadie se leva pour l'accueillir. C'était la fille de son voisin, lequel ne foulait plus la terre sous une forme humaine.

— Mahawa, sois la bienvenue chez toi, ma petite. Je suis heureuse que tu aies retrouvé le chemin. Puis-je tenir mon petit-fils ?

A contrecœur, Mahawa confia l'enfant à la vieille femme. Simultanément, elle fouillait sa mémoire à la recherche d'un souvenir. *Elle a dû me connaître avant, ce qui explique qu'elle utilise mon nom, que je n'ai pas entendu depuis si longtemps.* Sa voix parlait en elle tandis qu'elle examinait l'ancienne, qui s'était tout de suite prise d'affection pour le petit garçon. La femme frottait son nez sur le ventre de celui-ci pour le faire rire. Elle ne demanda pas qui était le père. Mahawa redoutait d'avoir à expliquer les circonstances de cette naissance. Elle n'était pas prête à se rappeler cette histoire. Elle ne le serait peut-être jamais. Les autres pouvaient bien faire leurs propres suppositions tant qu'ils la laissaient tranquille.

— Tu pourrais t'installer avec moi, on s'aiderait mutuellement. J'ai besoin d'une fille, et les dieux t'ont envoyée juste au bon moment. Emmène-le dans cette maison, là.

Mama Kadie indiqua une direction avant de poursuivre :

— Nourris-le et sers-toi dans les pots, pour toi. Nous nous présenterons mieux plus tard.

Les autres anciens conservaient le silence, soupçonnant le calvaire subi par celle qui, à peine sortie de l'enfance, portait déjà un enfant. Leur mutisme ne dura pas, cependant, car d'autres jeunes approchaient, plus particulièrement un groupe de quatre – trois garçons et une fille. Trois d'entre eux étaient chargés de taies d'oreiller fermées par des cordes empêchant que leur contenu ne s'en échappe. L'aîné, qui avait dix-huit ans, se détacha de ses compagnons. La posture de son corps musclé manifestait discipline et volonté. Ses prunelles, aussi affûtées que ses pommettes, prêtaient attention au moindre détail. Son visage était si endurci, si assombri et si sévère que l'on devinait qu'aucun sourire, même esquissé, n'était passé dessus depuis des années. Il promena son regard sur le village, non pas avec hésitation à l'instar des autres arrivants, mais avec assurance, signe qu'il ne craignait rien. Il s'avança, presque en courant, vers les anciens.

— Bonjour, Pa, Pa et Mama. Je suis le Colonel.

Il leur serra la main d'une poigne ferme et les fixa bien au fond des yeux, les forçant à détourner le regard. C'était en général l'inverse qui se produisait. Il présenta les autres. Salimatu, la fille, avait seize ans, comme Amadu. Victor, le deuxième garçon, en avait dix-sept. Leurs visages étaient ceux d'enfants, leurs manières celles d'adultes. Il devait y avoir un moment qu'ils étaient réunis. Lors de cette première entrevue, les anciens ne demandèrent pas son vrai nom au Colonel – ils le connaissaient. Le questionneraient-ils un jour à ce sujet ? Seules les circonstances en décideraient.

— Ce sont mes frères et ma sœur, expliqua-t-il. Nos parents sont originaires d'ici, voilà pourquoi nous sommes revenus.

Les trois jeunes gens s'assirent par terre, en face des anciens, après leur avoir serré la main. Le Colonel resta debout, les mains enfoncées dans les poches de son pantalon. Il ne les sortait que lorsqu'il parlait. Alors, il les agitait.

— Nous prendrons une des maisons brûlées et la reconstruirons. Nous savons laquelle appartenait au père d'Amadu. Nous pouvons assurer la sécurité du village si le besoin s'en fait ressentir.

Il ne s'agissait pas d'une question et le Colonel n'attendait d'ailleurs aucune réponse des anciens. Grand pour son âge, il en imposait. Même quand il demandait quelque chose poliment, on avait l'impression qu'il l'exigeait, qu'il était impossible de lui dire non.

— Vous êtes tous les bienvenus ici, dans la paix, déclara Pa Moiwa.

Le Colonel n'ajouta rien mais inclina la tête en guise d'assentiment, puis se dirigea vers la bâtisse qu'il avait évoquée et qui se trouvait un peu à l'écart. Amadu, Salimatu et Victor lui emboîtèrent le pas.

— Les survivants rentrent, même si certains portent les habits des étrangers qu'ils sont devenus, dit Pa Kainesi. Le garçon qui veille sur les autres, je l'ai connu avant toute cette folie.

Il se gratta la tête comme pour réfléchir.

— Nous devons le laisser être le Colonel aussi longtemps qu'il le souhaitera. Ceux qui l'accompagnent sont, de toute évidence, placés sous sa responsabilité, et nous ne devons pas interférer. Il a l'habitude de prendre soin d'eux. Nous le surveillerons de loin et le ramènerons, gentiment, sur le droit chemin si nécessaire, suggéra Mama Kadie dans un murmure.

Les anciens se composèrent un nouveau visage pour les autres arrivants, car bien d'autres devaient encore être accueillis sans que pèse sur eux le fardeau de ceux qui les avaient précédés. Peu après le Colonel et ses compagnons apparut un homme du nom de Sila avec ses deux enfants. Âgé d'une quarantaine d'années, Sila portait un ancien sac à riz, qu'il équilibrait sans le moindre effort sur sa tête plate. Celle-ci semblait plus grande que le reste de son corps. Il avait un sourire si large, si éclatant de joie que le soleil se cacha derrière les nuages pour permettre au bonheur de cet homme d'irradier librement. Son expression fit naître des sourires sur les visages des anciens, alors même qu'ils s'apercevaient, à son approche, qu'il lui manquait la main droite, et tout l'avant-bras même. Hawa, sa fille de neuf ans, n'avait plus de bras gauche. Quant à Maada, son fils de huit ans, il était privé des deux, l'un coupé au-dessus du coude, l'autre en dessous. Les enfants souriaient autant que leur père qu'ils flanquaient. Ils avaient appris, à force de l'observer, à dissiper ainsi le malaise des gens qui les découvraient.

Deux ans plus tôt, Sila et ses enfants vivaient encore dans la région d'Imperi. Hawa et Maada étaient les seuls membres de sa famille qu'il avait réussi à sauver lors de l'attaque armée. Il avait porté le plus jeune et entraîné l'aînée derrière lui. Sila avait veillé sur eux depuis, se cachant dans la forêt, s'établissant dans d'autres villages jusqu'à ce qu'ils soient à leur tour victimes d'un raid. Ils retournaient alors dans la forêt. Puis, un jour, il avait décidé d'emmener ses enfants à la capitale afin de les inscrire à l'école. La guerre n'approchait pas de son terme aussi vite qu'il l'avait pensé. Ce soir-là, après une journée de marche, ses enfants et lui s'étaient arrêtés pour passer la nuit dans les ruines d'un village à une petite quinzaine de kilomètres d'Imperi. Malheureusement, une section d'hommes et de garçons armés avait décidé de faire halte au même endroit, car le village possédait deux maisons au toit en grande partie intact. Les hommes avaient capturé Sila et ses enfants, ils les avaient attachés à un arbre jusqu'au matin. Les petits avaient six et sept ans à l'époque. Les yeux de leur père leur avaient intimé l'ordre de ne pas pleurer. Il ne pouvait pas parler, ayant eu la tête rouée de coups, plus tôt, lorsqu'il avait imploré les soldats de ne pas serrer autant les liens de ses enfants. Sa mâchoire enflée l'avait élancé toute la nuit, mais il n'avait pas versé une larme : il se devait de rester fort pour Hawa et Maada.

Au matin, le commandant avait chargé un jeune garçon efflanqué à la longue figure grêlée – qui portait le surnom de « Sergent Machette » – de couper les mains des prisonniers.

« Je suis de très bonne humeur, vous n'allez perdre que cela, avait annoncé le commandant. Je vous laisse la vie sauve pour aujourd'hui. Mon meilleur homme s'acquittera de cette mission. Il est si doué que ce sera terminé avant que vous n'ayez le temps d'y penser. »

Il s'était esclaffé et avait appelé le sergent. Le visage creusé du garçon était aussi froid que les lames qu'il portait, toutes maculées de sang séché et de lambeaux de chair. Certaines étaient émoussées, d'autres bien affûtées. Selon la douleur que le commandant souhaitait infliger à ses victimes, il réclamait une arme plus ou moins bien aiguisée. Sous la menace d'un pistolet, le jeune garçon avait été contraint de trancher des membres pour la première fois l'année de ses neuf ans. Il s'était agi des mains de sa mère, de son père, de sa grand-mère et de deux oncles. Juste après, le commandant les avait tués, sous prétexte que le résultat ne lui convenait pas.

« Ce n'était pas aussi propre que je le voulais », avait-il décrété au moment de les abattre un par un.

Il avait ensuite enrôlé le garçon dans sa section, où il lui avait confié cette mission spéciale : couper des mains.

« Très bien, amenez-les. »

Les hommes du commandant conduisirent Sila et ses enfants à une souche, près des buissons.

« Sergent Machette, à toi de jouer, ensuite on lève le camp. Une dernière précision : si l'un d'entre vous fait le moindre bruit, je vous exécute tous. »

Il assista au spectacle en riant. Les enfants furent les premiers, puis vint le tour de Sila. Sergent Machette avait abattu sa lame fort souvent, mais c'était la seconde fois que cela le tourmentait – la première remontait au jour où il avait mutilé les siens. Il ne savait pas l'expliquer, quelque chose dans cette famille le touchait. Il n'avait, de surcroît, jamais constaté un tel silence chez ses victimes : même lorsque le commandant les menaçait de mort, elles hurlaient. Pas ce père et ses deux enfants, pourtant. Dans le silence, Sergent Machette entendit le bruit de l'arme quand elle traversa la chair, l'os, la chair à nouveau, et enfin le bois.

Depuis ce jour-là, ce son se répétait en écho dans sa tête. Le commandant lui avait dit de procéder à une combinaison de « manche longue » et « manche courte » – pour obtenir la première, on coupait au-dessus du poignet, pour la seconde au-dessus du coude. Les soldats partirent juste après avoir amputé Sila et ses enfants. Le commandant pensait qu'ils se videraient de leur sang et mourraient. Mais Sila avait perdu assez d'êtres chers comme cela. Il roula sur le sol le temps de rassembler des forces, se releva, chercha de vieux vêtements et, s'aidant de la main qu'il lui restait et de sa bouche, fabriqua des bandages de fortune pour ses enfants et pour lui. Ceux-ci permirent de ralentir l'hémorragie. Il supplia ses enfants de lui pardonner de ne pas avoir su les protéger, puis il les encouragea à être forts, à se lever et à marcher avec lui. Ce qu'ils firent, affaiblis par le sang perdu. Ils persévérèrent, toutefois, poussés par leur père :

« Hawa, Maada, que faites-vous aussi loin ? Ne laissez pas votre père tout seul.

— Oui, papa », répondaient-ils l'un et l'autre.

Parfois, Hawa essuyait de sa main droite la sueur sur le front de son petit frère. Ils avancèrent ainsi d'un pas vacillant jusqu'à ce qu'ils rencontrent une grande route. Ils perdirent tous trois connaissance sur le bas-côté.

Ils se réveillèrent dans un hôpital de la capitale, dans trois lits voisins, avec des bandages propres. L'infirmière expliqua à Sila qu'un conducteur, qui s'était présenté sous le nom de Momodou, avait chassé tous les passagers à bord de sa voiture pour y installer Sila et ses enfants. Ce faisant, il avait renoncé à la jolie somme qu'il aurait pu gagner, surtout en des temps si difficiles. Il les avait conduits à l'hôpital et avait réglé les premiers soins. Il avait remarqué, un doigt pointé vers leurs pieds nus écorchés :

« Cet homme et ces enfants sont très courageux d'avoir marché tout ce chemin, quelqu'un doit les aider à aller au bout de leur désir de vie, plus fort que l'ensemble des épreuves qu'ils ont traversées. »

Momodou n'avait rien ajouté et était parti. Sila et ses enfants avaient passé une semaine à l'hôpital. Il avait découvert de la bouche de l'infirmière qu'il lui faudrait s'acquitter du reste de la note. Il n'avait pas l'argent et n'en aurait pas avant plusieurs mois, s'il réussissait à en gagner. Voilà pourquoi une nuit il avait discrètement réveillé ses enfants. Ils avaient quitté l'hôpital en douce et rejoint un camp pour amputés. L'idée lui avait paru bonne, au début. Mais peu à peu les gens étaient venus les observer comme s'ils étaient des animaux dans un zoo. Au bout de quinze jours, Sila avait décidé de partir. Il avait trouvé des petits boulots de porteur, qui lui avaient permis de louer une masure dans les faubourgs de la capitale. Ces travaux ingrats assortis à des commentaires cruels avaient mis sa dignité à mal. Il jouissait toutefois d'une grande puissance physique, émotionnelle et psychologique. Chaque matin, il scandait tout bas des encouragements avant d'entamer sa journée de travail. « Je pourrai toujours soigner ma fierté plus tard. Puissent mes oreilles être sourdes aux voix négatives aujourd'hui. » Il n'exprima jamais ouvertement le désespoir que sa situation lui inspirait, sans doute dans l'intérêt de ses enfants. Et ceux-ci apprirent, à son contact, à se conduire dignement même lorsqu'on posait sur eux un regard interrogateur. Il leur fallut un temps d'adaptation, malgré tout, pour s'habituer à vivre avec une ou deux mains en moins. Sila trépignait d'impatience de rentrer chez lui et économisait dans ce but.

Les travailleurs qui convoitaient ses missions le traitaient de tous les noms, suggérant qu'il était moins compétent qu'eux. A une occasion, alors qu'un groupe de jeunes hommes désespérés tentaient de convaincre un commerçant de les embaucher eux pour le transport de lourdes charges, à la place du « manchot incapable », il les avait réduits au silence en soulevant deux énormes ballots de son unique main et en les déposant, sans la moindre aide, dans une camionnette. Les autres comptaient effectuer la tâche à quatre et négociaient un tarif pour eux tous. Ils avaient tourné les talons, furieux, et le marchand s'était fait un plaisir de donner à Sila l'argent qu'il aurait déboursé pour quatre. Sila était parti avec ses enfants dès qu'il avait eu la certitude d'être assez fort.

Sur le chemin d'Imperi, ils avaient traversé le village où ils avaient été mutilés. Il n'y avait pas d'autre route. Cette fois-là, et seulement cette fois-là, des larmes avaient mouillé leurs trois visages. Ils avaient pressé l'allure, sans un mot, mais quelqu'un avait entendu leurs pas lourds. Sergent Machette. Il était traqué par les anciens membres de sa section depuis sa dissolution, à la fin de la guerre, car il avait déposé les armes. Il était venu se réfugier là. Il y avait une semaine qu'il se terrait parmi les ruines et ne parvenait pas à trouver le sommeil, tourmenté par les souvenirs associés à ce lieu – une force mystérieuse l'y retenait, pourtant. Il n'en crut pas ses yeux quand il découvrit Sila et ses enfants. Il les pensait morts. Il se réjouit de les voir en vie, cependant tous les souvenirs de cette journée se rappelèrent à lui avec vigueur. Il s'assit par terre en soupirant. Son visage buriné par le soleil était si déformé par la souffrance qu'il avait perdu toute jeunesse. Il décida de suivre la famille afin de faire amende honorable, même s'il ne savait pas comment. Ceux-ci n'avaient pas remarqué sa présence. Hawa et Maada arrivèrent chez eux, heureux enfin, car leur père leur avait promis une existence simple et parfaite, dans la maison familiale, sans jamais avoir à s'inquiéter d'être chassés parce qu'ils n'avaient pas de quoi payer le loyer.

— Je vous salue, vous mes ancêtres, vous les arbres, toi ma terre, et tout ce qui subsiste. Sila est chez lui et son âme s'éclaire.

Il pencha la tête sur le côté pour faire glisser son sac, qu'il rattrapa de la main gauche avec adresse, avant de le déposer au sol.

— Bon retour parmi nous, Sila. Ta maison est la seule à être légèrement en meilleur état que les autres, lui annonça Pa Moiwa, ignorant par quel geste l'accueillir et en éprouvant une légère gêne.

Il était d'usage de se serrer la main droite. Les anciens inclinèrent la tête pour le saluer.

— Voici mes enfants, Hawa et Maada, dit Sila. Nous avons perdu tous les autres membres de notre famille.

Il précipita la fin de sa dernière phrase et enchaîna aussitôt :

— Mais quelle bénédiction que notre maison soit encore en partie debout ! Nous sommes chez nous, les enfants, saluez vos grands-parents.

Hawa et Maada projetèrent maladroitement leurs petits corps vers les anciens pour les embrassades. Ceux-ci s'efforcèrent de les serrer avec le plus de naturel possible pour que les enfants ne se sentent pas différents. Ils veillèrent toutefois à ne pas toucher leurs membres amputés, trahissant ainsi leur malaise. Une fois les salutations officielles terminées, les sourires revinrent sur les visages. Une voix s'éleva alors dans le silence. Personne n'avait entendu approcher le nouvel arrivant, qui se déplaçait à pas de loup.

— Je vous salue, vous mes ancêtres et vous tous, bégaya un adolescent de seize ans.

L'assemblée se retourna pour voir de qui il s'agissait. La gaieté déserta abruptement les visages de Sila, Hawa et Maada, qui avaient reconnu le garçon clignant sans arrêt de l'œil droit. Sa figure moins grêlée restait tout aussi sévère, et celle-ci était gravée dans leurs mémoires malgré le temps écoulé. Un lourd silence s'abattit et la peur crispa tous les corps. Le soleil sortit alors de derrière les nuages pour remplacer la joie apportée par Sila et perdue. Le garçon de seize ans évitait de croiser le regard des autres.

— Allons chez nous, nous chercherons de l'eau pour étancher notre soif et nous laver, dit Sila d'une voix tremblante.

Ses enfants se précipitèrent derrière lui, considérant avec terreur le nouveau venu.

— Je m'appelle Ernest. J'ignore d'où je viens, mais je les ai suivis jusqu'ici.

Il désigna Sila et ses enfants puis, passant d'un pied sur l'autre, croisa les mains dans son dos. Du coin de l'œil, il surveillait les mouvements du père et des enfants, afin de savoir où ils s'installeraient. Il n'avait pas besoin d'en dire plus. Le tic nerveux de sa paupière et son bégaiement avaient empiré lorsqu'il avait avoué avoir suivi Sila. Les anciens pouvaient lire son histoire dans son regard. Ils gardèrent des visages ouverts afin que le garçon se sente bien accueilli, parfaitement conscients des efforts nécessaires pour réparer ce qui avait été cassé. Pa Moiwa dirigea Ernest vers la maison du Colonel : le garçon dirait que les anciens l'avaient envoyé, qu'il devait vivre avec lui.

— Nous devons veiller à ce que personne n'éprouve ni peur ni rejet, déclara Mama Kadie. La guerre nous a changés, mais pas au point, je l'espère, de ne pouvoir renouer avec ceux que nous étions. Je n'aurais jamais cru à un monde où la présence d'un enfant apporterait autre chose que du bonheur.

Ses amis se contentèrent d'acquiescer d'un grommellement, sans quitter des yeux le garçon qui s'éloignait. Son ombre craintive semblait chercher à éviter le soleil, se peignant en formes inhabituelles sur la terre.

Ernest ne se rendit pas immédiatement à l'endroit qu'on lui avait indiqué. Il préféra faire le tour du village à la recherche d'un récipient. Il trouva deux seaux sur la galerie d'une maison et les prit sans rien demander, puisqu'il n'y avait personne. Il descendit puiser de l'eau à la rivière, et les déposa ensuite sur le perron de Sila. Après avoir frappé au montant de la porte – le battant manquait –, il courut se cacher dans un buisson voisin. Sila parut et demanda : « Qui est-ce ? », mais il n'y avait personne. Son regard tomba sur les deux seaux d'eau et il sourit. Il scruta les environs quelques instants supplémentaires dans l'espoir de remercier son généreux bienfaiteur. Il se tapa l'épaule – façon d'applaudir d'une seule main – afin de lui témoigner sa reconnaissance. Ernest avait vu toute la scène depuis sa cachette, sous les caféiers. Il ne sourit pas. S'il avait rendu Sila heureux, il n'en ressentait pas moins la présence d'un nœud dans son cœur : cet homme ne pourrait plus jamais applaudir normalement. Après que Sila eut disparu chez lui, Ernest resta un moment dans les fourrés, les mains écrasées sous son corps lourd, jusqu'à ce qu'elles soient si engourdies qu'elles ne lui répondent plus. Il essaya alors de se relever sans leur aide, laissant volontairement son corps rouler dans les épines et percuter les arbres. Il s'infligeait souvent ce genre de punitions et en venait parfois à souhaiter perdre, pour toujours, leur usage. Il se traîna à la maison occupée par le Colonel et les autres. Ses mains n'étaient pas encore tout à fait sorties de leur engourdissement.

Avant d'entrer, il étudia par la fenêtre les habitants. Il devina tout de suite que le Colonel était le chef de la bande : il était assis en face des autres, le dos bien droit, la tête relevée. Dès qu'il prenait la parole, tous l'écoutaient en silence. Ernest savait que le Colonel le soumettrait à un test avant de lui permettre de se joindre à eux. Lorsqu'il franchit le seuil, Ernest avait déjà accepté l'idée de se placer sous la coupe du Colonel. Celui-ci le plaqua aussitôt au sol et lui planta un genou dans le dos. Le visage dans la poussière, Ernest expliqua qu'il était envoyé par les anciens. Il put se relever et on lui indiqua un endroit où dormir. Il s'assit à l'écart. Tous l'observaient et échangeaient des commentaires à voix basse. Il lui arrivait de se détourner pour éviter les yeux inquisiteurs du Colonel. Ernest était trop préoccupé par Sila et ses enfants pour s'inquiéter, dans l'immédiat, d'un éventuel rejet. Il appréciait la proximité d'autres jeunes qui, il le savait, comprenaient certaines réalités de la guerre sans qu'il ait à les leur expliquer. Réconfort infime mais nécessaire.

Un point commun rassemblait tous ceux qui revenaient au village : quel que soit l'état dans lequel ils trouvaient leurs anciennes maisons, ils s'y installaient. Progressivement, ils les nettoyèrent et entamèrent les réparations, érigeant des murs en briques de terre pour remplacer le ciment, et comblant les trous avec tout ce que la nature pouvait leur offrir. Bientôt, certaines habitations étaient coiffées de toit hybride : tôle d'un côté, chaume de l'autre.

Parmi tous les arrivants, il y avait ceux dont les visages n'éveillaient aucun écho dans la mémoire des anciens. Ceux-là débroussaillèrent des terrains pour y ériger des huttes. Ils attendirent plusieurs semaines avant d'investir des maisons à l'abandon et d'y entreprendre des travaux. Les anciens partageaient le même point de vue : tous étaient les bienvenus. Les gens avaient vécu dans la précarité durant tant d'années qu'ils avaient besoin de stabilité. Celle-ci pouvait prendre la forme d'une hutte ou d'une bâtisse rénovée. Les villageois progressaient lentement, redoutant de tout voir détruit à nouveau. Au terme de plusieurs semaines sans incident, au cours desquelles la population continua de croître, l'angoisse générale reflua et tous s'empressèrent de terminer les travaux entamés. Le simple bonheur de pouvoir achever une tâche sans avoir, juste après, à fuir ou à assister à sa destruction était devenu rare. Il devait encore asseoir sa réalité dans l'esprit des anciens exilés.

Un événement se produisit un après-midi, alors que les anciens, assis sur des souches, accueillaient toujours de nouveaux arrivants. Les têtes de deux filles, trois garçons, une mère et un père surgirent au loin. Le vent qui enveloppait Pa Kainesi lui parut soudain plus chaud. Le vieil homme n'aurait pas su expliquer pourquoi il sentait subitement plus fort son cœur, dans sa poitrine. Il se leva, et ses amis lui demandèrent s'il allait bien. Ses jambes l'emmenèrent vers le chemin, et ses yeux se posèrent alors sur son fils, Bockarie, et sa famille. Ceux-ci avaient été portés disparus pendant la guerre, et Pa Kainesi n'avait jamais eu de leurs nouvelles. Bockarie croyait aussi son père mort, n'ayant retrouvé sa trace nulle part. Il était de ces rares chanceux qui n'avaient pas à déplorer beaucoup de pertes. Bockarie avait réussi à garder sa famille unie pendant toute la durée du conflit, en dépit de quelques séparations ponctuelles. Sa femme s'était évanouie dans la nature quatre mois durant puis avait réapparu dans un camp de réfugiés à la frontière avec le Liberia, un des pays limitrophes. Il avait aussi perdu sa fille aînée pendant quelques mois, qu'elle avait passés à vagabonder dans une ville du nord. Le fils aîné avait échappé à plusieurs recrutements militaires. Ils avaient tous connu la faim et souffert au plus profond de leur être ; ils avaient tous frôlé la mort. Bockarie avait promis à sa famille que dès la fin de la guerre, une fois le pays sécurisé, ils rentreraient chez eux. Même s'ils devaient marcher plusieurs semaines pour cela.

Sur le chemin du retour, avec sa famille et ses jumeaux – un garçon et une fille – qui avaient vu le jour pendant le conflit, Bockarie avait longé le collège-lycée où il enseignait avant le début des hostilités. Le bâtiment désert était envahi d'arbres et d'herbes. Racines et feuilles recouvraient les sols. Il espérait jusqu'alors reprendre son métier, et les siens avaient lu la déception sur son visage rond lorsqu'il avait découvert l'état de délabrement de l'établissement. Bockarie se réjouissait cependant d'être chez lui ; le reste se résoudrait de lui-même.

Pa Kainesi sourit à son fils, qui ne pouvait pas encore identifier ce vieil homme au visage difforme. Bockarie reconnut pourtant rapidement les yeux de son père. Il laissa alors celui-ci les embrasser, lui, sa femme, Kula, et tous leurs enfants. Pa Kainesi ne posa pas beaucoup de questions ; il pressa sa paume sur le front de chacun en versant des larmes, puis les dévisagea tour à tour et les étreignit à nouveau, encore et encore, comme pour se convaincre que ce moment était bien réel et pas un autre rêve.

— Père, quel est cet homme à la figure étrange ? s'enquit Thomas, qui s'était caché derrière la jambe de son père dès que l'ancien l'avait lâché.

— Cet homme est ton grand-père, fils.

Bockarie se baissa vers le petit. Il avait peu parlé de son père à ses jeunes enfants, car il ignorait s'il était mort ou vivant, et redoutait qu'ils ne lui posent la question.

Oumu, la jumelle de Thomas, agrippa la main de son grand-père et la secoua pour attirer son attention ; il approcha son visage des petites billes brillantes et curieuses. Elle passa les doigts sur les cicatrices, et demanda d'une voix innocente :

— Es-tu né ainsi ? Ou alors c'est ce qui arrive quand on devient très vieux ?

Tous s'esclaffèrent sans lui répondre. La fillette appartenait à la génération qui n'avait pas assisté aux horreurs de la guerre. De la terre de ses ancêtres, elle ne connaissait que de jolies histoires. Elle croyait donc que les gens vieillissaient puis mouraient, et prenait les marques défigurant son grand-père pour une conséquence de son grand âge.

Les amis de Pa Kainesi l'avaient rejoint. Ils accueillirent à leur tour sa famille. Leurs voix étaient empreintes de tristesse, cependant. Ils n'avaient toujours aucune nouvelle de leurs propres enfants et petits-enfants. Sentant l'humeur de ses amis, Pa Kainesi lança au vent :

— Kadie et Moiwa, nos enfants sont rentrés, nous avons la permission d'être vieux !

Cette déclaration dessina des sourires sur les lèvres des anciens. Tous accompagnèrent Pa Kainesi chez lui, et ce soir-là ils festoyèrent, se régalant d'une bouillie de manioc et d'arachide, accompagnée de la viande prise dans la forêt le matin même. La soirée raviva une ancienne coutume : les enfants étaient à tous les adultes, qui se devaient de veiller sur eux. Mahawa et son fils prenaient part à la réunion familiale. Remarquant que Mama Kadie n'était pas tout à fait présente – elle avait un pied dans le bonheur et l'autre dans la tristesse –, Pa Moiwa lui parla directement à l'oreille :

— Tant de chagrin n'a pas de raison d'être. Il y a assez d'enfants dans le village pour que nous puissions tous être père, mère, grand-père et grand-mère. Tu as déjà une fille et un petit-fils.

Il désigna Mahawa, qui jouait avec son bébé. Mama Kadie s'approcha d'eux et s'adressa à la jeune femme :

— Quel est son nom ?

— Je ne lui en ai pas encore donné.

Après avoir essuyé la sueur sur le front de son garçon, elle poursuivit :

— Mais j'y ai beaucoup réfléchi et j'ai décidé que la façon dont il est venu au monde importait peu. Mon fils est ma vérité. J'aimerais donc l'appeler Tornya.

Elle guetta l'approbation de Mama Kadie. *Tornya* pour « vérité ».

— Je partage ton avis, Mahawa. Tornya…

Le garçon sourit et émit plusieurs sons inarticulés accompagnés d'une abondante production de salive. Il se tut en voyant les deux femmes sourire et attrapa tendrement le visage de sa mère.

— Il veut en dire plus que sa langue ne le lui permet pour l'instant, commenta Mama Kadie.

Tenant chacune l'enfant par une main, elles se rapprochèrent des autres pour participer aux réjouissances.

— Père, où est la rivière dont tu nous as parlé, où tu jouais autrefois ? demanda Thomas à Bockarie.

— Et le grand manguier qui avait toujours un fruit à offrir ? J'aimerais en goûter un, enchaîna aussitôt Oumu.

— Nous avons le temps de voir toutes ces choses, un peu de patience. Pour l'heure, mangeons, leur répondit leur père avant de les chatouiller sous les bras.

Depuis le début de la soirée, Oumu était fascinée par Mama Kadie. Profitant d'un moment de calme, elle s'approcha de l'ancienne et s'assit à côté d'elle.

— Je t'attendais, lui dit celle-ci en posant une main sur le front de la petite fille et en la regardant au fond des yeux.

— J'ai demandé à mère qui connaissait le plus d'histoires et elle m'a répondu que c'était toi. Tu peux toutes me les raconter ? ajouta Oumu, la voix vibrante d'excitation.

— L'important n'est pas de connaître un maximum d'histoires, mon enfant, mais de transmettre celles qui comptent le plus. J'ai d'ailleurs décidé de te confier toutes celles dont je suis porteuse. Tu devras faire preuve de patience néanmoins, car ces histoires ne demeurent que dans l'esprit et les veines de celui qui possède cette qualité. Viens me rendre visite chaque fois que tu auras besoin d'entendre un récit.

Pas un instant elle ne s'interrompit pour s'assurer qu'Oumu comprenait ce qu'elle disait, contrairement à ce qu'elle avait l'habitude de faire avec les autres enfants. La fillette affichait un tel sérieux et un tel calme que son interlocutrice en avait la conviction : elle avait absorbé chacune de ses paroles. Oumu ne dit rien d'autre ce soir-là. Elle resta à côté de Mama Kadie jusqu'à ce que vienne le moment de manger. Elle se leva alors pour aider sa mère et sa sœur aînée à apporter l'eau potable ainsi qu'à servir la nourriture.

Les hommes et les garçons mangèrent tous ensemble, les femmes et les filles firent de même de leur côté, et l'ambiance joyeuse rappela la vie d'autrefois. De la musique s'échappait du vieux lecteur de cassettes, une musique traditionnelle, à la lenteur harmonieuse, qui s'accordait au souffle du vent. Kula se mit à danser ; son sourire et ses yeux invitaient les autres à la rejoindre. Bockarie fut le premier, puis les autres, plus âgés, se levèrent un par un. Ils se balancèrent quelques minutes, avant de se rasseoir. Ils continuèrent à remuer leurs têtes et leurs corps en rythme sur les chaises et les bancs qu'ils occupaient. Les enfants les contemplaient, hilares, s'amusant à réciter des comptines mimées entre deux éclats de rire. De temps à autre, un passant, qu'il soit homme ou femme, s'invitait et démontrait avec énergie ses talents de danseur. Tous applaudissaient, puis il leur souhaitait une bonne soirée et repartait en fredonnant.

Une grande partie du ciel était rouge, comme s'il était en feu et que l'on y faisait cuire un aliment. La couleur n'avait rien de menaçant, au contraire. Espiègle et attirante, elle était d'une telle profondeur qu'elle semblait s'enrichir à mesure que le regard s'émerveillait. Le bleu pâle qui encerclait le rouge dessinait des motifs ressemblant à des portes et des échelles. Arrivé à maturité, le crépuscule se transforma en nuit.

Cette nuit-là, la curiosité s'empara du ciel. Il braqua ses étoiles et sa lune sur Imperi afin d'observer les esprits libérés, rentrés chez eux en dépit des nombreux obstacles, guidés, chacun, par un instinct plus ou moins puissant. Certains n'auraient pas su dire ce qui les avait ramenés, comment ni pourquoi.

Le Colonel se trouvait sur la galerie. Il avait choisi d'y installer sa chambre pour être capable de veiller sur les autres. Tous étaient assoupis à l'exception d'Ernest, qui était resté dans la pièce principale et faisait peser tout son poids sur ses mains. Souvent, au milieu de la nuit, le Colonel entrait dans les chambres où Amadu, Victor et Salimatu dormaient, et se dressait au-dessus d'eux dans le noir. Parfois, il s'asseyait sur le seuil de la maison et fouillait l'obscurité avant de rejoindre son propre lit.

— Je sais que tu ne dors pas, dit le Colonel lorsqu'il traversa le séjour au cours d'une ronde. Prends la chambre vide, au fond. Il y a une natte et des vieilles couvertures.

Ernest se rendit dans la chambre mais ne s'y installa pas immédiatement. Il s'échappa par la porte arrière pour aller vérifier si Sila et ses enfants allaient bien. Il les vit à travers la fenêtre que Sila avait ouverte afin de laisser la brise fraîche entrer. Les enfants avaient un sommeil agité et leur père veillait. Ernest devina ce qu'ils revivaient.

À son retour, il croisa le Colonel.

— Tu ne peux pas défaire ce qui a été fait. Ton cœur est au bon endroit, malgré tout, alors poursuis tes efforts.

Il dominait Ernest de toute sa hauteur et s'effaça pour qu'il puisse entrer. Le ciel posa les yeux sur différentes parties du village, cette nuit-là, terminant par Mama Kadie, Pa Moiwa, Pa Kainesi et les autres. Les réjouissances étaient finies et chacun s'apprêtait à rentrer chez soi, attendus pour certains par cette mauvaise habitude du désespoir. Mahawa fixait ainsi le visage de son fils endormi, qui lui rappelait les douleurs dont son corps gardait le souvenir et qui faisaient trembler ses lèvres. Les blessures visibles guérissent plus vite.

Les nuits de ce genre avaient été rares, et par le passé le ciel s'était retiré à l'écart du village. Ce soir-là, il s'approcha pourtant et écouta le vent, qui n'était plus accusé d'apporter uniquement des nouvelles semblables à des aiguilles plantées dans le cœur des vivants.

Après tant d'années à contenir les pulsations vitales de leur cœur dans leurs veines, les gens percevaient à nouveau le tambourinement assourdissant de ce pouls, comme autrefois. Les oiseaux, de retour, accueillaient le jour de leurs chants vigoureux. Les voix des enfants emplissaient le village. Et, de temps à autre, un courant d'air hésitant le traversait, le réduisant au silence pour quelques minutes.

3

A une époque, les jours à Imperi étaient plus longs, ponctués de nombreux jalons : conversations raffinées, contes, visites aux amis et à la famille, siestes dans les hamacs à l'ombre, arrivée d'étrangers auxquels on offrait une calebasse remplie d'eau fraîche, et virées à la rivière pour se baigner ou regarder les enfants jouer. Les anciens se raccrochaient à ces moments heureux et rêvaient à leur renaissance. Certains aspects de cette vie passée étaient réapparus, mais privés d'enthousiasme. Cela tenait peut-être au fait qu'une large partie de la population ne savait plus quoi attendre de l'existence : elle s'était habituée à la fragilité des choses. Ces villageois-là savaient, en revanche, qu'ils aspiraient au changement, contrairement aux anciens, même s'ils ignoraient le moyen d'établir un nouveau mode de vie dans les conditions présentes.

La simplicité qui constituait autrefois l'essence du quotidien était devenue un fardeau, surtout quand tout un chacun semblait au désespoir de s'occuper. Dans le silence de cette attente, les souvenirs de la guerre étaient ravivés, s'accompagnant d'agitation et d'irritabilité. Les habitants d'Imperi ne passaient plus autant de temps dehors, devant chez eux. A l'exception des travaux des champs, qui avaient repris à l'échelle réduite de la simple subsistance, tous demeuraient inactifs, de crainte de prendre du plaisir à quoi que ce fût. Seuls les incidents réunissaient

54

les villageois et leur rappelaient la nécessité de guérir, de panser les blessures de leur communauté.

Le lendemain de son arrivée, Bockarie décida de faire faire le tour d'Imperi à Thomas et Oumu. Les jumeaux s'accrochaient aux longues mains de leur père, s'aventurant dans le monde qu'il leur avait si souvent décrit. Son attitude et son pas étaient beaucoup plus calmes que ceux de ses enfants. Leur impatience provoquait en lui un rire interminable qui dessinait des sourires sur les lèvres des autres. Oumu et Thomas saluaient les rares villageois assis sur leur perron, s'inspirant des récits de leur père pour retrouver les manières d'autrefois.

« Bonjour. Le sommeil s'est-il montré généreux avec toi et ta famille ? Le monde t'a-t-il réservé un bon accueil ce matin ? »

Les enfants répétaient ces phrases à l'envi. La plupart les ignoraient et se réfugiaient à l'intérieur : ces mots leur rappelaient la famille qu'ils n'avaient plus ou les cruautés dont l'univers se rendait coupable à leur encontre. Ils recherchaient l'oubli quelques instants supplémentaires avant d'affronter une nouvelle journée. Quelques-uns, cependant, riaient, car ils savaient que ces vieilles paroles n'appartenaient pas aux enfants qui les prononçaient.

— Père, comment se fait-il qu'on ne nous réponde pas comme tu nous l'as appris ? Est-ce parce que nous sommes petits et qu'ils ne nous connaissent pas ? s'étonna Oumu.

— Non, les enfants, ce n'est pas parce que vous êtes petits. Ils ont juste besoin d'un peu de temps. Je suis sûr que ça évoluera.

Bockarie restait prudent : il ne pouvait affirmer quand ce changement aurait lieu. Les jumeaux, qui ne voulaient pas baisser les bras, aperçurent justement Sila. Il contemplait le ciel depuis son perron et emplissait ses poumons d'air matinal avec une vigueur qui fit rire Oumu et Thomas. Lorsqu'ils le saluèrent, il leur donna de nombreux détails sur la santé et le sommeil des siens, puis il retourna les questions à Bockarie. Pendant que Sila parlait, Hawa et Maada étaient sortis s'asseoir sur une vieille branche. Tout en écoutant leur père, ils étudiaient les visiteurs avec des yeux que le sommeil n'avait pas encore complètement désertés. Les visages d'Oumu et de Thomas s'éclairèrent de joie : ils assistaient enfin à la scène si souvent décrite par leur père. Ils gloussèrent et échangèrent de petites bourrades pendant que les adultes se lançaient dans une conversation interminable sur les coutumes d'autrefois – le matin, il y avait un homme qui jouait du tam-tam à cinq heures, puis à nouveau le soir pour accompagner les danseurs, et enfin, au cœur de la nuit, il accompagnait son doux tambourinement d'une mélodie qui berçait tous les villageois.

— Je dansais chaque fois que je passais près de lui, en allant aux champs. Ce son me réjouissait tant que j'effectuais tout le trajet d'un pas guilleret, expliqua Sila.

Il reproduisit certains mouvements de danse, croisant les pieds à toute allure, tout en imitant le bruit du tam-tam avec sa bouche. Il était si agile que les enfants oublièrent qu'il lui manquait une main. Bockarie se joignit à la chorégraphie de Sila et précisa que, lui aussi, il appréciait cette musique, surtout lorsqu'elle venait clore la soirée. Il ajouta qu'il avait d'ailleurs rencontré Kula alors qu'il dansait devant le musicien, une nuit.

Pendant que les adultes se plongeaient dans leurs souvenirs, les enfants se jaugeaient. De toute évidence, Oumu et Thomas voulaient savoir pourquoi Hawa et Maada avaient des bras et des mains en moins, mais n'osaient pas interrompre leur père – ils ignoraient les règles en la matière. Ils s'avancèrent donc vers leurs camarades pour voir s'ils avaient caché leurs mains à l'intérieur de leurs vêtements, ainsi que les enfants le font parfois, surtout dans l'air un peu plus vif du matin. Oumu s'aventura jusqu'à toucher le moignon de Maada : ce dernier lui sourit avec gêne, perplexe devant l'attitude de la petite fille qui ne semblait pas comprendre qu'il avait perdu des membres. Thomas, quant à lui, imita les pas de danse des adultes pour s'approcher de Hawa et Maada l'air de rien, et les étudier plus attentivement. Les deux hommes étaient trop absorbés par leur échange et leur immersion dans le passé pour remarquer ce qui se tramait du côté des enfants. Et c'était sans doute une bonne chose que ceux-ci apprennent à se connaître sans l'intermédiaire des adultes, qui compliquaient parfois la situation.

— Vous devriez venir chez moi ce soir. Les petits pourraient jouer ensemble.

Bockarie donna une tape amicale sur l'épaule de Sila et fit signe aux enfants, qui gloussaient de plaisir à la perspective d'avoir des compagnons de jeu plus tard. Leur timidité s'était légèrement atténuée et Hawa agita son unique main pour saluer Oumu et Thomas. Ils lui rendirent son salut avec hésitation. Sila ne s'inquiétait pas : ses enfants avaient déjà surmonté cette épreuve si souvent qu'il ne voyait pas la nécessité d'aborder la question avec eux. Bockarie savait que les jumeaux allaient l'interroger et il ne laissa pas le temps à leurs petites langues inquisitrices de se délier.

— Votre mère saura mieux vous expliquer que moi, attendez que nous soyons à la maison.

Ils gardaient les yeux rivés sur Sila et ses enfants en s'éloignant. Bockarie aurait dû leur parler, toutefois les mots lui manquaient. Il était incapable de leur donner la raison de l'infirmité terrible qui frappait cette famille.

A cet instant, un homme qui courait à perdre haleine s'arrêta juste à côté de Bockarie, se cachant presque derrière lui et ses enfants. L'index pointé vers le chemin, il hurla :

— Quelqu'un revient nous régler notre compte à tous ! Fuyez !

Des villageois sortirent le nez de chez eux, attirés par cette agitation. D'autres, plus nombreux, avaient déjà rassemblé leurs affaires, prêts à se réfugier dans la forêt. Peu après le Colonel apparut, une machette à la main. Il marchait vite, l'air décidé, brandissant l'arme non comme un fermier mais comme un soldat déterminé à se battre. Son bras puissant était bandé, prêt à frapper. Ça ne lui ressemblait pas. L'homme l'avait repéré de loin ; le Colonel avisa soudain le doigt qui le désignait à tous et les nombreuses paires d'yeux paniqués, braquées sur lui. Il se figea, laissa tomber sa machette et attendit. Victor, Salimatu, Amadu et Ernest firent leur apparition à leur tour ; chacun portait un fagot de bois sur la tête. L'homme soupira d'un air contrit tandis que les villageois le considéraient avec sévérité – quand ils ne rentraient pas déposer leur ballot, soulagés. Qui était responsable de la situation ? Une machette ainsi brandie, surtout dans la main d'un jeune homme, avait pris une autre signification ces derniers temps. L'homme se dirigea vers le Colonel et lui serra la main avant de s'éloigner. C'était sans doute sa façon d'exprimer qu'il n'y était pour rien si celui-ci lui inspirait de la crainte.

— Nous avons du bois à vendre si vous en avez besoin, annonça le Colonel. Merci de faire circuler l'information autour de vous. Nous habitons à l'extrémité du village, près du plus vieux manguier.

La foule se dispersait déjà. Le Colonel ne prit pas la peine de se présenter à Bockarie ni à quiconque au passage. L'ancien enseignant obtint des explications plus tard, auprès de son père.

Dès qu'ils furent à la maison, Thomas et Oumu allèrent trouver leur mère et lui demandèrent pourquoi Hawa et Maada n'avaient pas de mains. Kula se tourna vers son mari, dont l'expression clamait : « Je ne savais pas quoi leur dire. »

— Eh bien, ils ont été victimes d'un accident qui s'est produit dans ce pays alors que vous n'étiez encore que des bébés et qui a touché beaucoup de gens.

Devançant leurs interrogations, elle s'empressa d'ajouter :

— C'est un accident dont personne n'est encore prêt à parler pour le moment. Donc, gardez vos questions pour vous, d'accord ? En temps et en heure, vous saurez ce qu'il y a à savoir.

Puis elle les serra tous deux contre elle.

— Mère, nous avons aussi vu un homme fuir un garçon qui ne lui voulait pourtant aucun mal ! s'exclama Oumu.

— Que d'aventures pour une matinée ! Allez manger avec vos frères et votre sœur.

Elle libéra les jumeaux et vint appuyer sa tête entre les omoplates de Bockarie. Elle se laissa aller contre lui, les bras passés autour de sa taille. Il se retourna afin de lui faire face. Elle avait toujours un sourire en réserve pour lui, un sourire qui lui donnait le sentiment d'être en paix. Il l'enlaça à son tour, la serrant si fort qu'elle se mit à glousser et à le pincer d'un air taquin. Ils rirent de bon cœur un moment, se raccrochant l'un à l'autre pour puiser la force d'aller au bout de cette journée, une nouvelle journée d'attente.

— Mère, père, je vais voir Mama Kadie. Elle m'a dit de lui rendre visite chaque fois que j'aurais besoin d'un conte.

Oumu avait tiré ses parents de leurs pensées ; après avoir échangé un regard, ils acceptèrent. Ils savaient qu'elle irait de toute façon, ou les harcèlerait pour qu'ils lui racontent une histoire.

— De quel conte as-tu besoin aujourd'hui, si tu m'autorises cette question ? s'enquit Bockarie en embrassant sa fille sur le front.

— Mama Kadie le lira dans mes yeux, répondit Oumu avant de s'en aller d'un pas sautillant.

Ce même jour, alors que le soleil était au milieu du ciel, un groupe d'enfants se risquèrent jusqu'à la rivière. Ils s'ébattirent dans l'eau et la firent remonter plus haut sur les deux rives. Celle-ci vint décrocher un corps pris dans les branches d'un arbre – nul n'aurait su dire depuis combien de temps. Les cris d'effroi des enfants résonnèrent dans l'air, tirant le village de sa torpeur. Les adultes accoururent, le cœur lourd. Ils trouvèrent un bâton et s'en servirent pour repêcher le cadavre. Ils purent seulement en déduire qu'il appartenait à un jeune homme amputé de ses parties génitales. Des souvenirs de guerre leur revinrent à tous, et ils s'empressèrent de couvrir le corps – comme si cela pouvait empêcher les visions d'horreur de s'inviter dans leurs esprits. Les enfants qui jouaient dans la rivière étaient trop jeunes pour savoir ce qui s'était produit quelques années plus tôt. Lorsqu'ils voyaient des villages brûlés, des maisons criblées de trous, ils trouvaient aussitôt une explication : l'incendie d'une ferme s'était propagé à l'ensemble des habitations. Les adultes abondaient avec joie dans le sens d'explications aussi innocentes. Ce jour-là pourtant, Oumu, qui dans sa naïveté persistait à croire que seules les personnes très âgées passaient de vie à trépas, demanda à son père :

— Pourquoi cet homme est-il mort ? Il n'a pas l'air plus vieux que grand-père.

Bockarie et les adultes présents se consultèrent du regard. Après s'être raclé la gorge, il répondit à sa fille :

— Ce jeune homme a été noyé par un mauvais génie, un esprit aquatique, parce qu'il s'est baigné la nuit, tout seul.

Les enfants cherchèrent sur les traits de leurs parents la confirmation de ce qu'ils venaient d'entendre. Ceux-ci leur demandèrent de reprendre le chemin du village, leur promettant un conte, le soir même, sur ce thème. Les enfants étaient ravis : pour la première fois, ils allaient assister à l'un de ces rassemblements dont ils avaient tant entendu parler. Mama Kadie raconterait l'histoire sur la place du village. Pendant que les plus jeunes faisaient la course pour rentrer chez eux, les adultes restèrent au bord de la rivière. Pa Moiwa interpella le Colonel, qui observait la scène à l'écart, assis sur une pierre.

— Toi, l'Homme responsable, est-ce que tu pourrais, avec l'aide de ta petite bande, nous donner un coup de main et préparer un grand feu pour la réunion de ce soir ?

— Oui, Pa Moiwa. Et ce service ne vous coûtera rien. Ce sera notre contribution à la vie du village.

Il se détourna vers le cours d'eau, et Pa Moiwa reprit part à la discussion des adultes sur le cadavre. Avant de le transporter au cimetière pour l'y enterrer, ils décidèrent d'embarquer à bord de pirogues, tôt le lendemain matin, afin de s'assurer que d'autres corps n'étaient pas restés prisonniers de la végétation qui bordait la rivière. Ils savaient qu'ils ne parviendraient pas à effacer toutes les traces du massacre qui avait eu lieu à cet endroit, mais ils feraient de leur mieux : si le sang ne voilait plus la surface de l'eau, les profondeurs devaient receler toutes sortes de mauvais souvenirs. Un pêcheur proposa d'utiliser ses filets pour draguer le fond de la rivière. Il n'ajouta pas que, par la même occasion, il pourrait prendre du poisson et le leur vendre par la suite.

Sila et ses enfants se présentèrent chez Bockarie en vêtements traditionnels colorés et brodés. Leurs corps propres et irrégulièrement enduits de vaseline étaient brillants par endroits et mats à d'autres. Dès son arrivée, Sila remit un paquet à Kula. La tradition voulait que l'on offre une variété particulière de riz rouge à son hôte pour le remercier de l'amitié qu'il vous témoignait en vous recevant. Kula lui donna une accolade puis l'embrassa sur la joue. Le sourire de Sila s'élargit. Elle enveloppa ensuite Hawa et Maada dans une même étreinte. Ils gloussèrent de plaisir : ils rencontraient pour la première fois quelqu'un qui ne les mettait pas mal à l'aise, quelqu'un qui les prenait dans ses bras sans hésiter. Sila admira aussitôt le comportement merveilleux de cette belle femme. Il chercha son regard pour lui transmettre des remerciements plus authentiques que la poignée de main qu'il ne pouvait de toute façon plus donner.

— Je vois que tu es venu me voler ma femme ! plaisanta Bockarie.

— A présent qu'il me manque un bras, les femmes ne me considèrent plus comme une menace et je ne me plains pas de les voir approcher plus près, rétorqua-t-il avant de s'esclaffer.

Alors qu'il prenait Bockarie par l'épaule, celui-ci hésita à serrer son ami contre lui.

— Je n'accepte les câlins et les baisers que des femmes ! le taquina Sila.

Ils allèrent rejoindre le reste de la famille, presque au complet. Miata, la fille aînée de Bockarie, et Oumu étaient descendues se baigner à la rivière avec Mahawa. Elles en rapporteraient de l'eau fraîche. Les visiteurs se livrèrent au rituel de salutation des anciens. Mama Kadie portait Tornya dans ses bras.

— Sers-toi de ta main gauche, Sila, déclara Pa Kainesi. Nous procéderons toujours ainsi, car cette main a désormais la responsabilité des deux.

— Mais ce n'est pas convenable. La tradition veut que l'on utilise la droite dans ces circonstances.

— Les temps ont changé, et certaines coutumes doivent évoluer, elles aussi. Le respect de la tradition est dans ton regard et tes manières en général. A compter de ce jour, je décide de te saluer en te serrant la main gauche.

Pa Moiwa et Mama Kadie lui donnèrent une poignée de main et caressèrent la tête des enfants. Maada et Hawa appréciaient de se sentir traités par les anciens comme n'importe quel autre enfant.

Tandis que les adultes s'installaient sur des bancs et dans des hamacs pour discuter, Manawah et Abu, les fils aînés de Bockarie, accompagnés de Thomas, emmenèrent Hawa et Maada sur la galerie, à l'arrière de la maison. Ils commencèrent par leur appliquer de la vaseline sur les parties de leurs visages restées sèches. Ils jouèrent ensuite à résoudre des charades et des énigmes, évitant toute activité requérant l'usage des deux mains. Par moments, les fils de Bockarie étaient si obnubilés par l'infirmité de Maada et de Hawa qu'ils en oubliaient de les regarder dans les yeux. Maada finit par se lever pour placer son moignon sous le nez de Manawah, puis il se mit à tournoyer sur lui-même et s'esclaffa lorsqu'il heurta son compagnon de jeu avec son membre amputé. Il se laissa alors tomber au sol, hilare. Manawah comprit le message : ils finiraient par s'habituer et tous pourraient s'amuser ensemble, le plus naturellement du monde.

A leur retour de la rivière, les filles aidèrent au service du repas : du riz complet avec du poulet, du ragoût de poisson aux oignons, et des aubergines cuites dans de l'huile de noix de coco parfumée au piment et aux épices. Pendant que la nourriture était offerte sur d'immenses assiettes, Bockarie faisait le fier :

— Ma femme est si douée que dès que l'odeur de sa cuisine vient me chatouiller les narines, je suis tenté de dérober le plat et d'aller le manger seul, caché dans les fourrés, jusqu'à en avoir la peau du ventre aussi tendue qu'un tam-tam.

Tous éclatèrent de rire. Le parfum était si puissant à présent que les invités avaient l'impression de sentir le goût des mets sur leur langue. La première assiette fut placée au centre du cercle des hommes, qui appelèrent les garçons à les rejoindre. Mama Kadie quitta ses amis pour s'asseoir avec Kula et les filles, qui avaient leur propre plat. Le festin commença. Les hommes nourrirent Maada à tour de rôle. Assis contre les jambes de son père, le garçon se régalait. Hawa utilisait sa main droite pour manger, comme tout le monde, et n'avait besoin d'aide que pour se servir à boire.

Quand ils eurent terminé, le soleil s'était dérobé aux yeux du ciel et avait éteint son incendie. Ils décidèrent de se rendre tous ensemble sur la place du village. Les enfants couraient devant les adultes pour se cacher derrière les maisons et surgir en criant afin de leur faire peur.

La lumière produite par le feu peignait l'ombre noire de chaque villageois sur les façades alentour. Certains jeunes étaient absents, et d'autres ne cachaient pas qu'ils étaient venus à contrecœur. Les plus impatients appartenaient à la génération d'Oumu et de Thomas, qui avaient entendu parler par leurs parents de ces scènes du passé. Hawa et Maada faisaient exception parmi leur génération : malgré ce qu'ils avaient enduré, ils se réjouissaient de voir renaître la flamme d'une telle coutume. Les quelques jeunes arrivés sans leurs parents et qui passaient leur temps à errer dans le village, prêtant main-forte à droite et à gauche en échange de nourriture, restaient dans leur coin. Ils écoutèrent l'histoire d'une seule oreille, sans baisser la garde. Le Colonel et sa bande étaient parmi eux. Il avait recruté tous les orphelins d'Imperi pour aller ramasser du bois et préparer un feu. Il leur avait aussi dit qu'il était de leur devoir de veiller à ce que tout se déroule sans le moindre heurt, d'éviter toute intrusion extérieure. Dans ce but, il avait assigné à chacun une position et une mission pour la soirée.

Peu importait la motivation des uns et des autres, tout le village était réuni autour de Mama Kadie et de ceux qui ressentiraient, à sa suite, le désir de conter. Ainsi le voulait la tradition : un des anciens, souvent une femme, racontait une histoire, puis d'autres joignaient leurs voix à la sienne. Certaines nuits, la réunion se prolongeait si tard que l'on sollicitait même les enfants, qui répétaient les récits entendus. Ce soir-là, Mama Kadie, placée au milieu du cercle, déambula autour du feu tandis qu'elle devenait conteuse, déplaçant parfois les branches pour le ranimer ou l'étouffer, selon la tonalité de sa fable. Certains des jeunes qui s'étaient installés à l'écart se rapprochèrent progressivement.

« Conte, conte, que dois-je faire de toi ? » avait-elle crié, donnant ainsi le signal du départ.

Le public lui avait répondu :

« S'il te plaît, raconte-le-nous, afin que nous puissions le transmettre à notre tour. »

Elle répéta sa question un certain nombre de fois, jusqu'à ce que tous réclament son histoire.

— Il était une fois une femme, à l'époque où tous les êtres à la surface de la terre et en dessous possédaient une seule et même langue. Cette femme, qui commandait à tous les humains, était une amie très chère du dieu des esprits aquatiques. Tous les matins, de fort bonne heure, elle descendait à la rivière pour s'entretenir avec son ami, qui émergeait des flots et s'installait avec elle sur la rive. Il prenait des formes différentes : tantôt c'était une ravissante créature hybride, mi-poisson mi-femme, tantôt un bel homme musclé. Toutes ces apparences dépendaient de l'humaine et de ce qu'elle avait imaginé en allant à ce rendez-vous. Les amis parlaient de leurs mondes respectifs et de la nécessité de maintenir la pureté de la rivière, source de vie pour leurs deux peuples.

« A cette époque, nul ne se noyait jamais dans les rivières, car les esprits aquatiques aidaient les baigneurs. Les humains avaient pour seule contrainte de rester à l'écart de l'eau durant quelques heures à partir de minuit, afin que les esprits aquatiques aient le loisir de se livrer à leurs cérémonies en toute tranquillité. Cette amitié dura des siècles. Une nuit, un jeune homme sans cœur décida de traverser la rivière pour rejoindre le village, en dépit de l'heure tardive. Il savait pourtant qu'il lui aurait suffi d'un peu de patience. Embarqué à bord d'une pirogue, il effraya les esprits aquatiques avec sa pagaie ; certains se cachèrent, d'autres se transformèrent en courants puissants. De toutes ses forces, il s'y opposa et l'un des esprits, qui avait adopté l'aspect d'une belle jeune fille, entreprit de l'aider. Elle lui apparut et guida son embarcation jusqu'à la rive. Le jeune humain et l'esprit tombèrent amoureux. Ils prirent l'habitude de se retrouver pour se baigner quand personne ne pouvait les voir.

« Une nuit qu'ils s'ébattaient dans l'eau, le jeune homme n'écouta pas son amoureuse et se risqua dans les profondeurs plus turbulentes de la rivière. Il se noya. Cet incident sema la discorde entre les humains et les esprits aquatiques. Avant que les chefs des deux camps aient pu trouver l'occasion de discuter ensemble de ce qui s'était produit, le père du jeune homme, un chasseur irascible, tua d'une de ses flèches un esprit.

— Le chasseur avait-il des pistolets aussi, ou juste des flèches ? Il aurait pu faire beaucoup plus de dégâts avec des armes à feu. Ou encore mieux avec des grenades. Il lui aurait suffi de les dégoupiller et de les jeter dans l'eau pour se débarrasser de tous les esprits.

Le jeune homme qui avait interrompu Mama Kadie avait des yeux plus rouges que les flammes. Des souvenirs du passé récent se déchaînaient en lui. Il se faisait appeler Miller. Le Colonel ne l'avait pas remarqué jusqu'à présent et résolut d'aller le trouver le lendemain. Mama Kadie vint s'asseoir à côté de lui et raconta la fin du conte comme si elle la destinait à lui seul.

Elle expliqua qu'à cette époque il n'y avait ni fusils ni grenades, qu'un simple malentendu avait transformé la relation entre les humains et les esprits aquatiques, que l'action d'une seule personne au cœur si prompt à se laisser enflammer par un feu néfaste avait poussé ces derniers à se cacher des hommes pour toujours. Voilà pourquoi, de temps à autre, lorsque l'un d'eux apercevait un esprit, celui-ci tentait de le noyer, dans le simple but de se protéger, surtout s'il s'agissait d'un adulte. Seuls les enfants étaient épargnés, la plupart du temps, car ils étaient aux yeux des esprits les seuls humains encore purs.

Il s'agissait d'un point crucial à établir, sur la nature de la défiance et la spirale de violence qui pouvait en découler. Ce conte avait aussi vocation à rassurer certains des plus jeunes : leur innocence ne représentait plus un danger, contrairement à ce qui s'était produit pendant la guerre. Il arrive que le sens d'un récit ne soit pas immédiat, qu'il faille, pour l'auditeur, le conserver dans son cœur, dans son sang, jusqu'au jour où il se révélera utile.

En apprenant qu'ils étaient à l'abri du danger, les enfants émirent des soupirs de soulagement qui résonnèrent dans l'obscurité. Les muscles de la nuit furent agités d'un léger souffle et elle accueillit ces marques d'apaisement avec joie.

Le dernier conte, livré par Pa Kainesi, déclencha des hurlements de rire dans l'assemblée. Ce n'était arrivé à personne depuis bien longtemps. Ainsi le narra-t-il :

— Il était une fois un homme qui se plaignait continuellement de sa condition et critiquait tous les aspects de son existence. En particulier le fait de n'avoir qu'un seul pantalon, troué de partout. On pouvait apercevoir sa peau à travers celui-ci, si bien qu'à distance on croyait qu'il portait des carreaux. Quand il approchait, on ne pouvait s'empêcher de rire, s'émerveillant que la nature puisse jouer un tour pareil. Bientôt, tous les jeunes qui avaient des trous dans leurs pantalons se réclamèrent d'une nouvelle mode « mi-peau mi-tissu ».

« Le tailleur déplorait évidemment cette mode et accusait l'homme au pantalon troué de causer sa perte. Plus personne ne venait le voir pour faire repriser ses vêtements ; la beauté naturelle était devenue le maître-mot. Le tailleur se mit à suivre l'homme partout, guettant le moment opportun pour lui voler son pantalon et le détruire. Un jour, en fin d'après-midi, alors que l'homme rentrait des champs, il décida d'aller se baigner dans la rivière. Il retira son pantalon, le lava avec soin, le mit à sécher sur l'herbe et s'immergea entièrement dans l'eau. Le tailleur, caché jusque-là dans les fourrés, y vit une occasion à saisir. Pourtant, comme il se préparait à fondre sur le pantalon, un autre homme surgit d'un buisson et disparut avec le vêtement. Lorsque le baigneur sortit de la rivière, il n'en crut pas ses yeux. Il lança à la cantonade : "Si c'est une blague des dieux ou d'un humain, elle ne me fait pas rire." Il attendit un moment, mais n'obtint aucune réponse. Puis il aperçut les traces de pas du voleur et partit d'un rire si énorme qu'il bascula dans l'eau. Il se débattit pour se relever, toujours hilare. "Il doit donc y avoir quelqu'un de plus malheureux que moi, dit-il, et si c'est le cas, je lui souhaite de profiter du reste de mon pantalon. Dieu et les dieux soient loués de ne pas avoir fait de moi le plus pauvre des hommes." Il dansa dans l'herbe, sous l'œil du tailleur, furieux à l'idée que le voleur se servirait du pantalon. Il voulait voir celui-ci détruit.

« Quand l'homme s'éloigna sur le chemin du village, le tailleur sortit de sa cachette. Il décida d'en profiter pour se rafraîchir et se laver. Il retira donc ses vêtements et plongea dans la rivière. Alerté par le bruit de l'eau, l'homme nu revint sur ses pas en courant, persuadé qu'il allait découvrir son voleur. Il ne vit personne. Des vêtements flambant neufs l'attendaient cependant : un pantalon et une chemise. Il observa les alentours. Le tailleur était tout au fond de la rivière pour profiter de sa fraîcheur, si bien que la surface était redevenue parfaitement lisse. L'homme se mit à danser dans sa nouvelle tenue. Cette journée était vraiment merveilleuse.

« Au moment de reprendre son souffle, le tailleur constata qu'il n'avait plus rien à se mettre. Et ce fut un spectacle bien étrange que celui du tailleur courant nu à travers le village.

L'assemblée était secouée de rires. Le Colonel, Ernest et Miller étaient les seuls à ne pas partager cette allégresse. Les yeux d'Ernest cherchèrent Sila et ses enfants. Leur joie amena un moment de paix dans son cœur. Le Colonel cherchait à identifier le voleur dans le public. Quant à Miller, il avait été le témoin de trop d'atrocités pour s'intéresser aux contes ou ressentir leurs bienfaits. Il se leva et s'éloigna, comme si le rire des autres le tourmentait.

Les enfants de l'âge d'Oumu s'esclaffaient sans la moindre arrière-pensée et se répétaient les meilleurs passages. L'hilarité des adultes était encore plus grande parce qu'ils savaient que l'histoire était vraie. Le tailleur était parmi eux, de même que l'homme au pantalon à carreaux. Mais qui était le voleur ? Personne n'eut à se dénoncer ; ces rassemblements étaient souvent l'occasion de tirer un trait sur le passé.

Lorsque le rire fut épuisé, les adultes et les anciens formèrent leur propre cercle, laissant les enfants discuter entre eux des contes. Les premiers entamèrent une conversation sérieuse sur la sainteté de l'âme. L'imam et le pasteur se rejoignaient sur un point : chaque être humain était porteur d'une part du divin.

— Dans ce cas, comment expliquez-vous ce qui est arrivé pendant la guerre ? demanda quelqu'un.

Personne ne répondit tout de suite ; Pa Moiwa finit par prendre la parole :

— Face à tant de souffrances, je suis convaincu que nous sommes pour un temps désertés par notre part de divin. Durant la guerre avec tout ce qu'elle charriait, nous, le peuple de ce pays, avons peu à peu rogné cette présence de Dieu en nous, jusqu'à supprimer même toutes les traces de bonté qui demeuraient après Sa disparition. Voilà pourquoi aujourd'hui beaucoup sont des réceptacles vides que n'importe quoi peut venir remplir. Je pense que les contes et les traditions d'autrefois leur permettront de renouer avec la vie, les vivants et la divinité en eux.

Bien sûr, ça ne suffira pas. Nous devrons prendre des mesures concrètes.

Dans le silence qui se fit, ils entendirent les rires et les bruits des enfants qui jouaient ensemble. Si Dieu était quelque part, ce soir-là il se trouvait parmi eux.

Personne n'aurait pu prévoir que ce rassemblement serait le dernier. Les anciens auraient raconté d'autres contes s'ils avaient perçu les étranges bouleversements apportés par le vent de l'époque. Il était trop tôt pour espérer davantage, cependant. Ils avaient appelé de leurs vœux des changements progressifs et la réintroduction d'anciennes coutumes. Il leur était impossible de penser à un avenir plus lointain.

Oumu ne rentra pas chez elle avec sa famille, cette nuit-là. Elle accompagna Mama Kadie, et toutes deux veillèrent jusqu'à une heure avancée, assises autour d'un petit feu, paumes tendues vers les flammes pour recueillir leur chaleur. Mama Kadie raconta de nombreuses histoires, sa voix se réduisant à un murmure dans le silence accru de la nuit. Elle continua tant que les yeux d'Oumu ne lui eurent pas dit qu'ils en avaient assez. C'était leur première réunion, et elle serait suivie de bien d'autres. Mama Kadie demanderait parfois à Oumu de lui répéter les contes qu'elle lui avait appris. Et la fillette s'exécuterait d'une voix qui n'était pas de son âge. Alors Mama Kadie sourirait, certaine que chaque histoire avait trouvé un nouveau réceptacle et lui survivrait.

4

L'attente était un sort jeté à tous les habitants d'Imperi, et il n'était levé que lorsqu'ils trouvaient une activité. Pas nécessairement révolutionnaire, non, mais qui introduisait une routine, promesse de possibilités. Ceux qui n'avaient pas d'occupation partaient pour d'autres villages à la recherche de travail ou restaient assis à ne rien faire, inquiets et irrités par tout, par tous.

Depuis le jour où les pieds de Mama Kadie s'étaient posés à Imperi, le village s'était peu à peu débarrassé des souvenirs de la guerre, à commencer par les traces visibles. A présent qu'une année s'était écoulée, on avait peine à croire que la plupart des maisons avaient été criblées de balles ou brûlées. Chacun s'était efforcé de redonner à ces bâtisses leur vitalité d'origine, à coups de peinture jaune, blanche, grise, verte et noire. Ceux qui n'avaient pas de quoi peindre enduisaient les façades de terre fraîche, brune et rouge.

Les bruits, eux aussi, avaient changé. Aux vents hésitants et aux silences profonds avaient succédé les voix des enfants qui se poursuivaient ou jouaient dans la rivière. La population avait crû, mais tout le monde se connaissait, ou presque. Les bourgs voisins avaient également repris vie, et les anciens rendaient parfois visite à des amis, quand ils ne les recevaient pas. Ils dégustaient des noix de cola et parlaient des jours passés, de l'époque où il y avait une multitude d'enfants, où chaque promenade était l'occasion de découvertes plaisantes. On pouvait surprendre un cultivateur qui sifflait des airs si sublimes que les oiseaux avaient honte. Femmes et fillettes chantaient de douces mélodies tandis qu'elles plongeaient leurs filets dans la rivière ; des fermiers déposaient des concombres frais le long du chemin pour les passants. De telles pratiques avaient resurgi au terme de cette première année de renaissance, à Imperi.

De rares événements continuaient à se produire, de loin en loin. Grondement de bulldozers venus dégager des routes inusitées depuis des années, qui troublait la tranquillité du village. Hommes en costume, au front dégoulinant de sueur et imbus d'eux-mêmes, qui se présentaient pour discuter de la réouverture du collège-lycée du district. Leur réunion s'était tenue sur le bord de la route. Ils s'étaient accroupis autour de documents étalés à même la terre et retenus par des pierres. Ils ne pouvaient pas se rendre dans l'ancien établissement, toujours envahi par la végétation. Ils avaient décidé de le rénover et de le rouvrir, malgré la distance entre le village et lui. Quelques semaines plus tard, les cours reprenaient, alors qu'aucune des principales réparations n'avait été effectuée. Les vieilles carcasses des différents bâtiments avaient été repeintes pour donner l'illusion de la nouveauté. Aucune cérémonie ne fut organisée pour la réouverture. Un type à la peau très noire, petit et jovial, avec une tête ronde aplatie de têtard, des yeux rouges et des lunettes, se posta au carrefour et distribua des prospectus. Le message, imprimé dans des caractères de taille et de graisse différentes, insistait sur les points positifs, minimisant ce qui risquait de faire fuir les gens. « Les frais de scolarité de VOTRE ENFANT ne seront exigés qu'À LA FIN DU PREMIER SEMESTRE. » Ce même type se rendit chez Bockarie deux jours après que l'établissement eut officiellement rouvert ses portes. Il n'y avait pas encore d'élèves.

— Je suis M. Fofanah, annonça-t-il à Kula.

Il avait un attaché-case noir et se tenait en permanence sur la pointe des pieds comme pour atteindre quelque chose ou paraître plus grand.

— Puis-je parler à votre époux ?

Il épongea alors son front avec un mouchoir. Il ne perdit pas de temps : dès que Bockarie apparut, il lui proposa un poste d'enseignant. Il avait appris que celui-ci avait été élève dans ce même collège-lycée avant d'y donner des cours. M. Fofanah voulait qu'il enseigne les mêmes matières que précédemment : l'anglais, la géographie et l'histoire.

Après le départ du proviseur, Kula serra son mari contre elle. Il lui décocha un sourire en coin, accompagné d'un fredonnement. Signe, elle était la seule à le savoir, d'un bonheur infini. Il n'était pas homme à exprimer ses émotions comme n'importe qui.

— Tu m'aideras à préparer mes cours, ma chérie ?

— Nos séances de travail me manquaient. Assieds-toi, je vais chercher un stylo et du papier, ajouta-t-elle avec un sourire.

— Oui, maîtresse. Ce qui m'a manqué, à moi, c'est ton autoritarisme. Il resurgit chaque fois qu'on entreprend des activités intellectuelles !

Elle s'éloigna, hilare. Pendant que Bockarie attendait son retour, un grand homme à la belle barbe bien taillée se présenta à lui. Il s'appelait Benjamin.

— M. Fofanah m'envoie.

Il parlait vite et en écarquillant les yeux. Le débit de Bockarie était bien plus lent.

— Bienvenue dans mon village natal. D'où viens-tu ?

— Je suis originaire de Kono, la région des diamants, mais ne m'interroge pas sur la raison de mon emménagement ici. J'ai reçu une proposition de travail, alors je suis venu avec ma famille. Le reste n'a aucune importance. Bon, je file, nous nous verrons au collège ou sur le chemin. Je dois aller préparer mes cours.

Benjamin lui tapa sur l'épaule pour prendre congé. Il s'éloigna à grandes enjambées en triturant un objet invisible dans sa poche, puis adopta une cadence normale.

— Tu parlais avec quelqu'un ?

Kula était de retour, munie de feuilles de papier froissées et d'une poignée de stylos – elle devait toujours en essayer plusieurs avant d'en trouver un qui fonctionnait.

— Oui, ce fameux Benjamin dont M. Fofanah nous a parlé. Il est retourné chez lui préparer la rentrée.

Bockarie se décala sur le banc pour lui ménager une place. Ils se mirent au travail, puisant dans leurs souvenirs d'élèves, et se bombardant mutuellement de questions qui leur arrachaient bien souvent des éclats de rire.

Le lendemain matin, Benjamin et Bockarie se retrouvèrent sur la route – cinq kilomètres environ séparaient Imperi de l'établissement. Ils cheminèrent d'abord en silence, le visage mouillé de rosée matinale.

— Tu sais, toute ma vie j'ai dû marcher le matin. Au début, pour aller aux champs, puis à l'école, puis au travail…

Bockarie n'eut pas le temps de répondre que son expérience était similaire, déjà Benjamin poursuivait :

— Et je me suis toujours fait de bons amis sur ces trajets. Très bien, professeur Bockarie, marchons comme de jeunes hommes pleins de vie.

Benjamin pressa le pas et entraîna son compagnon. Ils s'amusèrent à aller le plus vite possible. Lorsqu'ils arrivèrent à destination, M. Fofanah réunit l'ensemble des enseignants. Après leur avoir distribué leur premier mois de salaire, il délivra un discours, s'émerveillant de leur présence à tous. La situation était prometteuse.

— Ne vous inquiétez pas du manque de matériel. L'administration a promis d'en envoyer sans tarder. Pour l'heure, nous disposons de l'essentiel, des tableaux noirs, des craies, des bureaux et des bancs. Ah, voici les élèves…

Le proviseur venait d'être distrait par un important groupe de jeunes qui approchaient. Ils devaient être une cinquantaine au moins, ce qui était suffisant pour un début. D'autres vinrent gonfler leurs rangs au fil de la journée.

Ce même matin, Kula, descendue à la rivière laver des vêtements, posa les yeux sur une femme qu'elle n'avait jamais vue au village. Celle-ci fredonnait un air tout en rinçant sa lessive à l'écart des autres. Très grande et mince, elle avait d'immenses prunelles brunes qui éclairaient son visage étroit.

— Tu dois être l'épouse du nouveau professeur. Comment s'appelle-t-il, déjà ?

Kula posa une main sur son front, ainsi qu'elle le faisait quand elle avait un trou de mémoire. La femme interrompit son fredonnement et répondit d'abord d'un sourire.

— Benjamin. C'est son nom. Et, oui, je suis son épouse. Je m'appelle Fatu.

— Et moi Kula. Tu es la bienvenue chez moi à toute heure si tu as besoin d'aide. Tu as deux petits ?

— Merci, dit-elle avant de rincer son seau. Je n'hésiterai pas. Et, oui, nous avons une fille et un garçon, Rugiatu et Bundu. Nous venons d'arriver, et nous ne connaissons presque personne. Ce sera bien pour eux d'avoir des amis. Et pour moi aussi. Mon mari aspirait à une vie différente, il voulait quitter sa ville natale, Koidu. Elle se trouve à Kono, tu sais, la région des diamants. Tu dois être la femme de Bockarie. Benjamin m'a parlé de lui.

Retenant le vêtement entre ses genoux pour qu'il ne soit pas emporté par le courant, elle tendit la main à Kula. Elles lièrent ainsi amitié, comme leurs maris l'avaient fait de leur côté.

Plusieurs mois s'étaient écoulés depuis le jour où Bockarie avait été engagé par M. Fofanah et où il avait fait la connaissance de Benjamin. Leurs existences n'avaient pas suivi le cours espéré. Ils continuaient à se rendre à pied au collège-lycée tous les matins, désormais accompagnés des trois aînés de Bockarie, Manawah, Miata et

75

Abu, ainsi que de la plupart de leurs élèves et collègues. Les cinq kilomètres de piste poussiéreuse avec ses plaques de bitume ici et là étaient devenus insupportables. Même si les voitures se faisaient rares sur cet axe, dès qu'ils en entendaient une arriver au loin, ils se précipitaient dans les fourrés et se bouchaient le nez. Ils se protégeaient ainsi de la poussière, qui s'accrochait aux corps, aux vêtements et aux cheveux propres. Les feuilles étaient pour leur part recouvertes d'une couche si épaisse qu'on ne parvenait plus à distinguer leur couleur. Pendant la saison des pluies, ils couraient aussi, mais pas vers les buissons : ils cherchaient plutôt à éviter les nombreuses flaques pour ne pas être éclaboussés. Il y en avait tant qu'on devait redoubler de stratégie et slalomer d'un bord à l'autre de la route, à moins de se poster près des nids-de-poule les plus profonds, qui forçaient le conducteur à ralentir considérablement. Ceux qui disposaient d'un parapluie – ils étaient rares – pouvaient l'utiliser comme bouclier.

Durant la première année de cours, le matériel promis par le proviseur le jour de la rentrée n'arriva pas. Privés de supports pédagogiques, les enseignants devaient toujours puiser dans leurs souvenirs d'écoliers pour préparer leurs leçons et écrivaient le plus possible d'informations au tableau dès qu'il y avait de la craie. Sinon, ils étaient contraints de dicter le cours aux élèves, qui le recopiaient dans leurs cahiers, levant la main pour s'enquérir de l'orthographe de tel ou tel mot. Depuis onze mois à présent, le ministère de l'Education de la Sierra Leone, autrement dit de la Montagne du lion, envoyait des lettres-fleuves que le proviseur lisait à ses enseignants. L'expression de son visage trahissait son incrédulité. « Nous avons entrepris une véritable rénovation de notre système éducatif », ainsi débutaient les courriers. Ils finissaient sur ces mots : « Ministère de l'Education de la Montagne du lion, au service de son peuple, toujours. »

Un jour, M. Fofanah ne put retenir un commentaire acerbe :

— Ils sont capables de m'envoyer ce blabla inutile toutes les semaines mais aucune fourniture ! Pas même une boîte de craies !

Il eut la prudence de ne pas aller plus loin. De toute évidence, la situation était plus critique que par le passé. Cette partie du pays était plus que jamais négligée par les pouvoirs publics. Avant la guerre, la capitale expédiait au moins du matériel scolaire, même s'il arrivait avec un mois, parfois un semestre, de retard. Les salaires étaient, eux aussi, particulièrement à la traîne. En neuf mois de travail, les enseignants n'en avaient perçu que trois, soit un par trimestre. En conséquence, Bockarie s'était mis à vendre des cigarettes, des chewing-gums, des piles, des spirales anti-moustiques et autres bricoles, le soir, devant chez lui. Il présentait les articles dans une petite boîte en bois, éclairés par la faible lueur d'une lampe à pétrole. Installé là, il corrigeait les devoirs de ses élèves et pré-parait ses cours, se servant d'une lampe de poche quand il n'avait pas de quoi acheter du pétrole. Il avait du mal à pourvoir aux besoins de sa famille et ne continuait à enseigner que parce que cela lui donnait droit à des frais de scolarité réduits pour ses trois aînés. Sa paie s'élevait à cent cinquante mille leones, ce qui lui permettait à peine d'acheter un sac de riz. Kula avait beau l'aider en vendant des produits tels que du sel, du poivre et des bouillons cubes Maggi au marché, ils joignaient difficilement les deux bouts. Ils s'en sortaient cependant mieux que Ben-jamin, qui devait, avec la même somme, payer le loyer et nourrir sa femme, Fatu, ainsi que leurs deux petits, Bundu et Rugiatu. Comme il n'était pas originaire d'Imperi, il n'avait pas la jouissance d'une maison familiale.

« Par moments je me dis que j'aurais dû rester chez moi, à Koidu. Je pensais pouvoir mener une existence différente, jouir d'un bon salaire tout en ayant un métier moins dangereux que dans les mines de diamants... Je croyais aussi que ma femme trouverait du travail en tant qu'apprentie infirmière. »

Benjamin s'était confié en ces termes à son ami, un soir qu'il était venu lui tenir compagnie devant chez lui.

Au collège, tout le monde faisait de son mieux. L'excitation produite par la reprise des cours n'avait pas duré plus d'un semestre. Il avait alors fallu se rendre à l'évidence : ils ne recevraient pas le soutien nécessaire du gouvernement. Voilà pourquoi lorsque enseignants et élèves arrivaient, le matin, la longueur du trajet, la poussière, la chaleur, la soif et la faim avaient chassé de leurs visages la joie qui s'y trouvait parfois. Impossible de savoir, de prime abord, qui des enseignants ou des élèves étaient les plus affamés. Leur attitude à tous révélait le même désir : voir la journée se terminer au plus tôt. Au point même qu'à peine arrivés ils guettaient l'heure de rentrer chez eux. Venir là était devenu, pour eux, une routine qui leur permettait d'alimenter ce qu'il leur restait d'espoir. A demeurer assis chez soi toute la journée, on risque bien de croiser la route du puissant vent de la malchance.

Le seul à ne jamais se départir de son entrain, réel ou feint, était M. Fofanah, qui avait acquis une moto flambant neuve. Personne ne s'expliquait où il avait trouvé l'argent nécessaire à l'achat d'un engin aussi cher, représentant plus de dix fois le salaire annuel d'un enseignant. Chaque matin, d'une exubérance intolérable, il réunissait son équipe pédagogique et leur faisait la morale sur la nécessité de « motiver les élèves, raviver la flamme de l'apprentissage en eux et leur montrer l'importance de l'éducation ».

« Je crois en vous et je ne suis ici que pour vous aider, tous, à vous surpasser, poursuivait-il, déambulant sur la pointe des pieds, boutonnant puis ouvrant sa veste, ajustant sa cravate, le tout en suant à grosses gouttes. Y a-t-il des questions ? Non. Je suppose que mon message est clair. Très bien, allons inspirer la jeune génération ! »

Il concluait sur un large sourire, qu'aucun membre de l'assemblée ne lui retournait. Après avoir laissé échapper un soupir dans sa barbe, il se composait un nouveau masque de jovialité et redressait la tête. Les enseignants ne pouvaient pas tirer grand-chose de ses discours. Ils manquaient de tous les ingrédients indispensables à la motivation : salaires, fournitures et foi dans le système éducatif.

Le jour où Bockarie tenta d'évoquer en classe l'importance des études, l'un de ses élèves lui rétorqua :

— Monsieur, vous avez reçu de l'éducation, mais je ne vois pas ce que ça a changé dans votre vie. Pourquoi devrions-nous perdre notre temps et notre argent alors que nous pourrions profiter de l'existence dès aujourd'hui au lieu d'investir dans un avenir malheureux ?

— Tu soulèves un point intéressant. Prends un jeune manguier. Il mettra des années à donner ses premiers fruits. On peut toujours semer des plantes dont la croissance sera plus rapide, comme le manioc ou les pommes de terre, seulement on ne veut pas se priver entièrement de mangues. J'espère que tu comprends où je veux en venir, toi qui étudies aussi l'agriculture.

Bockarie arpentait d'un pas mesuré les allées entre les tables, veillant à croiser le regard de chacun de ses élèves.

— Je comprends, monsieur. Et vous voyez, vous aussi, pourquoi l'image que nous renvoient les gens éduqués n'a rien d'encourageant ? s'entêta-t-il.

— La question n'est pas simple, tu as raison, et elle mérite réflexion.

Si Bockarie devait se retenir de frapper le garçon pour l'insolence de son ton, il respectait l'intelligence de son raisonnement et mesurait l'importance de son questionnement. Difficile de convaincre quiconque de s'investir dans l'éducation si ceux qui en étaient les produits ne trouvaient pas de meilleurs postes que les autres.

— Les temps sont durs pour beaucoup d'entre nous. Autrefois, ceux qui avaient étudié s'en sortaient mieux.

Ce n'est cependant pas l'unique but des études. Il dépasse largement la simple amélioration des conditions économiques. Dans votre cas, vous avez tous besoin de venir au collège pour être en mesure, le moment venu, de saisir les opportunités qui se présenteront. Vous ne pouvez pas guetter celles-ci puis, dans un second temps seulement, chercher à vous former. Il sera trop tard.

Les élèves étaient silencieux, y compris le jeune homme qui avait posé les questions. Bockarie n'était pas certain d'adhérer aux propos qu'il venait de tenir, cependant il n'en voyait pas d'autres pour le moment. Ce soir-là, chez lui, il entreprit son père, Pa Kainesi, et les amis de celui-ci, Pa Moiwa et Mama Kadie, sur l'incident qui avait eu lieu dans sa classe. Il se rappelait l'excitation que représentaient les cours quand il était plus jeune, la soif d'apprentissage partagée par tous. Les anciens n'eurent rien d'autre à lui offrir qu'un dicton populaire : « Rien n'est immuable. » Ils lui assurèrent également que ce qu'il faisait était très noble. Il avait envie de leur rétorquer que, même s'il croyait au dicton, leurs conditions de vie et leur désespoir étaient tels qu'ils finiraient par provoquer des changements en chacun. Des changements irrémédiables, dont les conséquences subsisteraient bien après que les causes, elles, auraient disparu. Mais l'on se devait d'avoir foi dans les paroles des anciens et de laisser, parfois, un peu d'espace à l'espoir pour respirer. Bockarie se résolut donc à voir les choses sous cet angle.

Il sortit faire un tour, recherchant le noir de la nuit afin d'éviter salutations et conversations. Bientôt distrait de ses sombres pensées, il se mit à observer les rites de certains à cette heure de la journée. A la lisière du village il s'arrêta ; son regard était tombé sur une maison. Installés sur la galerie, à l'arrière, le Colonel et sa bande préparaient des fagots de bois à vendre. Bockarie rejoignit le manguier le plus proche, progressant à pas de loup pour ne pas trahir sa présence. Adossé au tronc, il étudia ce groupe de jeunes énergiques. Ils calculaient le montant que leur rapporterait la vente du bois.

— Cinq fagots et un sixième gratuit, pour encourager à en acheter d'autres, dit Salimatu.

Amadu lui adressa un salut théâtral avant de lier d'autres branches ensemble. Elle éclata de rire, puis montra à Victor, Ernest et Miller quels fagots réunir afin de faciliter la future distribution.

— Ça en fait six ! lança Victor.

Le Colonel inscrivit le chiffre dans un carnet. Dressé sur un banc, il dominait les autres. Tous avaient des gestes rapides. Le Colonel s'assit par terre pour calculer leurs gains du jour, qu'il sortit d'un petit sac après avoir vérifié qu'aucun indiscret ne traînait dans les environs. Bockarie s'enfonça davantage dans l'obscurité. Le jeune homme sépara l'argent en deux piles : l'une pour leurs économies, l'autre pour la nourriture et les frais courants.

— Si on continue à mettre autant d'argent de côté, vous pourrez tous retourner en cours l'an prochain, annonça-t-il à Salimatu, Victor, Amadu et Ernest.

Le Colonel avait pris Miller sous son aile, mais celui-ci ne faisait pas encore entièrement partie de la famille. Sa scolarisation n'était donc pas à l'ordre du jour, et il ne parut pas s'en formaliser.

— Très bien, mangeons maintenant. Miller, mon grand, va chercher la nourriture.

Celui-ci se précipita à l'intérieur, un petit sourire aux lèvres : il se voyait confier cette tâche pour la première fois, signe de la confiance accrue du Colonel. Il revint peu après avec un grand bol de riz et des feuilles de manioc. Ils mangèrent ensemble. Ils se servaient d'une tasse en plastique plongée dans un seau d'eau pour boire. Bockarie se demanda si le Colonel aimerait s'instruire ou s'il préférait trouver du travail. A ce moment précis, le jeune homme repéra une présence dans le ventre de la nuit et riva ses yeux sur l'endroit précis où se tenait Bockarie. Ce dernier s'éloigna rapidement sans laisser le temps au Colonel de se lever. En chemin, il longea la maison de Sila. Celui-ci apprenait l'alphabet à ses enfants, grâce à des lettres découpées dans un vieux carton, qu'il brandissait de son unique main. Chaque fois que les enfants réussissaient à identifier la lettre, il leur demandait de faire une phrase, mimant parfois un mot. Son sourire ne le quittait jamais. Sila s'était mis à cultiver du manioc et des pommes de terre qu'il vendait pour pouvoir s'acheter le nécessaire. Après plusieurs visites à Mama Kadie, il avait obtenu d'elle et de Mahawa qu'elles cuisinent pour sa famille et veillent sur ses enfants la journée. Tout avait commencé lors de cette première réunion chez Bockarie. Elles l'avaient taquiné sur la façon dont il nourrissait ses enfants.

« Non seulement il me manque une main, ce que tout le monde peut voir, mais il ne faut pas oublier que je suis un homme, et que je ne sais donc pas cuisiner aussi bien que vous, les femmes. Je remplis les ventres de mes enfants avec ce que je prépare le mieux, c'est-à-dire du riz tout simple. Je suis adepte de la simplicité, en général. Si ça ne vous plaît pas, aidez-moi. Alors, dites, vous voulez bien m'aider ? »

Il s'était esclaffé avant de reprendre :

« J'en ai assez de me nourrir aussi mal ! »

Il avait tiré la langue pour exprimer combien il était mauvais cuisinier. Ses enfants avaient abondé dans son sens, grimaçant autant que s'ils venaient d'avaler un médicament amer. Ils s'étaient détournés dès que leur père avait posé les yeux sur eux.

Bockarie se souvint d'avoir admiré Sila pour son honnêteté, son indifférence à ce que pensaient les autres. Il poursuivit sa route pour conclure ce festin d'observation par la maison de Mama Kadie. Elle était assise avec Mahawa près d'un feu qui les éclairait à peine, et leur discussion les faisait toutes deux rire. Elles s'embrassèrent. La joie se peignit sur le visage de la vieille femme tandis qu'elle regardait Mahawa et Tornya. La jeune femme, quant à elle, conservait en permanence une impassibilité qui s'apparentait parfois à de la satisfaction mais trahissait surtout un profond tourment. Bockarie soupira, sans vraiment savoir si c'était pour lui ou pour les autres. Il avait une certitude en revanche : il devait rentrer avant que Kula ne s'inquiète. Il trouva sa femme et ses enfants occupés à lire ou à faire leurs devoirs. Il les contempla en silence et ce spectacle modifia son humeur : des esprits joyeux se mirent à danser sur ses traits.

— Que lis-tu, Kula ? s'enquit-il.

Ses enfants le saluèrent d'un petit mouvement de la main ou d'un simple regard, puis reprirent leurs activités.

— Quelqu'un a jeté ça dans la rue. C'est un roman, il est en bon état. Je viens de l'entamer. S'il est bon, je te le louerai. Je te ferai un bon prix.

Elle gloussa et lui signifia de venir s'asseoir sur le banc à côté d'elle.

Le lendemain de sa conversation avec les anciens, Bockarie partit plus tôt pour le collège afin d'éviter les mines chagrines sur la route, surtout celles de ses enfants – leur cafard le torturait plus que tout. Il croisa cependant Benjamin, qui était d'excellente humeur, ce qui lui remonta aussitôt le moral. Benjamin se tenait sur le bord de la route et souriait : à l'évidence, il l'attendait.

— J'ai une idée pour se faire un peu d'argent en plus, ami enseignant à l'air toujours grave.

Il se mit à marcher à reculons pour pouvoir regarder son compagnon.

— Explique-moi cette idée, mais lentement, s'il te plaît.

Bockarie tenta de rattraper Benjamin, qui pressait le pas.

— Tu ne te rends même pas compte à quel point tu es drôle parfois ! Je peux parler lentement et marcher vite, ou parler vite et marcher lentement.

Benjamin mimait ce qu'il disait.

— Allez, j'arrête de t'embêter ! Mon idée consiste à donner des cours particuliers, principalement aux élèves qui veulent passer l'examen national.

Il fit un bond, puis vint se placer à côté de Bockarie, adoptant à nouveau une façon de marcher normale.

— C'est en effet un plan brillant, mon ami, approuva Bockarie avec un petit rire.

— Ton langage corporel ne trahit aucune excitation. Ta voix est à peine montée dans les aigus. Bref, je propose qu'on se retrouve plus tard pour en parler, conclut Benjamin alors qu'ils approchaient du collège.

Ils se donnèrent rendez-vous dans la petite salle des professeurs, aveugle, à l'heure du déjeuner. M. Fofanah s'y trouvait, assis dans un coin, un sac rempli de billets sur les genoux et un carnet posé à côté de lui. Les billets étaient neufs, ils n'avaient pas encore été usés par les mains de ceux pour qui le quotidien était une question de survie. Les deux enseignants se pétrifièrent, songeant qu'ils allaient enfin toucher le reste de leur salaire. Tournant le dos à la porte, le proviseur était absorbé par le contenu du sac. Il se léchait l'index pour vérifier, avec concentration, chaque liasse. Il s'interrompait régulièrement afin d'inscrire un nombre dans le carnet.

Bockarie considéra Benjamin, l'air de dire : « Il faut nous manifester ou partir sans un bruit. » Convaincu que le moindre mouvement les trahirait, Benjamin fut d'avis de révéler leur présence.

— Bon après-midi, monsieur.

La surprise fit sursauter le proviseur. Il tourna lentement la tête vers eux tout en veillant à ce que son corps leur masque le sac. Au moment de se lever, il posa dessus le livre long et étroit, qu'ils reconnurent alors : il s'agissait du registre dans lequel il notait toutes les informations sur les enseignants – salaire, présence… M. Fofanah soutint leur regard pour s'assurer qu'ils ne s'intéresseraient pas au sac par terre. Il prit une profonde inspiration, peut-être à court de mots. Son front était couvert de sueur. Bockarie et Benjamin échangèrent un coup d'œil, ne s'expliquant pas la conduite si étrange de leur supérieur.

— Messieurs, quelle surprise de constater que les professeurs se servent enfin de cette salle !

Sa nervosité transparaissait également dans son ton, à présent.

— Monsieur Fofanah, nous pouvons aller ailleurs, si vous le souhaitez. Nous voulions juste nous entretenir en privé.

— Non, non, messieurs, la place est à vous. Je vais dans mon bureau. Je ne suis ici que parce que des ouvriers s'occupaient de réparer le classeur, là-bas.

Il se baissa et glissa le registre entre les poignées du sac. Avec une série de hochements de tête nerveux, il se dirigea vers la porte. Au moment de franchir le seuil, ses mains tremblaient tellement que le carnet lui échappa.

Les trois paires d'yeux tombèrent sur une page comportant les noms de plus de vingt enseignants qui ne travaillaient pas dans l'établissement. A côté de leurs noms se trouvaient les salaires qu'ils avaient censément perçus trois fois dans l'année. Changé en statue de sel, M. Fofanah ne put se résoudre à ramasser le livre. Bockarie se baissa et le lui tendit. Le proviseur le lui prit des mains et détala, laissant les deux amis interdits.

Bockarie s'assit sur l'un des bancs.

— Au moins, maintenant, nous savons pourquoi il est toujours de si bonne humeur.

— Qu'allons-nous faire ? s'enquit Benjamin.

— La situation est épineuse, mon ami. Nous touchons nos salaires, il n'a pas trafiqué ces chiffres-là, tu l'as vu. Il s'est contenté d'inventer de faux professeurs. Et nous ne connaissons personne dans la hiérarchie, à qui pourrions-nous adresser notre plainte ? Ils sont sans doute tous impliqués dans cette combine... Réfléchissons-y pendant quelques jours.

— Venons-en au sujet qui nous réunit ici, suggéra Benjamin pour leur changer les idées.

Il exposa les grandes lignes de son projet, et ils convinrent de faire imprimer des prospectus, malgré le coût, qu'ils placarderaient un peu partout dans le village et le collège. Les cours auraient lieu chez Bockarie. Ils n'auraient besoin que d'un tableau noir, qu'ils pourraient récupérer dans le tas de fournitures mises au rebut. Ils économiseraient tous deux leurs craies pendant leurs heures de classe : il leur suffirait d'écrire moins et de dicter davantage.

A l'issue de la journée, ils s'attardèrent au collège et passèrent en revue les vieux tableaux noirs jusqu'à en trouver un récupérable. Ils le transportèrent au village, le tenant chacun par un bout, s'arrêtant régulièrement pour se reposer. Ils se félicitèrent, en riant, de ne pas avoir à courir dans les fourrés pour se protéger de la poussière : le tableau noir en attirait l'essentiel. Au pied d'une côte, alors qu'ils reprenaient leur souffle, M. Fofanah approcha sur sa moto. Il klaxonna avec outrance pour attirer leur attention.

— Ce tableau est la propriété du collège et vous l'avez emporté sans autorisation. Je n'ai d'autre choix que de faire un rapport. Vous serez renvoyés pour vol.

Il coupa le moteur et descendit de moto.

— Le tableau est quasiment pourri, et vous aviez l'intention de le jeter, de toute façon.

La colère de Benjamin transparaissait dans sa voix de stentor.

— Je suis le seul juge du sort que je réservais à cet objet, rétorqua le proviseur avec sévérité.

— Nous allons le rapporter, dans ce cas, proposa Bockarie, qui ne tenait pas à ce que Benjamin ou lui perdent leur travail.

— Ça ne changera rien. Vous l'avez déjà volé.

Il remonta sur sa moto et démarra, comme désireux que le rugissement du moteur recouvre ce qu'il s'apprêtait à ajouter :

— Cela dit, si vous pouvez effacer de vos mémoires ce que vous avez vu tantôt, je fermerai moi aussi les yeux. Que comptez-vous faire de cette vieillerie, de toute façon ?

Bockarie résuma leur plan, et M. Fofanah convint qu'il s'agissait d'une excellente idée : elle leur permettrait d'arrondir leurs fins de mois tout en offrant à certains élèves l'assistance dont ils avaient besoin. Il ajouta que si tous deux tenaient leur langue, il pourrait même les aider et imprimer leurs prospectus gratuitement, depuis son bureau. Bien entendu, pour cela, il lui faudrait utiliser le générateur. Il se ferait un plaisir de fournir le pétrole nécessaire à son bon fonctionnement, et de leur donner quelques craies. Il repartit sans attendre leur réponse : il savait pertinemment qu'ils n'avaient pas le choix – il avait le pouvoir de les renvoyer et ils ne pouvaient se tourner vers personne. Ils n'avaient aucun contact et n'obtiendraient jamais de rendez-vous avec le responsable de leur circonscription, car celui-ci était sous le coup d'une enquête bien plus sérieuse. Ils avaient trop besoin de leurs emplois pour nourrir leurs familles. Sans un mot, accablés par cette victoire de la nécessité sur la moralité, Bockarie et Benjamin rassemblèrent le peu de courage qu'il leur restait pour soulever le tableau noir, qui leur parut soudain beaucoup plus lourd.

Ils firent imprimer les prospectus par M. Fofanah, qui s'échinait à vouloir les convaincre de sa bonne foi. Il dit à Bockarie et Benjamin qu'il ne faisait rien de mal et n'éprouvait donc aucune culpabilité. Il leur asséna une expression qu'ils haïssaient, tant elle avait causé de tort à leur pays : « La vache broute l'herbe du champ où elle se trouve. » Il ajouta que c'était son heure de brouter, que l'établissement était son champ, minuscule portion de celui bien plus vaste où avaient été placés tous ceux qui devaient se nourrir.

Bockarie dut retenir Benjamin de frapper le proviseur. Les mains tremblantes, celui-ci demanda tout bas :

— S'il est l'heure de se nourrir, que faites-vous des autres, qui ont faim, eux aussi ? Nous devons tous manger, il n'y aura jamais de paix, sinon.

C'était exactement ce que ressentaient tous les hommes, femmes et enfants en difficulté, mais ce sentiment n'était pas entendu, même lorsqu'il était exprimé tout haut, tant ceux qui se régalaient étaient devenus sourds – alors qu'ils se trouvaient de l'autre côté de la barrière peu de temps auparavant.

Bockarie et Benjamin rentrèrent chez eux vaincus, et entreprirent de retaper le tableau noir. Ils se rappelaient un vieux truc appris à l'époque où ils étaient élèves, qui consistait à récupérer la substance noire contenue dans les vieilles piles, puis à la broyer et à la délayer avec de l'eau. Ils appliquèrent méticuleusement cette préparation sur le tableau et le laissèrent sécher au soleil. Plus tard, ils retirèrent l'excédent pour pouvoir écrire sur la surface bien lisse.

— Il a l'air neuf, mon ami. Je suis sûr qu'on réussirait à le vendre à un autre collège s'il y en avait dans le coin ! s'exclama Benjamin.

Les cours particuliers débutèrent quelques jours plus tard, et l'argent que les deux amis touchèrent allégea quelque peu le fardeau du quotidien. Même s'ils devaient littéralement menacer les parents de leurs élèves pour être payés. Ceux-ci avaient beau promettre de régler les enseignants, ils se cachaient dès qu'ils les apercevaient dans le village. Bockarie et Benjamin se virent contraints à l'une des choses qu'ils détestaient le plus, à savoir refuser d'enseigner à des élèves volontaires et intelligents. Une exception et l'entreprise tout entière échouerait : plus aucun parent ne voudrait payer dès lors qu'ils auraient perçu l'inclination des enseignants pour les élèves désireux d'apprendre. Tel était le jeu parmi ceux qui attendaient de voir leur condition changer : ils testaient mutuellement leur rapport à la morale. Le seul à payer rubis sur l'ongle, sans avoir à être rappelé à l'ordre, était le Colonel. Il avait décidé d'inscrire Amadu, Salimatu, Victor et Ernest aux cours d'anglais pour débutants et de mathématiques. Miller prétendait ne pas être intéressé, pourtant il accompagnait toujours les autres et les attendait à l'écart, assez près pour pouvoir entendre la leçon. Bockarie et Benjamin ne le chassaient jamais.

« Professeurs B au carré, j'aimerais vous proposer un tarif global afin qu'ils puissent tous être prêts pour la prochaine rentrée scolaire. »

C'est en ces termes que le Colonel avait approché Benjamin et Bockarie, un doigt pointé vers ses compagnons. Les enseignants avaient ri à ce bon mot, pas lui. Il avait négocié une réduction et promis de payer sans le moindre retard. Les deux amis auraient volontiers convié le Colonel à leurs leçons, mais quelque chose dans son attitude les avait retenus. Lorsque le sujet était venu sur le tapis lors d'une discussion avec les anciens, ces derniers avaient remarqué :

« Vous voulez parler de l'Homme responsable ? S'il veut s'instruire, il vous le dira. »

— Bockarie, mon frère, tu es trop patient. Nous gardons le silence depuis trop longtemps sur cette affaire avec le proviseur, lui murmura Benjamin, un jour que leur cours particulier allait commencer.

— Quand on parle du loup... observa Bockarie en lui donnant un coup d'épaule.

Benjamin était en train de vérifier ses notes. Il releva la tête et découvrit M. Fofanah, qui arrivait sur sa moto et accéléra dans la minuscule pente avant de couper le moteur. Benjamin s'efforça de contenir sa colère tout en pressant les élèves qui s'attardaient sur le perron, comparaient leurs cahiers et jouaient à se provoquer. Il les fit asseoir sur le tapis de bambou de la galerie. Les enfants étaient divisés en deux groupes, ce qui ménageait une allée permettant aux professeurs de circuler. Le proviseur s'y engagea.

— Bonsoir, élèves et enseignants.

— Bonsoir, monsieur le proviseur, répondirent en chœur les élèves, ainsi qu'ils le faisaient au collège.

Ils se retournèrent aussitôt vers le tableau noir. Ils devaient incliner la tête en arrière pour le voir correctement. Celui-ci, qui comportait deux leçons distinctes, était encadré par Benjamin sur la gauche et Bockarie sur la droite. Un épais trait blanc séparait leurs deux écritures. Ils avaient voulu scier le tableau en son milieu, mais le menuisier leur réclamait trop d'argent.

— Je n'ai jamais vu un usage aussi rationnel de l'espace, souligna M. Fofanah. Deux professeurs se servant d'un même tableau pour enseigner deux leçons distinctes. Continuez, messieurs, ajouta-t-il avant d'aller rejoindre les anciens, assis non loin, dans la cour.

D'un coup d'œil, Bockarie signifia à Benjamin de garder son calme. Ce jour-là, ils enseignaient respectivement *Le Roi Lear* de Shakespeare et la grammaire.

— Toi, lève-toi et fais une phrase contenant un verbe pronominal et un pronom.

Benjamin pointait sa longue règle vers une fille, qui s'exécuta. Il désigna un autre élève, un garçon cette fois, chargé d'identifier dans la phrase en question le verbe pronominal et le pronom.

Au pied de la maison se trouvait une bande de jeunes garçons, pour la plupart des orphelins et d'anciens soldats qui n'allaient pas au collège. Ils profitaient de ces cours, cherchant tout bas les réponses et pariant parfois de l'argent entre eux. Pa Kainesi, qui ignorait tout de l'affaire entre le proviseur et les deux enseignants, le salua :

— Bienvenue, monsieur. C'est bien, ce que vous faites pour les enfants du coin. Nous comptons sur vous pour qu'ils ne ferment pas notre école.

— Merci, Pa. Quelle chance de voir mon humble contribution reconnue par des anciens aussi sages que vous ! Je continuerai à travailler dur pour les enfants.

Quand il eut terminé son baratin, il se rendit derrière la maison pour uriner. Benjamin demanda alors à ses élèves d'écrire une phrase dans leurs cahiers afin de détourner leur attention. S'étant assuré que personne ne le regardait, il enjamba la rambarde du perron et jeta une pierre sur la moto. Bockarie se tourna vers lui au moment où la pierre quittait ses doigts. Elle percuta l'engin, qui bascula dans la poussière. Le proviseur arriva en courant. Il savait que l'un des deux professeurs était coupable, même s'il ne pouvait pas le prouver. Il ne dit rien, se contentant de relever sa moto et de partir. Bockarie gratifia Benjamin d'un sévère froncement de sourcils. Ce dernier haussa les épaules, l'air de suggérer que M. Fofanah l'avait bien cherché. Les cours reprirent et un garçon lut à voix haute une réplique du *Roi Lear* : « Dès que nous naissons, nous pleurons d'être venus sur ce grand théâtre de fous[1]... »

— Répète, fit Bockarie, toujours armé de sa règle.

Le vent transporta la voix du garçon jusqu'à l'heure où la nature appela au départ le ciel bleu de cette journée.

1. Traduction de François-Victor Hugo, 1872. *(Toutes les notes de bas de page sont de la traductrice.)*

5

Ce samedi-là resterait dans la mémoire de tous les habitants d'Imperi. Ils furent réveillés par un son qui n'appartenait pas au chant quotidien de l'aube. Une sirène se mit à gémir aux alentours de cinq heures du matin, et les villageois sortirent de leurs maisons, les traits marqués par la confusion et l'inquiétude. Ils cherchaient sur les visages de leurs voisins une explication, mais nul n'en avait. Les femmes entreprirent d'emballer quelques affaires et de préparer les enfants à la fuite, s'il fallait en venir à cette extrémité. Pendant ce temps, les hommes s'habillèrent en hâte et se réunirent chez celui qui faisait office de chef de village.

— Je ne sais de quoi il s'agit, mes chers concitoyens.

Le vieillard n'avait jamais été un chef très actif et s'était empressé de prendre la parole sans leur laisser le temps d'ouvrir la bouche. Ensemble, ils guettèrent la sirène qui reprenait toutes les cinq minutes. Au bout d'une heure, ils virent un panache de fumée noire s'élever au loin. Certains supposèrent qu'il provenait de l'endroit où la compagnie minière avait voulu s'installer avant la guerre. Tandis qu'ils parlaient entre eux à voix basse, ils entendirent plusieurs voitures approcher du village. C'était si inhabituel que tous se dispersèrent et se précipitèrent chez eux pour préparer leurs familles au départ. Ils s'interrompirent dès qu'ils découvrirent les passagers des véhicules : des hommes blancs qui paraissaient bien plus nerveux qu'eux. A la suite d'une dizaine de voitures arrivaient des camions remplis de machines, de matériel, de frigos et de caisses de nourriture. L'essentiel de la population d'Imperi se réunit sur la route principale pour regarder passer le convoi, en direction des collines au-delà du village. C'était là que la compagnie minière avait érigé les derniers baraquements pour son personnel.

Ils venaient exploiter un gisement de rutile – minéral noir ou d'un brun tirant sur le rouge, composé de dioxyde de titane, qui forme des cristaux en forme d'aiguille dans les roches. Le rutile sert de placage sur les baguettes à souder, de pigment pour la peinture, le plastique, le papier et la nourriture, et enfin d'écran contre les rayons ultraviolets. Et qui dit rutile dit aussi présence de zircon, ilménite, bauxite et, dans le cas de la Sierra Leone, diamants. Non que les entreprises avouent publiquement être à la recherche de tous ces minerais et minéraux. Elles obtiennent l'autorisation de creuser pour l'un d'eux : le rutile. Et c'est le seul qui figure sur leurs rapports. Pour autant, leurs employés finissent toujours par découvrir la vérité.

Peu après le passage du convoi, les habitants retournèrent chez eux. Ils restaient en alerte cependant et veillaient à ce que les membres de leurs familles ne s'éloignent pas. Les chefs des villages voisins ne tardèrent pas à arriver pour rencontrer celui d'Imperi. Aucun d'entre eux n'avait été prévenu de l'installation de la compagnie minière, et ils souhaitaient adresser un message collectif au grand chef de la communauté, exigeant des explications. On aurait au moins pu épargner à la population l'angoisse d'imaginer que la guerre avait repris.

Le lendemain, à croire que le fonctionnaire responsable de la situation redoutait le mécontentement des habitants d'Imperi – propriétaires de la terre où se trouvaient les gisements –, une milice fut dépêchée sur place, avec grosse artillerie et munitions. La vue d'hommes armés en uniforme raviva la peur et la colère parmi les villageois démoralisés. Ils refusaient de revivre, de près ou de loin, cette expérience. Lorsque les femmes et les enfants qui se rendaient à la rivière, aux champs ou au marché aperçurent les 4 × 4 chargés d'hommes en armes, ils lâchèrent ce qu'ils portaient et coururent au village prévenir leurs familles... ou se cacher dans les fourrés. Les étrangers assis à l'avant de certains véhicules se moquèrent de cette réaction qu'ils jugeaient excessive et ridicule. Le temps que les voitures atteignent le village, les gens avaient déjà emballé leurs maigres possessions et prenaient la fuite. L'atmosphère était électrisée par les cris des mères appelant leurs enfants et les pas précipités. Ayant appris qu'il s'agissait d'employés de la compagnie, certains tentèrent de rétablir le calme, mais la moitié de la population s'était déjà enfoncée dans la forêt. Ils ne revinrent que quelques jours plus tard. Le village resta sur ses gardes cette nuit-là et les jours suivants.

La tranquillité fut aussitôt remplacée par d'anciens réflexes de survie, réveillés par les visites régulières d'hommes armés à Imperi. La plupart des enfants qui avaient connu la guerre ne dormaient plus : leurs yeux guettaient les dangers et ils passaient leurs nuits dans les buissons autour du village.

Le grand chef était à la tête de la coalition de tous les chefs de village du district, ce qui faisait de lui, ou plutôt d'elle en l'occurrence, la représentante directe du peuple auprès du ministre de la province, résidant à la capitale. Pour cette raison, toutes les doléances qui ne concernaient pas les affaires locales passaient par elle. Les chefs de village qui voulaient comprendre pourquoi le retour de la compagnie minière n'avait pas été discuté avec les habitants, ni même au moins annoncé, entreprirent le voyage pour aller la trouver deux jours plus tôt que prévu – leur départ précipité par l'arrivée de la milice.

Elle vivait dans un village en ruine. Sa maison était la seule en bon état et dotée d'un générateur. Les chefs, qui avaient parcouru les huit kilomètres depuis Imperi – leur point de ralliement pour ce voyage –, se virent offrir de l'eau fraîche. C'était si inhabituel dans cette partie du pays que les visiteurs en oubliaient parfois d'exprimer leur mécontentement. Ce fut ce qui se produisit. Le grand chef dit à ses hôtes, tout en leur servant des rafraîchissements, qu'elle porterait le problème à la connaissance du responsable. Elle ajouta qu'ils devaient se réjouir au lieu de se lamenter.

— Cette entreprise va créer des emplois ! s'exclama-t-elle.

Personne ne partageait son excitation. Elle n'avait aucune intention d'étudier leur requête ni de s'en faire le porte-parole. Elle avait été informée du retour de la compagnie minière, avait touché un pot-de-vin et reçu en cadeau du matériel apporté par les étrangers. Les chefs continuaient cependant à avoir foi en elle, persuadés qu'elle représentait avant tout les intérêts de son peuple. Peut-être qu'à cause de la guerre et de ce qui était arrivé sur leurs terres ils s'imaginaient que nul n'oserait œuvrer contre l'intérêt commun. Pas après une telle folie. Peut-être y avait-il une autre explication. Quelle qu'en fût la raison, ils se trompaient.

La semaine suivante apporta des changements que personne n'attendait aussi tôt. Dès le lundi à l'aube, avant même que le coq ait chanté, jusqu'à l'heure avancée de la nuit où le monde frissonne sous le manteau des ténèbres, les machines firent entendre leur cliquetis. On les assemblait puis on les testait. Chaque fois que les moteurs redémarraient après un bref répit, leur vacarme semblait chasser le silence un peu plus loin. L'affreux tintamarre interrompait si souvent le chant des oiseaux qu'ils se turent complètement pour se percher dans les arbres, où ils dodelinaient de la tête et promenaient un regard curieux alentour. Les bruits des machines étaient accompagnés d'une épaisse fumée s'échappant des entrailles des moteurs. Cette fumée ne tarda pas à masquer les nuages et à envelopper le village d'un voile terne. L'odeur faisait même éternuer les chiens – certains rongeaient des plantes, y trouvant peut-être un soulagement.

Les habitants d'Imperi avaient commencé à croire à la renaissance de leur village. Ils ne bondissaient plus au moindre éclat de voix des enfants en train de jouer. Ils continuaient à se prélasser sur le seuil de leurs maisons lorsque des étrangers apparaissaient au détour de la route. Ce renouveau était fragile, toutefois. Si les anciens avaient été consultés, ils auraient conseillé à la compagnie minière de laisser Imperi regagner un peu plus de sa stabilité avant de débuter ses opérations. Ce ne fut pas le cas pourtant, et la présence de cette entreprise entraîna le village et ses habitants sur des « voies tortueuses », pour reprendre l'expression des anciens, qui adoucissait la réalité de la désolation à laquelle, peu à peu, les villageois se résolurent.

L'utilisation de ces voies tortueuses débuta avec l'arrivée des employés, masculins pour l'essentiel, et étrangers pour certains, et des chercheurs d'emploi. Ils étaient partout, reconnaissables à leurs casques. Ils surveillaient les routes, munis de longs piquets et de tout un arsenal de matériel, ils attendaient les véhicules qui les conduiraient à la mine et s'asseyaient sur le bas-côté pour déjeuner. Les enfants s'agglutinaient autour d'eux, émerveillés par ce spectacle.

Puis les élèves les plus âgés, les garçons de plus de dix-huit ans en général, cessèrent de venir en cours pour trouver du travail. La perspective d'un salaire immédiat était plus qu'alléchante dans un endroit où il était difficile d'avoir une source de revenus. Bientôt, certains enseignants imitèrent leurs élèves, prêts à travailler dans des conditions dangereuses pour une poignée de leones supplémentaires – si la différence avec leur ancien salaire n'était pas significative, au moins ils avaient la certitude de le toucher régulièrement.

Des machines nivelaient les routes dont la compagnie minière avait besoin, et aucune autre. Les conduites qui apportaient l'eau aux baraquements traversaient le village. A la fin de la journée, les ouvriers qui avaient consacré des heures à l'installation de ces tuyaux envoyaient leurs propres enfants puiser de l'eau à des kilomètres du village afin de pouvoir laver leurs corps sales. Ils achetaient de l'eau fraîche pour leur consommation, quand ils en avaient les moyens ; autrement, ils buvaient la même eau que celle dont ils se servaient pour se laver, ce qui leur donnait de l'urticaire.

Des poteaux électriques furent érigés. Les lignes sous tension qui alimentaient les machines dans les mines, mais aussi les bureaux et les logements, passaient dans le village. Les électriciens se voyaient confier des lampes torches pour se repérer dans le noir lorsqu'ils rentraient après le travail, retrouvant leurs enfants qui s'abîmaient les yeux sur leurs vieux cahiers, à la faible lueur d'une lampe à pétrole.

— Tiens, fiston, utilise ma torche électrique plutôt que cette lampe. J'aperçois d'ici sa sale fumée noire qui entre dans ton nez, dit un père un soir en arrivant chez lui.

Le garçon lui sourit et reprit son travail. Il écrivait avec application dans son cahier, sur la table bancale qu'il bloquait du bout du pied. Le lendemain soir, le père dut rentrer chez lui dans l'obscurité ; la pile de sa torche était morte et il avait reçu un avertissement : la prochaine fois qu'il s'en servirait à d'autres fins que celle de se repérer sur le chemin du retour ou dans les zones d'intervention privées d'électricité, il serait renvoyé. En conséquence, ni ce soir-là ni les suivants il ne s'assit à côté de son fils sur la galerie, de peur de ne pas réussir à se retenir d'allumer la lampe pour lui.

De nouveaux bars ouvrirent leurs portes ; la nuit, la musique était forte et des hommes saouls harcelaient les jeunes femmes passant par là. Les anciens ne racontaient plus d'histoires sur la place du village : le tapage nocturne interdisait le calme sans lequel ces contes ne pénétraient pas les cœurs et les esprits des auditeurs. A défaut de meilleure occupation, les jeunes se rendaient dans les bars pour observer les travailleurs blancs et noirs. Ils appelaient ça « regarder la télévision ». La plupart des nuits, les esprits finissaient par s'échauffer et les bouteilles par voler, se fracassant contre les murs ou les têtes. L'on entendait aussi résonner des jurons accompagnés de rires si dissonants qu'ils ne pouvaient appartenir qu'à des âmes blessées. Parfois, l'un des employés les plus âgés – noir ou blanc – sortait en titubant d'un bar et, alors qu'il tenait à peine sur ses jambes, urinait en public, agitant son pénis sous le nez de tous les témoins. Puis il se mettait au volant de sa Toyota Hilux et, sans se soucier que quelqu'un puisse se trouver sur sa route, démarrait en trombe.

Une nuit, un Blanc d'une trentaine d'années – c'était du moins l'âge qu'on lui donnait, car on ne pouvait jamais rien affirmer avec les hommes blancs qui avaient pris trop de soleil – urina un peu partout dans la salle où les anciens avaient l'habitude de se réunir. Une bouteille de bière dans une main, il tenait son sexe de l'autre tandis qu'il tournait sur lui-même, éclaboussant les bancs, les chaises, le plafond et le sol.

— Je suis Michel-Ange, criait-il, et je suis en train de réaliser mon chef-d'œuvre !

Des jeunes assistaient à la scène, ébahis et choqués. L'homme leur jeta des pièces et leur donna des instructions :

— Applaudissez ! Applaudissez-moi !

Il poursuivit son œuvre. Les jeunes se ruèrent sur l'argent et tapèrent dans leurs mains. Attiré par le bruit, Pa Moiwa découvrit ce spectacle. Sa présence réduisit aussitôt les jeunes au silence, et l'homme s'interrompit pour voir ce qui se passait. Ses yeux croisèrent ceux du vieillard.

— De toute évidence, tu ne comprends pas les mots qui sortent de ta bouche. Si tu cherchais à être spirituel, tu aurais pu dire que tu étais Jackson Pollock, pas Michel-Ange. Mais tu n'es ni l'un ni l'autre.

Pa Moiwa secoua la tête de dégoût avant d'ajouter :

— Tu te conduis ainsi dans ton pays d'origine ?

L'homme laissa échapper un rot.

— Tu parles drôlement bien anglais, vieil homme ! Je donnais juste un petit coup de peinture !

— Dans le pays d'où tu viens, tu urines dans les espaces publics ? N'est-ce pas contraire aux lois de l'hygiène ?

— Tu veux jouer au plus malin ?

— Pas encore. Je ne suis pas certain de vouloir gaspiller ma salive pour un imbécile qui croit pouvoir peindre avec son urine.

L'homme remonta sa braguette et bouscula légèrement Pa Moiwa en se dirigeant vers le bar.

— Je vais faire le plein de peinture, lança-t-il à la cantonade, mon œuvre n'est pas terminée. Quand elle le sera, John restera à jamais dans vos mémoires.

Il s'esclaffa. Pa Moiwa se tourna vers les jeunes, qui perdirent aussitôt leur sourire, honteux d'avoir ri aux facéties de l'étranger.

— Pourquoi les esprits égarés portent-ils toujours de si beaux noms ? Et pourquoi perdez-vous du temps à contempler de telles bêtises ?

Pa Moiwa grommelait dans sa barbe. Il aurait voulu expliquer à l'homme qu'il urinait dans un lieu sacré où des sages se réunissaient depuis des générations pour discuter des affaires importantes. Mais cet imbécile ne méritait pas que Pa Moiwa se fatigue.

— Allez chercher de l'eau pour nettoyer cette salle, vous tous. C'est votre punition pour être restés les bras croisés et avoir encouragé l'homme blanc.

Pendant que les jeunes s'acquittaient de leur mission, Pa Moiwa alla trouver ses amis et leur raconta ce qui venait de se produire. Pa Kainesi et Mama Kadie décidèrent d'entreprendre le responsable des employés, un type râblé à la peau claire, Wonde. Wonde était facile à trouver : il garait toujours sa voiture devant la maison de la femme avec laquelle il passait la nuit.

Le Colonel était arrivé à la fin de la scène causée par John. Il attendit dans le noir, à l'écart, que tous les témoins se dispersent. Il savait que l'étranger serait ramené par son arrogance sur le lieu du crime après quelques bières supplémentaires.

Les heures s'écoulèrent. La plupart des villageois étaient déjà au lit quand des cris retentirent. Des hommes surgirent avec des lampes torches. Les anciens sortirent de chez eux.

John était étalé de tout son long dans la poussière, devant la salle. Son visage était couvert de contusions et on lui avait attaché les mains dans le dos avec sa propre chemise, déchirée pour former une longue corde. Il ne pouvait pas parler : une bouteille de bière était enfoncée dans sa bouche et il se débattait pour ne pas avaler le liquide qu'elle contenait. Lorsqu'on la lui retira, il cracha à plusieurs reprises.

— Je vais retrouver ce sauvage et le buter, vociféra-t-il.

— De qui parles-tu ? s'enquit Pa Kainesi.

— L'un de vous m'a attaqué sans raison ! Je faisais juste une petite blague...

Un milicien, qui venait d'arriver, le détacha et l'emmena. La foule les suivit du regard tandis qu'ils montaient à bord d'une voiture de la compagnie minière.

— Elle est remplie d'urine, annonça Miller, qui tenait la bouteille à bout de bras en tordant le nez.

John avait uriné dedans avec l'intention de la jeter contre un mur de la salle. Il n'avait pas eu le temps de mettre son projet à exécution cependant, et s'était retrouvé dans la position de l'arroseur arrosé.

Allongé sur son lit, le Colonel fixait la toile d'araignée dans un coin de la chambre. Les veines de son front s'animaient et sa mâchoire se serrait : il luttait pour contenir les images torturées qui dansaient dans son esprit. La toile d'araignée avait un effet apaisant sur lui. Il admirait l'ingéniosité de cette créature, capable de capturer ses proies et de vivre sans la moindre aide extérieure.

Le lendemain matin, les anciens chargèrent une poignée de garçons de localiser la voiture de Wonde dans le village. Elle fut rapidement repérée, et les anciens attendirent Wonde près de sa Toyota. Il sortit de la maison en bâillant et se figea dès qu'il les aperçut, avant de se retourner pour remonter sa braguette et boutonner sa chemise. Lorsqu'il leur fit à nouveau face, la fourberie se lisait sur son corps et son visage. Les anciens devinèrent aussitôt qu'il ne leur dirait pas la vérité.

— Bonjour.

Ils lui rendirent son salut tout en cherchant, sur ses traits, une trace d'honnêteté. Ils lui demandèrent une entrevue au sujet de l'attitude générale de ses employés. Les anciens étaient avares de mots quand ils avaient quelque chose d'important à dire.

— Rien ne me tient plus à cœur qu'écouter vos récriminations, fit-il. Je suis attendu à la mine, mais je vous prie de venir chez moi demain, nous aurons une discussion digne de ce nom.

Il monta dans sa voiture et partit sans proposer aux anciens de les déposer chez eux. Ce n'était pas convenable. On offrait toujours aux anciens de les raccompagner, même à pied, même s'ils habitaient assez près pour que leurs maisons soient visibles. Surtout s'ils avaient fait l'effort de se déplacer pour solliciter un entretien avec quelqu'un de plus jeune.

Le comportement de Wonde eut beau instiller le doute en eux, les anciens savaient qu'ils devaient poursuivre leurs efforts : il n'y avait pas que les coutumes en jeu.

La tradition ne peut survivre que si ceux qui en sont porteurs la respectent – et vivent dans des conditions qui lui permettent d'exister. Autrement, les coutumes ont une fâcheuse tendance à se terrer à l'intérieur des êtres pour ne laisser que des vestiges dangereux, source de confusion.

Le chemin qui conduisait à la colline où se trouvaient les bureaux de la compagnie minière et la maison de Wonde n'existait plus. Il avait été inondé ou remplacé par des routes poussiéreuses hostiles aux pieds nus. Les anciens parvinrent néanmoins à marcher lentement sur le bas-côté. Ils se demandaient pourquoi Wonde ne leur avait pas envoyé une voiture et avaient décidé d'aller le trouver malgré tout, dans l'espoir qu'une conversation permettrait d'arranger les problèmes passés et de prévenir les futurs. C'était le week-end, il n'y avait donc pas beaucoup de circulation. Les six kilomètres leur parurent plus longs que de coutume et, à leur arrivée aux quartiers de la mine, ils se heurtèrent à une grille. Les vigiles les informèrent qu'ils devaient avoir un rendez-vous pour pouvoir franchir la barrière métallique. Ils tentèrent d'expliquer que Wonde les avait conviés.

— Pourquoi aurions-nous parcouru tout ce chemin si nous n'étions pas attendus ? demanda Pa Kainesi.

— Nous ne sommes autorisés à laisser entrer que ceux qui ont rendez-vous, et si c'était votre cas, vos noms seraient indiqués ici.

L'un des gardes feuilletait les pages d'un registre.

— Vous êtes sûr qu'il n'est pas fait mention de trois vieux, quelque part ?

Pa Moiwa essayait d'alléger l'atmosphère. Personne ne rit, pourtant.

— Vos trois noms seraient inscrits là si la personne que vous êtes venus voir souhaitait vous recevoir.

Le vigile examina une nouvelle fois son registre, les yeux écarquillés, tant il souhaitait voir apparaître les noms des anciens.

— Vous devez pouvoir contacter Wonde avec votre talkie-walkie, souligna Mama Kadie, et l'informer de notre présence.

Pris en tenaille entre le respect qu'il portait aux anciens et la crainte de perdre son travail, l'homme passa un appel pour se renseigner. A peine s'était-il présenté que Wonde lui ordonnait, d'un ton sec, d'aller décrocher le téléphone qui se trouvait dans la guérite. Les anciens ne cachèrent pas leur perplexité. Ils patientèrent, n'entendant que les paroles du vigile, qui pressait le combiné contre son oreille comme pour empêcher les instructions insultantes de Wonde de les atteindre.

— Oui, monsieur... oui, monsieur... oui, monsieur...

Il hochait la tête constamment. Lorsqu'il raccrocha, il leur montra le visage de qui vient d'être chargé d'une commission lui torturant l'âme. Il ne lui restait qu'à taire l'essentiel du message, qui lui faisait si honte. Il se contenta donc de les informer que Wonde ne les recevrait pas.

Ils ne comprenaient pas. Wonde était sournois, mais son attitude était inhabituelle et franchement inacceptable.

— A-t-il donné une explication ?

Pa Moiwa tenta de capter la part de franchise dans les yeux du jeune homme. Celui-ci se déroba.

— Il n'est pas en mesure de vous voir.

Le vigile leur fit signe de repartir d'où ils venaient. Les anciens auraient pu contourner le poste de sécurité si des miliciens en uniformes militaires n'avaient pas été postés tout autour de la colline. Malgré leur peau blanche, ils connaissaient les coutumes africaines. La tête légèrement inclinée, ils jaugeaient les vieux villageois. Leur posture clamait qu'ils étaient africains. Plus exactement, des mercenaires sud-africains de l'ancienne Rhodésie. En les voyant, Pa Kainesi se souvint des conversations qu'il avait eues avec son fils et des amis sur les Africains à la peau claire, en Afrique du Nord et ailleurs. Certains de ces Africains blancs n'aimaient pas du tout les Africains noirs, et ce sans raison.

« C'est parce qu'ils sont déçus ! lui répondait son fils. Ils ne sont pas noirs, contrairement à ce qu'ils devraient être ! »

Pa Kainesi observa à nouveau les hommes armés. Il perçut dans leur expression de la haine : l'idée que les coutumes de cet endroit leur soient familières les révulsait. Les anciens ne voulurent pas provoquer les miliciens et se contentèrent de confier une nouvelle fois leur déception au vigile. Leurs regards lui causèrent des blessures bien plus profondes que des mots ne l'auraient fait.

Une voiture qui allait dans la direction d'Imperi approcha des portes et le jeune homme essaya de convaincre le conducteur de prendre à son bord les anciens. Celui-ci refusa, n'étant pas autorisé à transporter des autochtones dans un véhicule de la compagnie minière. Il avait murmuré cette explication à l'oreille du garde. Pa Moiwa, qui avait entendu, remarqua, avec un sourire crispé :

— Un autochtone dit qu'il n'est pas autorisé à conduire des autochtones.

La barrière se souleva et le conducteur écrasa l'accélérateur. Les anciens reprirent la route du village, leurs vieux os faiblissant sous le soleil brûlant. Ils n'échangèrent pas un seul mot durant tout le trajet et se séparèrent dès leur arrivée à Imperi. Bockarie vit son père couvert de poussière, traînant les pieds. Ses vêtements semblaient pendre sur sa vieille carcasse et pour la première fois son visage avait perdu son éclat. Je n'ai jamais vu mon père aussi décontenancé, on dirait un homme qui vient de perdre sa dernière once de dignité. Il a supporté tant d'épreuves, pourquoi maintenant ? s'interrogea Bockarie en son for intérieur. Il prit la main de son père dans la sienne un long moment avant d'aller lui chercher un verre d'eau fraîche à l'intérieur. Pa Kainesi but puis redressa la tête vers son fils.

— Nous sommes revenus ici pour guérir, ce n'est pas ainsi que nous y parviendrons. Nous devons continuer à nous traiter les uns les autres avec respect.

Sans une autre parole, il alla s'installer sur sa chaise sous le manguier, où il passa tout l'après-midi et toute la soirée, à marmonner tout bas, le regard perdu au loin.

Ce soir-là, Amadu vint livrer du bois à Kula. Le Colonel avait réussi à la fidéliser avec ses fagots gratuits – comme nombre d'autres clients. Pendant qu'Amadu entassait le bois près du manguier, il entendit Kula raconter à sa fille Miata comment les anciens avaient été traités.

— Voilà pourquoi ton grand-père est aussi silencieux. C'est un homme de peu de mots quand il est en colère ou profondément contrarié, expliqua-t-elle.

Kula s'était tournée vers Amadu, non parce qu'elle avait surpris son indiscrétion, mais parce qu'elle avait mis de côté un plat pour le Colonel et sa bande. Les anciens et son mari avaient approuvé cette initiative. Il était d'usage, dans les villages, que les mères et les femmes réservent un peu de la nourriture qu'elles préparaient pour leurs familles à l'intention des enfants orphelins ou, parfois, des célibataires. De surcroît, le Colonel faisait toujours porter à Kula un peu plus de bois qu'elle n'en avait acheté, et elle voulait le remercier de sa générosité.

— Tiens, apporte ça à l'Homme responsable, c'est pour vous tous.

Elle lui tendit un bol de riz avec des haricots et du poisson séché, le tout recouvert d'une sauce à l'huile de palme. Miata rit en entendant l'expression « Homme responsable », et en voyant le visage d'Amadu qui s'était illuminé dès qu'il avait humé la nourriture.

Au retour d'Amadu, le Colonel siffla avec deux doigt : le signal du rassemblement. Miller, Ernest, Salimatu et Victor abandonnèrent leurs différentes tâches pour se précipiter vers le seau d'eau et se laver les mains. Victor, qui avait du mal à manger trop chaud, apportait en général un bol pour pouvoir prendre sa part et attendre qu'elle refroidisse pendant que les autres attaquaient leur repas. Ce soir-là, pourtant, il se présenta les mains vides, ce qui provoqua l'hilarité générale et lui valut des félicitations. Puis tous dévorèrent comme s'ils n'avaient pas mangé depuis des jours.

— Elle cuisine mieux que Salimatu. J'ai l'impression d'avoir avalé un vrai repas pour une fois, décréta Ernest.

Salimatu lui décocha une tape sur l'arrière du crâne. Le Colonel se détourna une seconde, le temps d'un bref sourire, avant de retrouver son éternel masque impassible. A la fin du dîner, Amadu répéta au Colonel ce qu'il avait entendu. Celui-ci l'écouta pensivement sans aucun commentaire.

Au cœur de la nuit, à l'heure où les étoiles elles-mêmes s'assoupissaient, ternissant l'éclat du ciel et le poussant à piquer du nez, le Colonel quitta sa chambre et se rendit au village. Il s'arrêta dans l'atelier du menuisier, où il emprunta, sans bruit, un marteau et un tournevis. Il récupéra aussi des clous. Il partit ensuite en quête de la voiture de Wonde, facile à repérer – c'était la seule en bon état –, garée à la vue de tous devant chez une femme. Le Colonel se mit au travail, plantant des clous dans tous les pneus. Avec l'aide du tournevis, il s'introduisit à l'intérieur du véhicule et retira la batterie du talkie-walkie abandonné sur le siège passager. Après l'avoir jetée dans un buisson, il referma discrètement la portière. Sur le chemin du retour, il passa devant le bar pour voir si certains clients se conduisaient mal, afin de pouvoir les prendre en embuscade plus tard. Ils buvaient et braillaient, mais rien de plus apparemment. Il rapporta donc les outils du menuisier et rentra chez lui attendre la fin de cette nouvelle nuit, lui qui devait encore apprendre à dormir.

Wonde, à son habitude, finit de se rhabiller sur le perron de la maison qu'il quittait ; il rentra les pans de sa chemise dans son pantalon et attacha sa ceinture. Il porta une bouteille d'eau à sa bouche, recracha la première gorgée, avala la suivante puis nettoya son visage rond et barbu. Fier comme un coq, il regagna sa voiture en sifflotant. Sa bonne humeur s'envola dès qu'il avisa ses pneus crevés. Après avoir promené son regard autour de lui et s'être gratté la tête dans l'espoir d'y trouver une explication, il s'agenouilla pour voir si les pneus pourraient rouler jusqu'à la mine. Ayant constaté qu'il n'y avait plus un souffle d'air dans aucun d'eux – il les avait pressés consciencieusement –, il donna un coup de pied de frustration dans le plus proche. Il récupéra alors son talkie-walkie pour appeler à la rescousse, cependant l'appareil refusait de s'allumer. Quand il remarqua que sa batterie avait disparu, il le jeta dans la voiture, claqua la portière et retourna s'asseoir sur les marches de la maison où il avait passé la nuit pour réfléchir. Il se prit la tête à deux mains. Une idée lui traversa l'esprit et il se redressa avec un sourire : il allait payer quelqu'un pour porter un message à son bureau. Il n'aurait pas à attendre longtemps ensuite qu'on vienne le chercher.

Ce qu'il ne savait pas, c'est que tout le village était au courant du traitement odieux qu'il avait réservé aux anciens : personne ne voulut l'aider. Wonde se mit à agiter de l'argent sous le nez des passants.

« Cette petite fortune sera à toi, si tu me rends un service, tentait-il de les amadouer. Approche. »

Tous l'ignoraient, même ceux qui gagnaient moins en une semaine que ce qu'il leur offrait.

— Je n'arrive pas à croire que personne ne veuille de mon argent pour faire une course de rien du tout, grommela-t-il après avoir essuyé de nouveaux refus de la part des villageois qu'il cherchait à appâter avec sa liasse de billets.

Au bout d'une heure environ, Miller approcha. Wonde sortit encore plus d'argent, puis épongea son front trempé, habitué à l'air conditionné de sa voiture et de son bureau, pas au soleil et à l'humidité qui avaient chassé la fraîcheur matinale.

— Jeune homme, prends cet argent en échange d'une petite commission. Sois intelligent.

A bout de forces, Wonde lui tendit les billets. Miller se dirigea vers lui en hochant la tête. Wonde lui exposa sa requête et lui confia un mot à remettre. Miller opina derechef et empocha l'argent. Il déchira le bout de papier et jeta les morceaux au vent avant de s'éloigner. Wonde le fixa avec incrédulité tant il était habitué à obtenir ce qu'il voulait des habitants d'Imperi.

Il entreprit alors de marcher jusqu'au site de la mine. Tout le monde était déjà au travail, il ne pouvait donc pas espérer être pris en stop par un collègue. Des voitures le doublèrent et la poussière, qui semblait chercher elle aussi à se venger, se souleva en nuages denses qui collèrent à son visage épais. Il toussait, crachait et jurait. Ses pieds avaient apparemment oublié leur fonction naturelle. Plusieurs jours durant, cette histoire fit le tour du village. Elle faisait rire. Elle redonnait espoir également : le monde disposait encore d'un arsenal de représailles pour ceux qui manquaient de respect aux anciens et à la terre.

Miller remit l'argent au Colonel et décrivit la surprise qui s'était peinte sur les traits de Wonde lorsqu'il avait déchiré son message.

— Je voulais qu'il me suive pour récupérer son argent. Je l'aurais entraîné dans la forêt et je lui aurais réglé son compte là-bas, ajouta Miller en sortant les billets oubliés au fond de sa poche.

Le Colonel se retint de sourire, même si cette histoire le réjouissait. Miller et lui avaient fait des choses qui les liaient bien plus qu'ils ne pourraient jamais l'avouer aux autres membres de la bande. Ils réagissaient souvent aux mêmes choses et partageaient une complicité évidente. Cet acte-là cependant, cet argent que Miller avait remis au Colonel sans que ce dernier lui ait rien demandé – puisqu'il n'était pas au courant –, marquait la naissance d'une association future plus étroite. Ils étaient devenus des partenaires.

— C'est à toi, tu peux en faire ce que tu veux, déclara le Colonel.

— Je sais, mec, et j'ai décidé de te le confier. Tu sauras l'employer au mieux pour le groupe. De toute façon, je ne réussirais qu'à m'attirer des ennuis si je le dépensais ici, conclut Miller, les yeux rivés sur le goyavier et plus précisément sur le fruit qu'il surveillait depuis plusieurs jours pour le cueillir à maturité.

Le Colonel retint un autre sourire. Il savait très bien à quoi son compagnon faisait référence, une mauvaise habitude qui l'aidait à supporter les souvenirs du passé. Ils convinrent d'ajouter l'argent à la petite somme qu'ils avaient déjà économisée pour payer les frais de scolarité des plus jeunes. Ils restèrent un moment assis en silence. Le Colonel donna une tape sur l'épaule de Miller avant de disparaître dans la nuit pour son tour quotidien du village. Il progressait à la lisière des fourrés et s'assurait que pas même la lumière de la lune, sans parler de celle des lampes, n'arrache son ombre à l'étreinte noire de la nuit.

La confusion la plus totale régnait. La mine procédait aux derniers préparatifs pour l'exploitation des gisements. Immenses camions, bulldozers et autres machines d'aspect monstrueux surgissaient de nulle part et fonçaient sur les routes à tombeau ouvert. Ils ne prêtaient aucune attention à ceux qui ne pouvaient se déplacer qu'à pied. Grâce à la persévérance de certains, qui se frayaient une voie malgré les obstacles, des sentiers furent tracés dans les fourrés le long des routes. Cependant, les véhicules de la mine se déplaçaient par groupes, laissant dans leur sillage un épais brouillard de poussière. Après leur passage, il fallait plusieurs minutes pour retrouver la vue et se repérer, même dans les fourrés.

Bockarie avait pris l'habitude de partir plus tôt le matin, pour le collège, avec ses enfants Manawah, Miata et Abu, afin d'éviter l'agitation dangereuse qui débutait dorénavant avec le lever du soleil. Benjamin, lui, attendait que le jour soit là.

« Quelle différence, mon ami ? Au moins, je les vois approcher, ces monstres, et je peux courir me mettre à l'abri », s'esclaffait-il.

Un matin que Bockarie et ses enfants cheminaient sous un ciel encore marqué par les derniers coups de pinceau de la nuit, ils entendirent des garçons pousser des cris déchirants sur la route. Talonné par ses enfants, Bockarie se précipita vers les cris. Quand ils arrivèrent, pantelants, ils comprirent ce qui s'était produit. Un jeune homme de seize ans, l'un des élèves de Bockarie, avait marché sur une ligne électrifiée. Le sang dans ses veines avait été aspiré et la mort lui donnait l'aspect d'un très vieil homme. Le temps que ses amis le séparent de la ligne – elle continuait à cracher des étincelles, brûlant les lambeaux de chair qui s'y étaient accrochés –, il était trop tard.

C'était la première victime depuis que la vie avait repris ses droits sur Imperi, après la guerre. Ses amis restèrent plantés là à sangloter, et tous ceux qui passaient par là vinrent grossir leurs rangs. Une poignée d'hommes invectivèrent les véhicules qui les doublaient, d'autres leur jetèrent des pierres – les conducteurs ne s'arrêtaient pas, même lorsque les vitres ou la lunette arrière volaient en éclats. Plus le rassemblement s'étoffait – élèves, enseignants, mères et pères attirés par le remue-ménage –, plus l'agitation grandissait. Les villageois entreprirent de déterrer des poteaux électriques et de détruire tout ce qui portait le logo de la compagnie minière.

Bockarie prit ses enfants par les épaules : c'était la seule façon de les rassurer – cet accident aurait pu arriver à n'importe lequel d'entre eux. Benjamin arriva de son pas nonchalant un peu plus tard. Après avoir adressé un signe de tête à son ami, il rejoignit ceux qui s'en prenaient au convoi d'étrangers et de travailleurs de la région.

Trois véhicules transportant des officiers de police en tenue antiémeute ne tardèrent pas à arriver. Ils lancèrent des bombes lacrymogènes au milieu de la foule de villageois, qui se dispersèrent en toussant, le nez et les yeux irrités. Il n'y eut pas cours ce jour-là. Dans les vapeurs de gaz, un groupe d'hommes ramassa le corps du jeune pour le porter au village. Le chef de la police et son équipe patrouillèrent dans les rues en annonçant au porte-voix :

« Faites attention où vous posez les pieds sur les routes et il n'y aura plus aucun problème. »

L'action de la police s'arrêta là. Au lieu d'enquêter sur l'accident, ils reprochèrent à la victime son imprudence. Ils se gardèrent bien de souligner l'absence de panneaux de signalisation pour mettre en garde les piétons contre la présence de lignes à haute tension. Et même de se demander pourquoi celles-ci n'avaient pas été enterrées.

Le travail à la mine ne fut pas interrompu. La colère sourde des villageois accrut peu à peu la crispation ambiante. L'atmosphère était si tendue que le vent ne bougeait plus, et l'on eut l'impression, tout le reste de la journée, que quelque chose était sur le point d'exploser. La police, percevant la menace, délivra un avertissement : quiconque serait surpris en train de saboter le matériel de la compagnie minière serait arrêté sur-le-champ.

Dans un silence quasi complet, le village organisa une procession pour accompagner le corps du jeune homme au cimetière. Histoire d'envenimer la situation, elle fut bloquée par une autre, celle des machines qui rejoignaient la mine. Les conducteurs originaires de la région s'arrêtèrent pour céder le passage au cortège, mais l'un des étrangers, exaspéré par la situation, ordonna à ses hommes de remonter dans leurs machines et d'avancer. S'ils désobéissaient, les menaça-t-il, ils seraient renvoyés. Les hommes arguèrent que le défilé ne mettrait que quelques minutes à passer et lui demandèrent de montrer un peu de respect pour les morts. Il était déjà en ligne avec la police. Deux camions débarquèrent instantanément. Les officiers étaient armés de matraques et de vrais pistolets, cette fois. Ils entreprirent de repousser le cortège sur le bas-côté pour permettre aux machines de rouler.

« Pourquoi faites-vous cela, mes frères ? Vous êtes censés nous protéger », disaient certains villageois en tendant les mains vers les policiers qu'ils connaissaient bien.

« Réagiriez-vous de la sorte si c'était votre frère qui était mort, ou votre enfant ? » plaidaient les femmes les plus âgées.

Des hommes encerclèrent le cercueil et les porteurs pour prendre les coups de matraque à leur place. Ils craignaient que, dans la panique générale, le corps du garçon ne tombe. Les policiers réussirent à écarter les villageois et à dégager la voie pour les machines. Pour ce faire, ils étaient allés jusqu'à tirer plusieurs coups en l'air.

La mère de la victime laissa échapper un gémissement, étouffé par le rugissement des moteurs. Les autres femmes tentèrent de la consoler, la soutenant quand ses pieds furent incapables de supporter le poids de son corps. Elle tanguait entre leurs bras et touchait de temps à autre le sol de la pointe des orteils comme pour obtenir la preuve qu'elle était toujours là, de ce monde.

Les véhicules poursuivaient leur progression, conduits par des ouvriers en larmes, impuissants et emplis de tristesse. C'était une journée qui paraissait déjà trop longue, et chaque heure écoulée rendait l'existence plus pesante. Les hommes présents se cachaient le visage, désemparés.

Plus tard ce jour-là, Wonde se rendit chez la famille du garçon avec un sac de riz. Il le sortit de l'arrière de sa Toyota et l'abandonna dans la cour de la maison sans prendre la peine d'aller présenter ses condoléances. Son geste traduisait une équation limpide : pour l'entreprise et le ministère des Mines, la vie d'un habitant d'Imperi équivalait tout bonnement à un sac de riz. Le plus triste, c'était que la famille en question n'avait d'autre choix qu'accepter ce cadeau et l'utiliser. Peu après, Rogers, le père de la victime, serait recruté en tant qu'ouvrier polyvalent ; par la suite, il serait chargé de conduire l'un des camions.

Comme d'habitude, ce soir-là, le bar du village fut envahi de travailleurs étrangers et, toujours comme d'habitude, Wonde comptait parmi eux. Tous les habitants d'Imperi employés par la compagnie minière se trouvaient chez la famille endeuillée pour présenter leurs hommages. La musique qui s'échappait du bar, ajoutée au vacarme des conversations, noyait la prière récitée pour le garçon. Sous le regard du Colonel et de Miller, Sila alla trouver le patron et l'implora de baisser le volume, ce que celui-ci fit. Il se tourna ensuite vers les clients.

— Pourriez-vous, s'il vous plaît, parler plus bas par respect pour la veillée qui se tient à côté d'ici ? Juste pour cette fois.

Mais les hommes l'ignorèrent, et l'un d'eux informa même le patron que s'il ne remettait pas la musique plus fort, ils partiraient sans exception. Ils ne tardèrent pas à lui crier, tous :

« Monte le son, mec ! Qu'est-ce qui te prend ? Tu veux nous gâcher la soirée ? »

Le fracas des voix était si retentissant que le patron augmenta le volume pour faire taire les mécontents. Il ne pouvait pas grand-chose de plus. Un étranger se leva alors et cacha une de ses mains à l'intérieur de la manche de sa chemise pour imiter l'infirmité de Sila. Personne n'aurait pu dire d'où Ernest avait surgi, mais soudain il était là et poussait l'homme contre une table. Des bières furent renversées, une chaise brisée. L'étranger se releva avec difficulté. Il s'apprêtait à écraser son poing sur le visage d'Ernest quand Sila et le patron s'interposèrent.

— La maison offre la prochaine tournée, messieurs, annonça ce dernier.

Puis il escorta Ernest et Sila à l'extérieur. Celui-ci ne desserra pas les dents, pourtant, avant de rejoindre la maison endeuillée, il regarda Ernest dans les yeux. C'était la première fois. Le jeune homme disparut dans la nuit et prit la direction de la rivière ; il avait l'habitude d'aller s'asseoir sur une pierre au bord de l'eau, loin de tout le monde.

— Wonde et ses amis ne respectent rien. Ils empêchent Dieu d'entendre la mère du défunt et ses prières, dit le Colonel à Miller, les yeux rouges de colère.

Il lui demanda alors de le suivre jusqu'à l'abri qu'il avait construit derrière chez eux. Il y stockait des objets dont Miller découvrit, au fur et à mesure, à quoi ils pouvaient servir. Le Colonel lui confia un tuyau en caoutchouc et des jerricans. Ils retournèrent ensuite au bar. Le Colonel s'assura qu'ils demeuraient invisibles tandis qu'ils se faufilaient vers les voitures garées devant. Passant de l'une à l'autre, il ouvrait les réservoirs et les vidait à l'aide du tuyau. Ils firent plusieurs trajets pour transvaser l'essence des jerricans dans des seaux. Quand ils eurent terminé, le Colonel préleva environ quatre litres de carburant qu'il monta au site d'exploitation.

Miller ne posa aucune question, il se contentait de suivre le mouvement. Le Colonel connaissait l'emplacement de l'installation électrique reliant le réseau général aux quartiers d'habitation des employés étrangers de la mine. Il savait aussi que la lumière du bar provenait du même endroit. Pourquoi l'entreprise ne fournissait-elle pas d'électricité aux autres maisons du village ni aux écoles du coin ? Le Colonel chargea Miller de faire plusieurs tas d'herbes sèches. Il y répandit de l'essence, puis les jeta par-dessus le grillage protégeant l'installation électrique. Enfin, il craqua une allumette.

Miller et lui détalèrent dès les premières étincelles, qui enflammèrent les fils électriques. Rapidement, l'obscurité reprit ses droits sur la colline où se trouvaient les habitations ainsi que sur le bar et sur certains bureaux. Les clients voulurent rentrer et ne purent démarrer leurs voitures. Ils se servirent de leurs radios pour appeler à l'aide, mais il fallut plusieurs heures pour affréter un bus, dans le noir, et l'envoyer au village.

Le courant ne fut rétabli qu'une semaine plus tard, et le bar ne put être opérationnel avant cela. Durant ce laps de temps, la musique naturelle du village revint progressivement – grillons, rires des plus âgés qui veillaient tard pour discuter, mais aussi orchestre vigoureux des grenouilles, appel à la prière. Le Colonel, qui ne dormait que rarement, écoutait tous ces sons. Personne ne connaissait l'origine de la panne de courant. Wonde suspectait Miller, cependant il ne savait ni comment il s'appelait ni de qui il était le fils. Les soupçons de certains employés de la mine se portaient plutôt sur Ernest, mais ils n'avaient aucune preuve. Lui non plus n'était pas le fils d'un des ouvriers de l'entreprise – ni d'aucun homme vivant d'ailleurs. En pareilles circonstances, Wonde avait pour habitude de renvoyer le père du coupable ou de le menacer de le faire s'il n'obtenait pas gain de cause. Un sentiment d'insécurité gagna une partie des étrangers, ce qui ne les poussa pas à réviser entièrement leur attitude, tant un esprit accoutumé à l'arrogance a la mémoire courte.

Une fois que la compagnie minière put reprendre ses opérations, le fracas des machines chassa à nouveau la musique naturelle d'Imperi et la vie retrouva son cours tortueux. Les engins étaient partout, en particulier ceux que les villageois surnommaient « belle femme » – pour « femme enceinte », car ils en avaient l'aspect. De nombreux véhicules avaient le ventre gonflé de terre et de tout ce qu'elle contient. Ils accouchaient sur les docks, et des bateaux transportaient ces richesses ailleurs – des trésors enfantés par leur terre et dont les habitants d'Imperi ne connaîtraient jamais le goût, des trésors qui finiraient dans des endroits qu'ils ne verraient jamais. Ils se contentaient de satisfactions plus immédiates, bien que temporaires. Ils ne croyaient plus posséder le moindre contrôle sur un quelconque aspect de leurs existences ; le désespoir devint leur maître. Mais le désespoir ne s'appuie sur aucune fondation. Les anciens se démenaient, alors que leur présence et leur importance s'estompaient, pour trouver les mots qui pourraient atteindre les oreilles du Dieu, ou des dieux, qu'abritaient les cœurs de ceux au pouvoir.

Le Colonel et Miller, cependant, refusaient de confier leurs destins à ceux qui avaient donné à cette entreprise le pouvoir de priver leurs vies de valeur. Ils firent ce qu'ils purent, en improvisant, usant de méthodes que certains auraient sans doute qualifiées de violentes. Mais qu'y avait-il de plus violent que pousser les gens à douter du sens de leurs propres vies ? Qu'y avait-il de plus violent que les pousser à croire qu'ils avaient de moins en moins de valeur chaque jour ?

Dès le lendemain, le coq annonça le lever du jour à neuf heures du soir.

6

— Bonjour. Je vais être aussi bref que possible.

Plus d'un mois s'était écoulé depuis que l'un des élèves avait trouvé la mort, électrocuté sur le chemin de l'école. Il était d'usage d'organiser une cérémonie quarante jours après un décès – ou au moins de mentionner le défunt afin qu'il ne tombe pas dans l'oubli. Voilà pourquoi, quand M. Fofanah présenta un visage mélancolique aux élèves, lors du rassemblement matinal[1], tous crurent qu'il allait prononcer quelques mots à la mémoire du garçon. Le sujet avait été soigneusement évité dans l'établissement. Pas parce qu'il était difficile, non. Après tout, ils connaissaient la mort, ils l'avaient vue de près pendant la guerre. Ils n'avaient aucune envie qu'on leur rappelle l'incident pour une raison simple : tous autant qu'ils étaient, enseignants et élèves, devaient passer à proximité des lignes électriques, chaque jour, pour venir en cours, et c'était assez pesant comme ça.

Il y avait eu quelques annonces avant que le proviseur prenne la parole. Son attention était dispersée, et il avait du mal à se concentrer sur les événements de ce matin-là. Avec l'arrivée de la compagnie minière, il avait cessé

---

1. Dans les pays anglo-saxons, il est d'usage de réunir tous les élèves le matin, avant le début des cours, pour donner des informations, chanter, prier... La Sierra Leone a conservé cette tradition à la suite de la colonisation britannique.

de pousser l'équipe enseignante à motiver ses élèves. L'exploitation des gisements battait dorénavant son plein, et l'entreprise était décidée à appâter de jeunes hommes brillants prêts à employer davantage leur force physique que leur esprit. Quelques jours plus tôt, il avait vu deux anciens élèves, Vincent et Khalilou, qui portaient désormais casque, chaussures renforcées et bleu de travail. Leurs jeunes visages étaient déjà vieillis par la résignation : ils ne pouvaient rien espérer de mieux de la vie. Cette vision de leur jeunesse sacrifiée lui avait causé du souci. A présent qu'il se tenait devant l'ensemble de l'établissement, il annonça donc qu'il serait bref. Il voulait parler de ce qu'il éprouvait, pourtant le moment ne lui semblait pas idéal – y en aurait-il d'ailleurs jamais un ? Les compagnies minières n'avaient pas que des inconvénients. Il avait ainsi reçu une bourse de l'une d'elles, dans une autre région du pays, quand il était plus jeune. C'était ce qui lui avait permis de faire des études. Cela remontait cependant à longtemps, à l'époque où les exploitants concevaient leur travail comme étant utile à la communauté, et pas seulement comme une source d'enrichissement, à l'époque où ils gardaient les yeux ouverts et veillaient sur les leurs. Cette époque avait suivi l'indépendance. Qu'était-il advenu de la fierté et de la sagesse de ce temps ?

Le proviseur ne contrôlait plus ses traits, déformés par le désespoir. Il réussit néanmoins à esquisser un rapide sourire, avant de pousser un profond soupir pour ramener son esprit des nombreux recoins de sa mémoire où il s'était égaré. M. Fofanah s'épongea le front avec son mouchoir, mit ses lunettes et fit apparaître les prospectus qu'il avait tenus dans son dos jusque-là. L'assemblée était trop silencieuse.

— Le ministère de l'Education a décidé d'instaurer des règles de bienséance dans tous les établissements secondaires. Dans cette optique, j'ai donc reçu hier une liste de nouvelles directives.

Il brandit une feuille au-dessus de sa tête. Elèves et enseignants lâchèrent un soupir de soulagement : il n'avait pas l'intention de célébrer la mémoire du jeune défunt.

— Je devrai m'assurer que vous respectez, tous, les principes que je m'apprête à vous énoncer, au risque sinon de voir l'établissement fermer ses portes de façon définitive. Surtout si un inspecteur nous rend une visite inopinée.

Ses yeux parcoururent la feuille de haut en bas, puis il en commença la lecture.

— « Tous les élèves devront porter des chaussettes blanches et des souliers noirs. Les sandales et les chaussures ouvertes ne seront tolérées ni pour les garçons ni pour les filles. »

Il laissa son regard se perdre au loin avant de poursuivre :

— « Tous les élèves devront se présenter en cours en uniforme. Pour les garçons, il consistera en un pantalon bleu et une chemisette blanche. Les filles, quant à elles, devront porter une jupe bleue et un chemisier blanc à manches longues. »

Il s'interrompit à nouveau. Les mots qu'il venait de prononcer lui coûtaient. Il se racla la gorge afin de délivrer les phrases suivantes d'une voix plus forte :

— Nous avons deux semaines pour procéder à ces changements. Le nouveau règlement comporte d'autres points, mais ceux-ci doivent être appliqués au plus vite. Je vous prie d'informer vos parents dès ce soir afin qu'ils puissent prendre les mesures nécessaires.

M. Fofanah retira ses lunettes et s'en alla sans ajouter un mot, filant se réfugier dans son bureau. Il savait que ces directives poseraient problème à la plupart des élèves : leurs parents avaient à peine les moyens de payer les frais de scolarité. La majorité de l'assemblée regrettait, à présent, que le proviseur n'ait pas plutôt mentionné la mort accidentelle du garçon, même si cette évocation aurait sans doute réveillé leurs cauchemars. Ce qu'il avait annoncé représentait un fardeau encore plus lourd à porter.

— La pauvreté est pire que les mauvais rêves. On peut se réveiller d'un sommeil agité, murmura Benjamin à Bockarie alors que les élèves gagnaient leurs classes d'un pas traînant.

Les enseignants, eux, pour la plupart parents également, s'attardèrent le temps de trouver le courage d'aller au bout de cette journée.

Bockarie était bouleversé. Il ne voyait pas comment il parviendrait à se procurer l'argent nécessaire pour équiper ses trois enfants scolarisés. Même en procédant à des économies drastiques – autrement dit en réduisant la quantité de nourriture quotidienne –, il ne réussirait qu'à amasser de quoi acheter un uniforme et une paire de chaussures. Comment expliquerait-il à ses deux autres enfants qu'ils ne pourraient plus s'instruire ? Comment choisirait-il celui à qui il donnerait, en premier, la tenue requise ? Il ne trouvait aucune réponse satisfaisante à cette question.

Evitant tout le monde pendant l'heure du déjeuner, il se réfugia derrière l'un des trois bâtiments de l'établissement. Le regard perdu vers les collines, il imagina une vie meilleure. Benjamin le repéra et vint s'asseoir à côté de lui. Il conserva le silence un moment avant d'entamer la conversation :

— Nous risquons de perdre certains de nos élèves... pas seulement ici, mais aussi pour nos cours particuliers.

— Je sais, mon ami. Les parents seront confrontés à des choix difficiles.

Benjamin hocha la tête, puis s'adossa, bien droit, au mur.

— Je ne peux pas m'empêcher de me réjouir que mes deux enfants soient encore à l'école primaire. Je crains, malgré tout, que la même chose ne se produise là-bas.

— En quoi est-ce une amélioration ? Cette réforme ne fait qu'alourdir le poids qui pèse déjà sur les épaules des parents ! Quel intérêt d'imposer un uniforme dans un établissement où le matériel manque, où les enseignants ne touchent pas de salaire régulier, où l'enseignement est défaillant parce que ceux qui en ont la charge n'ont pas reçu de formation depuis des années ?

Bockarie avait encore beaucoup sur le cœur, pourtant il se tut. Benjamin s'esclaffa :

— C'est la première fois que je te vois exaspéré. Pas mal, mon ami !

Il brandit le poing. L'humeur de Bockarie ne changea pas pour autant, et Benjamin adopta un ton plus sérieux :

— Nous sommes gouvernés par des idiots, mon ami. Partout. Voilà pourquoi le monde est tel qu'il est. Tu te souviens quand nous étions élèves ? C'était la belle époque ! La première semaine de ma scolarisation, je suis arrivé sans chemise ni chaussures. Je ne portais qu'un bermuda troué, ce qui ne m'a pas empêché d'être accepté en cours. Je me rappelle que le maître a dit à tout le monde : « Vous avez devant vous la plus belle incarnation de la soif d'apprentissage. Ce garçon a marché dix kilomètres dans cette tenue pour venir s'instruire. »

Benjamin finit par faire rire Bockarie. Les hommes se tapèrent dans la main puis claquèrent des doigts.

— Je n'avais pas la moindre idée de la signification de ces mots, poursuivit-il, mais j'aimais leur sonorité. Grâce à ce professeur, et aux autres élèves, j'avais le sentiment d'avoir accompli une bonne action. Et à la fin de la journée, il m'a fait asseoir sur le guidon de son vélo pour me reconduire chez moi. Il s'est entretenu avec mon père. A partir de ce jour-là, j'ai été entièrement scolarisé. Tous les matins le maître venait me chercher, et tous les soirs il me raccompagnait. Et ce jusqu'à ce que je sois assez grand pour parcourir les dix kilomètres tout seul.

Ces souvenirs du passé firent naître un sourire sur leurs deux visages.

— Tu veux savoir comment j'ai commencé l'école ? demanda Bockarie.

— Pourquoi poses-tu toujours une question lorsque tu veux prendre la parole ? le réprimanda Benjamin avec tendresse. Dis ce que tu as à dire, mon ami.

— J'étais dans le même état que toi, sauf que je n'avais pas le courage d'entrer dans la classe. Alors j'ai grimpé aux branches d'un manguier, près de l'école, et j'ai trouvé une position confortable qui me permettait d'entendre les cours et d'entrevoir le tableau. Du jour où le maître m'a aperçu, il a pris l'habitude d'ouvrir en grand la fenêtre de la salle pour que je puisse voir le tableau dans son ensemble.

Il gloussa avant de continuer :

— Pendant un mois entier, j'ai répété l'opération, me récitant tout ce que j'entendais, sans relâche, et m'entraînant à écrire les lettres de l'alphabet dans la poussière. Un matin, le maître m'attendait sous le manguier. Il m'a pris par la main et m'a conduit dans la salle de classe. Tu as raison, c'était l'époque où il y avait des gens bien et où l'environnement était propice à de telles actions généreuses.

Ce petit vent venu du passé avait allégé leur journée, et ils restèrent là le cœur joyeux jusqu'à ce que la sonnerie annonce la reprise des cours. Chaque tintement métallique démembra leur bonheur, le dissipant entièrement. Ils se levèrent et chassèrent la poussière de leurs pantalons.

Avant qu'ils ne se séparent, Benjamin tendit la main à son ami.

— Je songe sérieusement à postuler à la mine. J'aimerais continuer à enseigner, mais entre l'irrégularité des salaires et les prix qui ne cessent d'augmenter, je ne suis pas sûr de pouvoir le faire.

Bockarie garda le silence. Que pouvait-il dire ?

Il y avait encore peu, Benjamin jetait des pierres aux voitures de cette entreprise. Aujourd'hui, il s'apprêtait à travailler pour elle.

Tout le monde redoutait les conséquences du nouveau règlement. Les professeurs accéléraient leurs cours pour que les élèves qui seraient contraints de s'absenter prennent le moins de retard possible. L'ensemble des enseignants étaient d'accord sur ce point : il n'y avait qu'une façon d'aider les élèves, les assommer de lectures et de devoirs. Ainsi, ils pourraient étudier à la maison le temps que leurs parents trouvent l'argent nécessaire pour acheter un uniforme ou le commander au tailleur du village. Ce dernier était sans doute le seul à se réjouir de cette directive du ministère. Il croulait sous le travail. Il augmenta ses tarifs et, malgré leurs protestations, les clients n'avaient d'autre choix que de verser la somme exigée. Il exposa son raisonnement à Mama Kadie :

— Il se passera du temps avant que j'aie de nouvelles commandes, alors je dois m'assurer assez d'économies pour tenir Dieu sait combien de temps.

Le tailleur réalisa certains uniformes à titre gracieux. M. Fofanah lui avait rendu visite une semaine avant que le port de l'uniforme soit, officiellement, obligatoire. Il était venu le trouver à pied, sans moto ni lampe torche, et l'avait informé qu'il paierait pour tous les élèves dont les parents ne pouvaient débourser qu'une partie de la somme, voire rien du tout. Il avait remis au tailleur de quoi acheter du tissu.

« Je suis ici tel Nicodème, et cet arrangement ne doit pas sortir de cette pièce. Toi et moi emporterons ce secret dans la tombe. »

Il avait donné une vigoureuse poignée de main au tailleur.

« Mais si je reviens d'entre les morts tel Lazare, pourrai-je révéler le secret, alors ? avait rétorqué le tailleur en retirant sa main.

— Il s'agit du seul secret qui ne ressuscitera pas avec toi si tu reviens d'entre les morts tel Lazare. »

Un petit sourire aux lèvres, le proviseur s'était alors réfugié dans les bras de l'obscurité, qui l'avait rapidement étreint, le dérobant aux yeux de tous. En dépit de toutes les aides, et il y en avait eu beaucoup, certains élèves ne purent reprendre le chemin du collège avant plusieurs semaines. Et lorsque la question des uniformes fut réglée, il resta celle des chaussures noires, qui coûtaient une petite fortune – bien plus que des baskets.

Bockarie avait réussi à se procurer des uniformes pour tous ses enfants, même s'il n'avait payé que celui de Miata. Il ne s'expliquait évidemment pas la soudaine générosité du tailleur, et ne pouvait que lui en être très reconnaissant. Le tailleur loua ses qualités.

— Tu es un bon enseignant, alors enseigne à nos enfants comment partir d'ici.

Il prétendit qu'il plaisantait ; son ton clamait l'inverse.

Même avec l'aide du tailleur, Bockarie n'avait pas assez d'argent pour acheter une paire de chaussures à son second fils. Abu resta donc à la maison le jour où le nouveau règlement prit effet. Il avait cependant un plan avec son frère aîné, Manawah : ils se prêteraient la paire et se rendraient à tour de rôle en cours. Les chaussures étaient trop grandes pour Abu, mais pas de façon notable – du moins s'en convainquit-il.

— Que penses-tu de notre idée, père ?

Manawah avait posé cette question avec un calme digne de son père. Il avait aussi adopté son attitude posée.

— On pourrait peut-être...

Abu, qui agissait et parlait plus vite, s'apprêtait à proposer une autre solution quand Bockarie l'interrompit :

— C'est une situation temporaire. Je t'achèterai une paire de chaussures bientôt, Abu. Merci pour votre compréhension, les garçons.

Il les attira dans ses bras, tous deux, et les serra contre lui. Puis, pour rompre le charme de la gravité, il les chatouilla jusqu'à ce qu'ils hurlent de rire.

L'incident qui se produisit le premier jour des nouveaux uniformes était « nécessaire », ainsi qu'en concluaient les anciens plus tard. Nécessaire pour réveiller les muscles de la joie dans les cœurs des enseignants et des élèves, même une seule journée. Et il y eut une autre leçon à en tirer : le comique peut naître des choses les plus horribles. Les situations les plus absurdes ne sont jamais insurmontables.

Le spectacle fut d'abord incroyable. Tous les élèves – du moins ceux qui possédaient la tenue idoine –, dans leurs uniformes bleu et blanc, avec leurs chaussures noires et leurs chaussettes, affluaient des différents coins du village et des environs pour se rendre ensemble au collège. Ils firent naître des sourires sur les visages des villageois qui les voyaient passer. Par contraste, les enseignants qui cheminaient avec eux avaient piètre allure – ce qui leur rappelait leur condition. Ayant anticipé ce phénomène, Bockarie et bien d'autres étaient partis de bonne heure. Pourtant, lorsque les élèves commencèrent à arriver et à se réunir pour le rassemblement du matin en traînant les pieds, leurs professeurs, et leur proviseur, ne purent se retenir de s'esclaffer. Ils contemplèrent les élèves dans leurs tenues flambant neuves et rirent si fort que ces derniers finirent par se joindre à eux. Pendant les quarante minutes que durait le rassemblement, ils ne firent que rire, et continuèrent pendant le reste de la journée.

Et voici pourquoi : la compagnie minière s'était attaquée à l'exploitation d'un nouveau site à proximité de l'établissement scolaire. Il y avait donc plus de camions que de coutume ce matin-là, au moins une douzaine, qui se succédaient inlassablement. Et il était impossible d'échapper à la poussière qu'ils soulevaient. Une poussière rouge. Toutes les chemises blanches ne tardèrent pas à prendre cette teinte, et les cheveux des élèves également. Leurs chaussures noires étaient méconnaissables. Alignés les uns à côté des autres, ils donnaient l'impression d'avoir été trempés dans l'eau puis roulés dans la poussière. Même leurs paupières étaient recouvertes d'une pellicule rougeâtre. Certains essayèrent de la chasser de leurs vêtements, mais ils ne réussirent qu'à former des nuages qui flottaient un instant au-dessus de leurs têtes pour retomber ensuite sur leurs camarades. Ils firent de leur mieux pour éviter de tacher leurs devoirs. Les particules rouges s'envolaient de leurs uniformes pour se déposer sur leurs cahiers, entre les pages blanches recouvertes de leur écriture bien nette. Ils avaient beau s'acharner sur leurs uniformes, ceux-ci demeuraient maculés de poussière. Plus ils s'évertuaient à les essuyer de leurs mains sales, pire c'était. Et les enseignants ne pouvaient rien faire. Ils n'allaient pas renvoyer leurs élèves pour leurs tenues négligées !

Avec le temps, les élèves apprirent à contourner le problème. Ils enveloppaient leurs livres dans du plastique ; ils mettaient aussi leurs uniformes, leurs chaussures et leurs chaussettes dans des sacs. Ils passaient des vêtements ordinaires pour aller au collège et en revenir. Ils se lavaient les pieds et se changeaient juste avant d'arriver en cours. Et ils partaient de plus en plus tôt de chez eux, dès six heures du matin, pour éviter les assauts de l'épaisse poussière. Ce choix n'était pas sans risque : ils ne pouvaient pas voir les lignes électriques dans le noir, et les véhicules qui circulaient ne les apercevaient pas parmi les derniers vestiges de la nuit.

Abu inventait ruse sur ruse, sans en parler à personne. Toutes répondaient à un objectif simple : lui permettre de s'instruire, coûte que coûte.

Le premier jour du port de l'uniforme, après le départ de son père, de son frère et de sa sœur, il aida sa mère dans la maison. Elle s'échina à lui expliquer que son père faisait de son mieux et qu'il ne devait pas être trop triste.

— Tu sais, la décision n'a pas été facile à prendre, il tenait à ce que vous soyez tous scolarisés. Je peux te donner des devoirs, si tu veux, ajouta-t-elle tandis qu'elle rassemblait les produits qu'elle irait vendre au marché.

— Je sais, mère, je sais que c'est difficile pour vous aussi, ne t'inquiète pas.

Il lui adressa un sourire rassurant et lui proposa de l'aider à porter ses paniers. Dès qu'il fut de retour à la maison, il sortit son cahier et son stylo. Il emprunta le chemin forestier pieds nus – pour éviter d'abîmer ses baskets blanches – et se rendit au collège. C'était un raccourci, mais qui croisait deux marécages où l'on s'enfonçait jusqu'à la taille ; pour cette raison, il n'était pas très fréquenté. Abu retira ses vêtements et s'engagea dans la boue. Il prit le temps de se nettoyer avant de gravir la colline qui se trouvait à l'arrière de l'établissement.

Il se faufila ensuite jusqu'à la fenêtre de sa salle de classe. Celle-ci restait toujours ouverte – chaque matin, le professeur retirait les planches empêchant les bêtes de s'y introduire pendant la nuit. Adossé au mur, Abu écouta les différents enseignants, prenant des notes avec application. Lorsque la cloche sonna l'heure du repas, il fila se réfugier, tête baissée, dans les buissons, pour que personne ne le surprenne. Il révisa ses notes le temps de la pause. Dès la reprise, il regagna discrètement sa place au pied de la fenêtre.

A la fin de la journée de cours, il rentra, courant à perdre haleine pour précéder son père, son frère et sa sœur. Ils le régalèrent du récit des uniformes poussiéreux, et ils passèrent toute la soirée à lire ensemble. Leur grand-père suggéra d'un air songeur que le ministère de l'Education aurait sans doute tout intérêt à consulter chaque établissement et à demander plutôt conseil aux enseignants pour adapter les tenues à chaque région du pays. Allongé dans son hamac, il se balançait doucement en s'aidant de sa canne.

— On peut te pousser, grand-père, lui proposèrent les jumeaux.

— La prochaine fois, répondit-il. En revanche, rien ne vous empêche de venir vous asseoir avec moi.

Oumu et Thomas allèrent se blottir contre leur aïeul.

Le lendemain, c'était au tour d'Abu de porter la paire de chaussures qu'il partageait avec son frère. Son père lui demanda d'être prêt à partir plus tôt que d'habitude pour éviter la poussière. Abu guetta, tout sourire, le lever du jour. Il avait fourré une paire de chaussettes au fond des chaussures pour ne pas flotter dedans, mais il déclencha les rires de sa famille dès qu'il apparut. Son père l'invita à marcher pieds nus jusqu'au collège. Le trajet fut en effet moins fatigant ainsi. Les amis d'Abu se moquèrent de lui, le surnommant « pieds de pirogue », tant il semblait juché sur deux embarcations miniatures. Ça lui était parfaitement égal ; il était trop heureux d'être là.

Quand il rentra chez lui ce soir-là, il avait déjà mis au point un nouveau plan pour le lendemain. Il rendit les chaussures à Manawah, fit ses devoirs, puis, pour ne pas éveiller les soupçons des siens, il prétexta une visite chez un camarade afin de récupérer les notes du jour où il avait dû rater les cours. En réalité, il glissa ses baskets blanches dans un sac en plastique rempli de feutres noirs récupérés dans une poubelle à l'arrière des baraquement de la mine, et il se rendit dans les faubours du village, près du cabanon du forgeron. Il se mit au travail sans tarder. Secouant les vieux marqueurs pour récupérer ce qu'il leur restait d'encre, il coloria soigneusement ses baskets jusqu'à ce qu'elles paraissent tout à fait noires. Il les fit sécher aux derniers rayons ardents du soleil couchant, puis les enveloppa avec soin. Porté par l'excitation, il courut chez lui, se débarrassa des baskets par la fenêtre laissée ouverte dans ce but et rejoignit enfin sa famille sur la galerie.

Kula aidait les jumeaux à faire leurs devoirs. Elle était sur le point de décrocher son diplôme d'infirmière et d'enseignement quand la guerre avait interrompu ses études. Elle avait travaillé plusieurs années en tant qu'infirmière et avait enseigné dans les camps de réfugiés où ils avaient vécu durant le conflit. Cela ne lui avait donné droit à aucune équivalence universitaire. Elle aimait toujours faire travailler ses méninges cependant, et elle se satisfaisait à présent de relire les copies corrigées par son mari et de lui donner son opinion.

— C'est le moment de la journée que je préfère, disait-elle à Bockarie. Lorsque je joue plusieurs rôles à la fois, où je sollicite ce que j'ai appris et les expériences que j'ai faites.

Son visage las s'éclairait alors, révélant la beauté qui se perdait parfois dans la lutte continuelle pour maintenir le foyer à flot. Elle prenait les devoirs qu'il lui tendait, rédigeait ses propres remarques à l'encre rouge et les lui rendait.

— Je dois aller voir où en est le riz.

Au moment où les élèves arrivaient pour leur cours particulier, accompagnés de Benjamin, la famille de Bockarie se retirait au fond de la maison. Plus tard ce soir-là, alors que les élèves rentraient chez eux, Benjamin informa son ami qu'il avait postulé à la mine et attendait des nouvelles. Il préférait enseigner mais ne pouvait plus se le permettre.

— Si je décroche le poste, je donnerai pour instruction à tous les chauffeurs de ralentir et d'éviter de couvrir de poussière un professeur pensif et dégingandé ! plaisanta-t-il.

— Grâce à toi, je ferai des économies de savon ! Je te souhaite bonne chance, mon frère. Tu peux être certain que ta compagnie et ton sens de l'humour me manqueront.

— Je n'ai pas encore été embauché, je te verrai demain matin.

Il s'apprêtait à partir, après avoir serré la main à Bockarie, lorsque le Colonel jaillit du manteau sombre de la nuit tombante. Sans un mot, il tendit aux deux enseignants leur salaire pour le cours qu'ils venaient de donner. Il avait enveloppé l'argent dans un vieux journal. Dès qu'il le leur eut remis, il tourna les talons. Benjamin claqua des doigts pour attirer son attention.

— Tu ne parles pas beaucoup, jeune homme.

— Laisse-le tranquille, intervint Bockarie.

— Je suis silencieux pour mieux choisir mes mots quand je dois parler.

La voix du Colonel les prit au dépourvu. Benjamin se tourna vers Bockarie.

— Et il est intelligent en plus... Pourquoi ne viens-tu pas au collège ? ajouta-t-il.

Le temps que l'enseignant pivote à nouveau vers lui, le jeune homme avait disparu.

— C'est un vrai fantôme, souligna Bockarie. Mais qui vient toujours nous payer à temps !

— Un fantôme honnête. Ça ne court pas les rues.

Bockarie récupéra sa part de la somme et confia le reste à son ami.

Le lendemain, Bockarie, Miata, âgée de seize ans, et Manawah, âgé de dix-sept, partirent en cours en laissant derrière eux – du moins le croyaient-ils – Abu. Pourtant, alors qu'ils prenaient part au rassemblement du matin, ils remarquèrent sa présence. Il sourit de leur étonnement. Son père l'entraîna à l'écart. Où, s'enquit-il, avait-il dégoté ces drôles de souliers noirs ?

— La créativité et la détermination sont dans mes gènes, père, répondit Abu avant de s'esquiver.

Bockarie s'esclaffa : il avait souvent répété ces paroles à la maison, et aujourd'hui son fils les utilisait à son tour. Il n'en croyait pas ses oreilles. Il s'émerveillait que son garçon ait autant de ressources, même si une question continuait à tourmenter son esprit. *Où avait-il trouvé l'argent pour acheter une paire de chaussures ?*

A la fin de la journée, sur le chemin du retour, il se mit à pleuvoir, au grand bonheur de tous. La pluie avait beau les mouiller, ils la préféraient à la sècheresse : elle domestiquerait la poussière un temps. Elèves et professeurs protégèrent leurs livres avec des sacs en plastique et coururent se mettre à l'abri. Ce fut durant ce moment de confusion que Bockarie comprit ce que son fils avait fait. L'encre se diluait sur les baskets d'Abu, qui ne tardèrent pas à redevenir blanches. Ici et là demeuraient des taches noires. Blottis sous un morceau de tôle ondulée abandonné sur la route par la compagnie minière, Bockarie, Miata et Manawah fixèrent les pieds d'Abu, hilares. Puis ils le félicitèrent.

— Créativité et détermination, hein ? Viens là !

Bockarie le serra contre lui, chassant les gouttes d'eau sur son visage. Abu ne mentionna pas le plan qu'il avait déjà concocté pour le lendemain : il avait convaincu un de ses camarades de lui prêter ses chaussures. Les notes qu'il prenait étaient plus soignées que les siennes.

A la fin de l'année scolaire, Abu était le premier de sa classe. Il en allait de même pour son frère et sa sœur. Bockarie demeurait intrigué par son fils cadet. Il n'en était pas moins fier de l'enthousiasme qu'il montrait à apprendre. Il admirait tous ses enfants pour la maturité avec laquelle ils affrontaient les aléas de la vie. Il leur devait une meilleure existence, il le savait.

7

Kula fredonnait. Son esprit dansait encore en se remémorant, avec joie, la veillée en compagnie des siens. Elle chérissait ces moments devenus rares. Son enfance ne lui avait laissé aucun souvenir en famille, elle avait dû attendre d'être mère pour cela.

— Que dirais-tu de descendre à la rivière, ma fille ?

Elle imitait l'accent anglais à la perfection, ce qui fit rire Miata.

— Par quel miracle te réjouis-tu toujours de choses aussi simples, mère ? lui demanda-t-elle en nouant son pagne.

Elle souleva deux seaux, dont l'un rempli de vêtements à laver.

— C'est leur pureté que j'aime, répondit Kula. Elles ne s'accompagnent d'aucune exigence, d'aucune explication. Pour autant, elles ne sont pas dépourvues de sens, ou du moins elles ne le devraient pas. La vie elle-même mériterait d'être ainsi.

Elle ferma les yeux et tourna son visage vers la brise matinale. Si Miata ne comprenait pas toujours sa mère, elle sentait le bonheur qui émanait d'elle, et cela lui suffisait. Ayant perçu la perplexité de sa fille, Kula lui sourit et donna le signal du départ. Elle descendait tous les matins à la rivière pour faire sa toilette et laver le linge sale – de cette façon il ne s'accumulait pas. Bockarie la surnommait la « femme du pas à pas ». Il n'y avait pas un seul domaine où elle laissait le travail s'amonceler. Sa fille l'accompagnait parfois, surtout le week-end, lorsqu'elle n'avait pas à partir pour le lycée avant l'aube. Ce matin-là, Miata emporta deux seaux à la rivière – un sur la tête, l'autre dans ses bras. Ils croisèrent Benjamin. Assis au bord du chemin, il frottait ses paumes l'une contre l'autre pour réchauffer ses doigts raidis par l'air frais.

— Bonjour, mesdames. Comment vont votre santé et celle de votre famille ?

— Tout le monde se porte bien, répondit Kula. Bonjour à toi aussi. Comment va ta famille ? Nous allons aussi bien que la vie nous le permet et nous espérons continuer sur cette voie.

Benjamin se redressa et ramassa sa longue canne en bambou.

— Je vais pêcher en amont et veillerai à ne pas poser les pieds n'importe où pour ne pas troubler l'eau de la rivière. Ma femme s'y trouve aussi, je veux qu'elle ait une eau limpide. Enfin, je ne promets rien une fois qu'elle sera passée par là !

Il leur sourit et son regard s'attarda sur Miata. C'était une jeune femme réservée et il aimait la taquiner.

— Mademoiselle Miata, ta beauté est de plus en plus grande. Elle surpasse même celle de ta mère, ce qui est difficile à croire ! Nous aurions déjà dû commencer à te cacher aux yeux de tous ces garçons du village. Oh, ton père si discret va au-devant des ennuis !

Avec un petit sourire timide, Miata se cacha derrière sa mère.

— Laisse donc ma fille tranquille et va plutôt pêcher, riposta Kula sur le ton de la plaisanterie.

Elle lui lança des galets alors qu'il s'enfuyait, riant à gorge déployée.

A leur arrivée à la rivière, elles découvrirent un spectacle étrange. L'eau, sale et trouble, avait une odeur de rouille. La rivière, aussi haute que s'il y avait eu une crue, débordait sur la berge et coulait à une vitesse inhabituelle. D'autres femmes étaient réunies sur la rive herbeuse. L'inquiétude brouillait le calme de leurs visages matinaux. Elles avaient le regard tourné vers l'amont et cherchaient à comprendre ce qui s'était produit.

— Ce n'était pas comme ça quand je suis venue chercher de l'eau plus tôt, apprit Fatu à Kula.

Elle expliqua que le débit venait juste de s'accélérer et que les autres étaient d'avis que ça allait passer.

— J'ai perdu les vêtements de mes enfants, que j'avais étendus sur cette pierre-là, dit une femme.

— La rivière a emporté mon seul seau. Comment vais-je pouvoir puiser de l'eau dorénavant ? observa une autre, des larmes plein les yeux, sans s'adresser à personne en particulier.

— Nous retrouverons peut-être le seau en aval, chercha à l'apaiser une femme plus jeune. En attendant, je te prêterai le mien, lorsque je n'en aurai plus besoin.

Une femme aux pommettes striées de belles rides dues à l'âge prit ensuite la parole :

— D'où peut bien venir l'eau à cette époque de l'année ? Je n'ai jamais vu la rivière se comporter aussi bizarrement.

Les femmes approuvèrent d'un soupir. Il n'y avait rien d'autre à faire que guetter l'apaisement de l'eau. L'attente faillit venir à bout de leur patience. Dès que la situation parut revenir à la normale, elles s'immergèrent sans se poser de questions, pour pouvoir reprendre le cours de leur journée au plus vite.

De retour chez elles, Kula et Miata suspendirent les vêtements à une corde et laissèrent un seau d'eau dans la cour. Elle servirait pour la cuisine plus tard. A la mi-journée, lorsque Miata voulut retourner le linge pour qu'il finisse de sécher correctement, elle remarqua qu'il y avait de la rouille dessus et qu'il dégageait une drôle d'odeur. Elle ne retrouva pas le parfum que le soleil déposait d'habitude sur le tissu. Elle ne comprenait pas : sa mère procédait de la sorte depuis des années et n'avait jamais montré la moindre négligence dans cette tâche. Miata l'appela :

— Mère, veux-tu bien venir voir quelque chose ?

Kula sortit de la maison. Les vêtements blancs, pour l'essentiel les chemises des uniformes, étaient les plus abîmés. Kula les frotta entre ses doigts et sentit aussitôt la rouille, ainsi qu'une substance huileuse qui laissait des traces. Elle approcha son nez et grimaça. Elle lécha alors le tissu d'un petit coup de langue : l'acidité lui brûla aussitôt les papilles. Elle recracha la salive qui avait envahi sa bouche.

— Ça doit venir de l'eau. Qu'est-il donc arrivé à la rivière ? murmura-t-elle.

Elle récupéra l'une des chemises et se rendit chez ses voisins. Elle voulait voir l'état de leur linge. Elle s'arrêta au passage devant le seau. Miata la rejoignit. S'accroupissant toutes deux, elles constatèrent que si la surface était limpide, une couche de rouille boueuse s'était formée au fond.

— Veille à ce qu'aucun de tes frères et sœur ne boive cette eau. Je reviens.

Elle se précipita chez les voisins, où, comme elle s'y attendait, les vêtements qui séchaient étaient tachés et empestaient.

— Qu'en dis-tu ? demanda-t-elle à sa voisine.

— C'est l'eau de ce matin.

Ensemble, les femmes allèrent de maison en maison, examinant le linge abîmé et le dépôt dans les seaux et bidons. Leur manège attira l'attention des hommes, qui réagirent aussitôt en poussant de lourds soupirs : il ne faisait pas le moindre doute qu'ils devraient racheter des uniformes à leurs enfants, surtout si la rivière restait dans cet état.

— On devrait envoyer les hommes enquêter, déclara Fatu assez haut pour être entendue par tous ceux qui se trouvaient alentour.

Ils approuvèrent d'un hochement de tête.

Quelques-uns, parmi lesquels Bockarie, se portèrent volontaires pour remonter la rivière et explorer les berges.

Miller faisait aussi partie de l'expédition : il réunissait des informations pour le Colonel. Il ne leur fallut pas longtemps pour identifier la cause du phénomène. Plusieurs réservoirs artificiels, créés pour l'exploitation du rutile, débordaient en détruisant les routes dont la compagnie avait besoin pour ses véhicules. Celle-ci avait donc entrepris de drainer l'excédent d'eau directement dans la rivière. Et l'avait contaminée.

— C'était notre seule source d'eau propre et potable, déplorèrent les hommes. Pourquoi n'ont-ils pas évacué leurs déchets ailleurs ?

Les cultivateurs étaient consternés. Leurs terres en friche avaient été retournées et inondées sans qu'ils en soient informés.

— Cela signifie que nos champs de riz ont été contaminés, eux aussi, déduisit l'un d'eux en reniflant sa main qu'il venait de sortir de l'eau.

Parmi les hommes réunis sur la berge se trouvaient ceux qui avaient installé les conduites rejetant l'eau souillée dans la rivière. Ils avaient manœuvré les machines qui avaient creusé la terre et permis ainsi qu'elle soit inondée. Ils ne dirent rien pourtant. Ils avaient beau être honteux et conscients du rôle qu'ils avaient joué, ils avaient besoin de ce travail.

Tous reprirent la direction du village, à l'exception de Miller. Il s'attarda pour voir s'il y avait un moyen de remédier à cette contamination. Il savait que le Colonel l'interrogerait à ce sujet.

Il ne lui fallut pas longtemps pour conclure que de simples mains d'hommes ne suffiraient pas à réparer les dégâts. Il rattrapa les autres.

A compter de ce jour, l'eau potable devint une denrée très prisée. Celle qui alimentait les quartiers d'habitation de la mine était transportée par des canalisations traversant Imperi. Aucune mesure ne fut prise pour en fournir une partie aux villageois. Il aurait pourtant suffi d'installer quelques conduites supplémentaires. Il n'en allait pas ainsi, toutefois.

Alors qu'ils retournaient au village pour rapporter ce qu'ils avaient découvert, les hommes croisèrent Benjamin. La vue d'une telle troupe le fit sursauter. Il s'arrêta net.

— Il y a un problème avec la rivière, lui apprit Bockarie.

— Je sais. Vois ces poissons que j'ai pris, répondit-il en ouvrant son sac.

— Aïe aïe aïe ! Tu dois montrer ça à tout le monde !

La réaction de Bockarie poussa tous les autres à regarder à l'intérieur du sac. Benjamin étala ses prises sur le sol pour qu'ils puissent mieux voir. D'un même élan, tous retinrent leur souffle. Un poisson n'avait qu'un seul œil. D'autres n'avaient qu'une nageoire, ou pas de queue.

Personne n'avait jamais vu pareilles déformations. Tous refusaient d'en croire leurs yeux et continuaient à fixer la pêche comme pour prendre conscience qu'ils n'avaient pas été trompés par leurs sens. Benjamin leur confia trois des poissons les plus difformes, pour la réunion qui allait avoir lieu. Il courut chez lui remettre à sa femme ceux qui étaient en meilleur état : elle les ferait frire pour son déjeuner. Il n'avait rien d'autre à manger et il espérait que l'huile chaude viendrait à bout de toutes les bactéries que leur chair contenait.

La plupart des villageois se rassemblèrent à la mairie, un bâtiment ouvert, coiffé d'un vieux toit en tôle ondulée soutenu par quatre poteaux d'acier. Miller avait abreuvé les oreilles du Colonel de ce qu'il avait vu et entendu. Les deux jeunes hommes s'étaient assis sous le goyavier voisin, d'où ils pourraient suivre la réunion.

Les anciens – Mama Kadie, Pa Kainesi et Pa Moiwa – expliquèrent à la foule la mésaventure dont les femmes avaient été victimes à la rivière, et ce que les hommes avaient découvert. Ils délivrèrent ensuite les réflexions que la situation leur inspirait.

— Quand j'étais petit, mon père m'a appris qu'il fallait avoir à cœur trois choses cruciales avant de choisir l'endroit où établir un village, petit ou grand, commença Pa Kainesi d'une voix tremblante.

Il y avait longtemps qu'il n'avait pas parlé en public ; il gardait le silence depuis que Wonde les avait humiliés.

— Une bonne source d'eau, reprit-il, une bonne terre pour les cultures, et un endroit convenable pour enterrer les morts. Nous sommes en train de perdre les deux premiers, et mon vieil esprit en est chagriné.

Des murmures parcoururent l'assemblée. Des disputes éclatèrent. Certains étaient d'avis d'informer le grand chef, qui n'était sans doute pas au courant. D'autres, qui savaient ce qui arriverait à leurs postes si la mine était menacée, suggérèrent que tout le monde réagissait peut-être avec excès.

— L'eau sale se sera sans doute écoulée d'ici la fin de la journée, auquel cas on en aura fait un problème pour rien, argua un homme, son casque de chantier sous le bras.

Certains acquiescèrent, d'autres, qui ne partageaient pas son sentiment, lui hurlèrent :

— Tu as entendu ce qu'ont dit les anciens, nous sommes en train de perdre ce qui fait de nous des habitants de cette terre ! Aujourd'hui, c'est notre source d'eau qui est ravagée, et demain ?

— Tu es fou de croire que ça va changer ! s'emporta un autre. Accepte donc la situation !

Un premier coup de poing fut distribué. Un second suivit. La voix de Mama Kadie couvrit le brouhaha pour empêcher l'escalade.

— Mes enfants, pourquoi nous battre entre nous au sujet d'une situation dont nous sommes tous victimes ? N'avez-vous donc plus une once d'intelligence ? Nous avons décidé d'aller plaider notre cause auprès du grand chef, demain à la première heure. Nous aurons besoin de jeunes garçons ou d'hommes pour transporter des seaux d'eau et de poissons afin de lui présenter des preuves. Vous devriez mettre votre force à notre service au lieu de vous battre.

La foule était silencieuse. Les enfants s'émerveillaient de la façon dont Mama Kadie en imposait au village tout entier. Beaucoup n'avaient jamais vu une femme accomplir un tel miracle. Le Colonel, impressionné lui aussi, signifia d'un mouvement des yeux à Miller et Ernest qu'ils devaient se porter volontaires pour les seaux. Ils levèrent la main, et les anciens leur demandèrent d'approcher. Ils leur chuchotèrent à l'oreille le lieu de rendez-vous du lendemain. Des murmures parcoururent à nouveau l'assemblée lorsque les anciens annoncèrent que ces deux garçons suffiraient à la tâche.

Mama Kadie apaisa les villageois en leur assurant qu'elle était aussi furieuse qu'eux.

— Mes pieds sont déjà sur la route, tandis que mon cœur reste en feu. J'aimerais éteindre cet incendie.

Sur ces mots, elle mit fin au rassemblement. Elle n'avait pas accompagné les hommes la dernière fois qu'ils avaient rendu visite au grand chef. Elle espérait qu'en tant que femme elle réussirait à trouver les oreilles de celle qui occupait cette fonction, qu'elle pourrait lui faire voir le passé et lui ouvrir les yeux sur l'avenir.

Alors que les gens se dispersaient, la femme de Benjamin, Fatu, arriva avec une marmite.

— Regardez ! J'ai voulu faire frire les poissons que mon mari a pêchés, ceux qui étaient en bon état. Voici ce qui est arrivé.

La marmite ne contenait plus que des arêtes flottant dans l'huile de cuisson. La chair s'était entièrement dissoute. Un par un, les villageois approchèrent pour constater les dégâts, l'esprit et le corps accablés par ce qui s'offrait à leurs yeux. Ce soir-là, ceux qui en avaient les moyens achetèrent de l'eau en bouteille. Les autres – la majorité – firent bouillir celle de la rivière, puis la laissèrent refroidir avant de la boire ou de l'utiliser pour cuisiner.

— Si un seul des microbes que contient cette eau survit après qu'elle a bouilli, alors il a le droit de m'infecter, plaisanta Bockarie devant sa famille.

Assis dans son coin, son père parlait tout seul, adressant des questions à l'obscurité, comme si elle dissimulait des réponses dans ses plis, ou du moins une brise qui pourrait apaiser le tumulte du sang dans ses vieilles veines. La nuit finit par lui envoyer un souffle d'air qui convainquit ses vieux yeux de s'abandonner au sommeil.

Ils partirent à l'heure où la nuit confiait au jour nouveau les ennuis des vivants. Ils empruntèrent des chemins désormais coupés par les larges routes taillées dans la colonne vertébrale de la terre. Des camions dangereux pourvus de roues plus grandes que des humains filaient sur celles-ci à toute heure. Les voyageurs devaient regarder à droite et à gauche avant de traverser ; une fois de l'autre côté, il fallait chercher l'endroit où le chemin reprenait. A chaque intersection, Ernest et Miller déposaient leur chargement, puis avançaient sur la chaussée, chacun tourné dans une direction. Après avoir scruté l'horizon, quand ils étaient certains qu'aucun camion ne s'annonçait, ils faisaient signe aux anciens de les rejoindre.

« La voie est libre de mon côté, et du tien ? demandait Miller à Ernest.

— Rien à signaler », répondait-il.

Ils restaient néanmoins sur leurs gardes. Une fois que les anciens avaient franchi la route en toute sécurité, ils retournaient chercher les seaux de l'autre côté.

Avant que le soleil n'ait conclu ses négociations avec les nuages et pris le pouvoir sur le ciel, ils avaient atteint le village du grand chef. Tandis qu'ils remontaient une rue ponctuée de nids-de-poule, des villageois sortirent de chez eux afin de les saluer et leur souhaiter la bienvenue. Les uns après les autres, ils emboîtèrent le pas aux anciens – comme s'ils connaissaient la raison de leur venue –, et bientôt une foule les escortait. Le grand chef était averti de leur arrivée. Et elle leur fit comprendre qu'elle avait des yeux et des oreilles dans tout son territoire avant même qu'ils se fussent assis.

Rien n'avait changé dans son village, sinon que sa maison venait d'être peinte en vert vif et possédait un toit en zinc tout neuf. Les habitations environnantes, décrépites, souffraient encore plus de la comparaison. Quant au vert, il était si peu naturel qu'il donnait l'impression que les arbres tournaient le dos au village et tendaient leurs branches dans la direction opposée. Le grand chef, toutefois, semblait très satisfait de cette couleur. Elle offrit à ses invités des bouteilles d'eau froide, qu'ils burent avec avidité. Lorsqu'ils les eurent posées, elle leur proposa des sodas qui ne pouvaient que provenir de la compagnie minière.

Mama Kadie refusait de se laisser distraire par un tel subterfuge. Elle prit la main de leur hôtesse.

— Nous te remercions pour l'eau, et ces autres rafraîchissements, mais nous avons à présent besoin de tes oreilles et de ton cœur, pour te parler d'événements qui détruisent les fondements de notre village...

Avant que Mama Kadie ait pu finir, le téléphone mobile du grand chef se mit à sonner : *The city is getting hot and the youth dem ah get so co oh oh old... La ville devient brûlante et les jeunes, eux, ah, si froid ah ah ah...*

La sonnerie était le refrain d'un célèbre chanteur de reggae, Richie Spice, qu'on se serait attendu à trouver sur le portable de quelqu'un de plus jeune. La femme ne l'avait sans doute pas choisie elle-même, et ne connaissait sans doute pas la chanson. Ça n'avait rien d'étonnant ces temps-ci.

Elle retira sa main de celle de Mama Kadie, souleva le clapet de l'appareil et le colla contre son oreille. Après une série de « oui, d'accord, oui », elle le referma, considéra ses visiteurs et prit la parole :

141

— Je vous ai entendus, mais nous devons attendre l'arrivée de la police pour commencer cette réunion.

— Pourquoi aurions-nous besoin de la police pour discuter d'une affaire qui concerne notre terre ? s'enquit Mama Kadie, un peu perplexe et irritée.

— Vous me raconterez ce qui est arrivé en leur présence, et ils noteront les noms de ceux qui ont été témoins des événements dont vous parlez.

— Nous ne sommes pas ici pour dénoncer ces gens mais pour discuter de ce que toi, en tant que représentante du gouvernement, tu peux faire pour arrêter ce qui arrive à notre terre, pour prendre des décisions en faveur de ceux qui l'habitent.

Mama Kadie ne pouvait plus cacher son exaspération. Le visage déformé par l'incrédulité, les mains tremblantes, elle s'efforçait pourtant de conserver un ton calme.

— Kadie, montrons-lui ce que nous avons apporté, intervint Pa Kainesi.

Il demanda à Miller et Ernest de présenter le seau d'eau, les vêtements tachés de rouille et les poissons difformes.

— Par pitié, ôte le voile qui recouvre tes yeux et regarde, l'implora Pa Moiwa.

La foule qui s'était réunie devant la maison du grand chef se mit à évoquer, tout bas, des incidents similaires. Les villageois avaient tenté, en vain, d'obtenir une audience auprès du grand chef. N'y tenant plus, Mama Kadie finit par donner le signal du départ à ses amis. Elle chargea les garçons de verser l'eau dans un seau vide et de déposer les poissons et les vêtements sur le sol, à côté.

Sans s'adonner au traditionnel rituel des adieux, ils s'éloignèrent en silence. Ils entendirent alors des voitures approcher. Les anciens virent un nuage de poussière au loin. L'essentiel de la foule se dispersa. Les visiteurs étaient désorientés. Une fillette volubile, qui se tenait près du mur en terre crue d'une habitation, expliqua aux anciens que certains villageois avaient été frappés par la police pour avoir exprimé de l'inquiétude au sujet de leurs terres. Quand les voyageurs purent enfin discerner les véhicules, ils constatèrent qu'il s'agissait de Toyota Hilux, appartenant à la compagnie minière. Les voitures étaient pleines de policiers et de vigiles armés. Encerclant les visiteurs, ils leur ordonnèrent de retourner chez le grand chef.

Malades de rage, Ernest et Miller plongèrent la main dans leurs poches, sans doute à la recherche de couteaux. Mama Kadie les retint d'une pression sur l'épaule, et ses yeux leur enjoignirent de rester calmes. Ils sortirent les mains de leurs poches mais surveillèrent de près les hommes qui les poussaient sans ménagement dans la rue. Chez le grand chef, on demanda aux anciens de relater les incidents pour que la police puisse enregistrer leur déclaration.

Une fois de plus, Mama Kadie parla au nom du groupe.

— Nous sommes venus ici ce matin pour trouver l'oreille de notre chef, pas pour faire une déclaration à des hommes armés. Nous avons accompli notre mission, même si nous ne repartons pas le cœur satisfait. Nous n'avons rien à vous dire. Le grand chef a entendu notre récit. Si elle vous le rapporte, elle aura, pour une fois, accompli un de ses devoirs envers ses sujets.

— Mère, tu dois nous répéter ce que tu as dit, l'implora le chef de la police tout en essayant de lui prendre la main.

Mama Kadie le repoussa.

— Ne laisse pas ta langue m'appeler faussement mère. Te servirais-tu d'une arme pour forcer ta mère à te parler ? J'en ai terminé ici. Et je m'en vais.

Elle se leva du banc, suivie de ses compagnons.

— Tu ne peux pas partir sans répéter tes mensonges à la police ! lui cria le grand chef.

Un tel comportement n'était pas digne d'un personnage public.

— Parle-leur de l'eau que vous avez mélangée à de la rouille et des poissons que vous avez mutilés pour créer des histoires ! s'emporta-t-elle. Vous ne voyez pas que la mine crée des emplois ?

— Eh bien, la voici, votre déclaration. Accompagnée de l'interprétation de notre chef.

Mama Kadie soupira avant de poursuivre, interpellant leur représentante par son prénom :

— Hawa, cette terre est la tienne aussi, et je suis certaine que tu as conservé des fragments de la sagesse de nos ancêtres. Tes yeux m'apprennent que tu ne crois pas ce que tu dis. Nous voulons pour les nôtres un travail qui leur permettra d'améliorer leur quotidien et celui de leurs enfants. Nous sommes partisans du progrès... mais pas de celui qui détruit notre âme et nos traditions, qui nous tue littéralement alors que nous sommes encore en vie. Adieu maintenant.

Comme Mama Kadie tournait les talons pour s'éloigner, l'un des vigiles voulut l'arrêter. Il pointa sur elle son pistolet dans le but de l'intimider. A la surprise générale, un jeune policier, qui se trouvait juste à côté, le frappa à la tête et le fit tomber. Le policier fut rapidement maîtrisé, recevant plusieurs coups de crosse à la tempe. Sa tête ensanglantée atterrit dans la poussière, pourtant son visage exprimait encore la joie : il voyait les anciens s'éloigner. Les nuages étaient immobiles dans le ciel. Le vent n'avait rien à dire. Seuls les bruits de pas des visiteurs troublaient le silence. Ceux-ci quittèrent le village les yeux mouillés de larmes, surtout les plus âgés.

Si seulement c'était encore la guerre... Nous aurions pu rendre justice, car nous aurions, nous aussi, été armés. Ernest et Miller échangèrent un regard entendu, qui exprimait la langue muette de leurs pensées.

A Imperi, les villageois attendaient des nouvelles. Lorsque les anciens apparurent, ils ne dirent d'abord rien. Leurs expressions réduisirent la foule au silence, et tous comprirent que le vent du bonheur n'avait pas dansé pour eux aujourd'hui. Mama Kadie rentra chez elle, laissant le soin à Pa Moiwa et Pa Kainesi d'expliquer la situation. Ils résumèrent en quelques mots leur entrevue, la langue raidie par la tristesse et le désarroi. Le lendemain, tous les employés de la mine qui avaient enquêté sur la pollution de la rivière furent renvoyés sans explications ni indemnités. Ils rentrèrent chez eux pourvus seulement de l'odeur du dur labeur sur leurs corps. Il ne leur restait qu'à vendre leurs chaussures de chantier, leurs bleus de travail et leurs casques à d'autres ouvriers qui s'étaient fait voler leurs tenues.

Une semaine plus tard, bon nombre de ceux qui avaient été renvoyés furent jetés en prison. Ils s'étaient rendus, de nuit, sur le parking des engins de chantier. A l'aide de tuyaux en caoutchouc, ils avaient vidé les réservoirs et transvasé l'essence dans des bidons en plastique afin de la vendre et de pouvoir nourrir leurs familles.

Surpris par les vigiles, ils avaient été passés à tabac, puis traînés à l'arrière de camionnettes qui les avaient conduits au commissariat. La police n'avait fait aucun compte rendu, ne s'inquiétant pas de voir les hommes ensanglantés. Elle les avait enfermés quelques jours avant de les transférer dans une autre prison du pays, sans prévenir leurs familles.

Le Colonel n'avait pas été en mesure d'écouter le récit détaillé d'Ernest et de Miller, à leur retour, ce fameux jour : il avait trop de travail pour fournir leur clientèle en bois. A la fin de la semaine, après le dernier repas de la journée, il avait enfin été disponible.

— Racontez-moi votre visite au grand chef. Racontez-moi tout, même ce qui vous semble insignifiant, leur ordonna-t-il.

Les autres membres de leur petite communauté les laissèrent tous trois dans les bras de la nuit, et le Colonel écouta ses compagnons avec concentration, le corps droit et le visage sévère, ne laissant aucune émotion s'y peindre.

8

Le début de chaque soirée était désormais marqué par le retour de camions chargés de travailleurs. La plupart, pour ne pas dire tous, se rendaient directement au bar, où ils ne tardaient pas à être rejoints par les contremaîtres. Leurs conversations n'avaient ni queue ni tête – ils s'interrompaient mutuellement en hurlant, au beau milieu de leurs phrases – et le vacarme prenait le pas sur la sérénité du village.

A Imperi, les soirées commençaient autrefois par des poignées de main chaleureuses. On rendait visite à ses amis, les anciens racontaient des histoires jusqu'à une heure avancée de la nuit, ce qui purifiait le cœur et le préparait à la journée du lendemain. Il n'était plus possible, cependant, de goûter la douceur de ces moments-là. Celle-ci avait été aigrie par le comportement des ivrognes. Un peu comme si les travailleurs, de la région et d'ailleurs, se rendaient au bar pour guérir leurs tourments en passant leur colère sur les malheureux villageois. Au début de la soirée, ils s'installaient sur la terrasse du bar face à la route qui séparait les deux parties d'Imperi, l'ancienne et la nouvelle. A mesure que l'alcool se diluait dans leur sang et les amenait à se croire invincibles, ils laissaient se déchaîner leurs instincts les plus vils, apostrophant les femmes et les jeunes filles qui allaient acheter du pétrole pour les lampes, chercher de l'eau ou rendre un quelconque service à leurs familles.

— Femme, j'ai de l'argent, regarde, je te paierai pour passer la nuit avec moi, disait un homme du coin.

— Je suis mariée, et même si je ne l'étais pas, tu dépasses les bornes. Tu dois surveiller ton langage si tu veux séduire une femme, répondait la passante.

La réponse ne décourageait pas le malotru, d'autant que ses amis le poussaient au crime. Il avalait une gorgée de bière, s'essuyait la bouche avec la paume de la main et pourchassait la femme.

— Je paierai ton mari aussi pour qu'il me loue tes services cette nuit.

Il sortait d'autres billets de sa poche et les agitait à la vue de tous.

De tels comportements étaient fréquents, et plus les clients du bar étaient ivres, plus ils s'aventuraient dans la rue et touchaient les femmes d'une façon qui nécessitait d'y avoir, d'abord, été invité. Les hommes se montraient si entreprenants qu'ils allaient jusqu'à tirer sur les vêtements de ces femmes. La première fois qu'un incident de ce genre se produisit, la victime courut chez elle et ramena son mari, ses frères et ses oncles. Ils s'en prirent à l'individu qui s'était mal conduit. Ses amis saouls volèrent à son secours et l'énorme bagarre qui s'ensuivit se conclut par plusieurs blessés. Il n'y avait pas de précédent, et la police n'arrêta personne. Les agressions se multiplièrent cependant, et les rixes devinrent de plus en plus violentes, faisant des victimes parmi les témoins lorsque les bouteilles volaient. La police prit alors l'habitude de débarquer. Elle n'arrêtait que les gens du coin, et plus particulièrement ceux qui n'étaient pas salariés de la mine. Les véritables coupables étaient tout simplement renvoyés chez eux après s'être entendu rappeler qu'ils avaient du travail le lendemain.

Sila et ses enfants se retrouvèrent, par hasard, à proximité d'une de ces échauffourées. Un étranger lança dans leur direction une bouteille qu'il avait cassée contre une table. Un tesson atteignit Maada et lui entailla le front.

Sila se précipita sur l'homme et lui donna un coup de tête si puissant que celui-ci perdit connaissance. On entendit alors la voiture de police arriver de loin. Quelqu'un avait dû les prévenir avec un talkie-walkie ou un portable.

Ernest, qui était dans les parages, s'approcha de Sila.

— Emmène tes enfants chez toi pour ne pas être jeté en prison.

Sila hésita, se demandant peut-être s'il pouvait faire confiance au garçon qui les avait amputés. Il décida pourtant de suivre son conseil : la blessure de son fils réclamait des soins. Sila entraîna ses enfants tout en jetant des coups d'œil par-dessus son épaule. Il aurait voulu voir ce qu'allait faire Ernest ; il le perdit dans la foule.

Le jeune homme ramassa plusieurs grosses pierres et se posta au milieu de la route. Il s'accroupit ; ainsi, les phares de la voiture qui approchait n'éclaireraient pas son visage. Quand celle-ci apparut, il la visa avec une précision telle qu'il réussit à faire éclater le pare-brise et les rétroviseurs. Il disparut alors dans le noir. La police le prit en chasse, oubliant l'étranger qui était revenu à lui mais saignait du nez. Ernest ne put être attrapé. Et personne ne révéla son identité. Quant au blessé, humilié d'avoir été assommé par un homme qui n'avait qu'un bras, il refusa de parler à la police.

Sila apprit ce qu'Ernest avait fait. Il voulait le remercier. Il avait besoin de temps, cependant, pour être capable de lui serrer la main.

Après des mois de bagarres au bar, désespérées de ne pas savoir où leurs maris et pères étaient emprisonnés, privées de tous moyens, les femmes acceptèrent de vendre leur corps contre de l'argent. D'abord aux étrangers, puis à n'importe qui. Bien vite, de jeunes femmes débarquèrent d'autres coins du pays pour les imiter. La prostitution devint une activité florissante à Imperi. Impuissants, les anciens décidèrent de détourner le regard.

Un week-end, deux étrangers et deux hommes de la région emmenèrent de force une jeune femme qui revenait de la rivière chargée d'un seau d'eau. Roulant au pas, ils lui proposèrent de la conduire au village. Comme elle refusait, ils s'emparèrent d'elle, la jetèrent à l'arrière et la ramenèrent à leurs quartiers. Elle s'appelait Yinka. Elle n'était pas originaire d'Imperi mais aurait pu être la fille de n'importe qui. Le lendemain matin, elle fut retrouvée sur le bord de la route, près du bar, le pelvis brisé. Incapable de tenir debout, elle avait rampé vers sa maison sans réussir à l'atteindre. Des femmes accoururent aussitôt avec des vêtements pour recouvrir son corps nu et ensanglanté. Elles la transportèrent chez elle et s'occupèrent d'elle. Yinka n'avait plus aucune envie d'appartenir à ce monde, pourtant. Personne ne savait d'où elle venait et son corps ne fut pas réclamé. Elle fut enterrée et pleurée. Elle avait eu un père et une mère. Et n'importe quelle autre femme ou jeune fille du village aurait pu connaître le même sort qu'elle. La police resta les bras croisés, même lorsque des villageois se rendirent au commissariat pour dénoncer les quatre coupables.

— Nous connaissons leur identité et vous ne faites rien ! Autant les encourager à recommencer ! s'emporta un voisin de Yinka, qui se trouvait parmi ceux réclamant une enquête.

La police lança une bombe lacrymogène dans la foule.

Ce village, où il y avait encore peu, même après la guerre, les parents laissaient leurs filles jouer au clair de lune avec d'autres enfants, où, même si la situation était loin d'approcher de la perfection, un père et une mère n'avaient pas l'impression de plonger leurs pieds dans un chaudron d'huile bouillante chaque fois que leur fille quittait la maison pour aller puiser de l'eau, ce village... Qu'était-il devenu à présent ? Et qu'adviendrait-il de ses habitants ?

Bientôt, il y eut des viols que tout le monde tut, non seulement parce que les femmes avaient honte, mais aussi parce que leurs familles se sentaient impuissantes. Il ne leur restait que la dignité du silence. Il arrivait que le ventre d'une jeune fille, en s'arrondissant, désigne ce mensonge à tous, et que l'enfant qu'elle mettait au monde ait la couleur et les traits d'un des employés de la mine, blanc ou noir. On ne parlait pas de ces naissances. Et ces enfants venaient grossir les rangs de la population oubliée d'Imperi.

Le vent apportait encore quelques éclats de rire. La vie continuait malgré tout.

Un soir, une explosion retentissante stoppa net toutes les conversations, même au bar. On se pressa dehors, on chercha de la fumée, cependant il n'y avait rien et chacun reprit ses activités. Le lendemain matin, le site minier et les quartiers d'habitation étaient privés d'eau. Il fallut une semaine pour identifier le problème. Quelqu'un avait dynamité la conduite principale, à l'endroit où elle traversait des fourrés dans les hauteurs. La compagnie la répara, cependant l'eau qui sortait des robinets et des pommes de douche contenait de l'essence et de la rouille. Deux semaines durant, le problème persista, avant de disparaître.

La raison en était simple : le Colonel et Miller étaient arrivés au bout du pétrole qu'ils avaient siphonné des engins de l'entreprise et s'étaient lassés d'aller puiser de l'eau contaminée, la nuit, dans les réservoirs artificiels. Pendant quinze jours, ils les avaient introduits dans la canalisation par un trou percé par leurs soins. Miller riait de ce bon tour ; le Colonel ne trahissait pas la moindre émotion.

Le Colonel ne montrait jamais ce qu'il ressentait. A une exception près. Un soir, Salimatu rentra à la maison le visage tuméfié. Sa robe était en lambeaux, elle était presque nue. Le Colonel la força à lui révéler l'identité de ses agresseurs. Elle céda. Pour la première fois, le jeune homme eut les larmes aux yeux. Son corps entier frémissait de rage. Il fit bouillir de l'eau et s'occupa de Salimatu. Puis, pendant qu'elle se reposait, il glissa sa baïonnette dans sa poche et sortit. Sur le chemin du bar, il s'arrêta pour acheter un petit pot de peinture rouge.

Avant d'aller mettre son projet à exécution, il passa chez Bockarie et lui confia toutes ses économies. C'était pour les autres, expliqua-t-il. Leurs frais de scolarité pour l'année à venir. Il demanda ensuite à Bockarie de lui vendre une boîte d'allumettes.

— Tout va bien ? s'inquiéta ce dernier, percevant la colère du jeune homme.

— Bien sûr. La guerre m'a appris quelque chose, tu sais, dit le Colonel en s'écartant de la lumière de la lampe pour se réfugier dans l'obscurité. Si on veut être vraiment libre, il faut mettre hors d'état de nuire ceux qui vous rabaissent. Sinon, on finit par croire qu'on ne vaut rien.

Il disparut si vite que Bockarie ne put trouver les mots pour lui répondre.

Arrivé près du bar, le Colonel scruta les environs. Il vit les quatre hommes, les deux étrangers et les deux habitants de la région, ceux-là mêmes qui avaient agressé Yinka, Salimatu et sans doute bien d'autres. Il s'accroupit près de leurs voitures et, à l'aide d'un vieux chiffon imbibé de peinture, il écrivit VIOLEUR en lettres capitales sur la carosserie. Pendant ce temps-là, les hommes continuaient à boire, rire et harceler les femmes qui passaient devant eux. Il attendit dans le noir, à l'endroit où, il le savait, ils finiraient par se rendre lorsque leurs corps ne pourraient plus retenir une seule goutte supplémentaire de bière.

Comme prévu, l'un des étrangers vint uriner. Le Colonel lui asséna plusieurs coups à la tempe. Quand l'homme eut perdu connaissance, il le traîna à l'arrière de l'établissement, le déshabilla et noua une corde autour de son pénis, dont il fixa l'autre extrémité à la branche d'un manguier. Il déchira la chemise et le pantalon afin de s'en servir pour lier les mains et les jambes de son prisonnier, et pour le bâillonner. Ce dernier revint à lui, mais il était trop tard. Chaque fois qu'il bougeait, la corde tirait sur son sexe. Ses yeux s'embuèrent de larmes. Sa voix ne pouvait aller nulle part.

Le Colonel infligea un traitement identique aux deux autres, les attachant au même arbre. Le dernier du groupe, un homme de la région, s'attarda plus longtemps que prévu à l'intérieur. A force de le voir évoluer dans le bar éclairé de mille feux, le Colonel finit par laisser la colère le submerger. Il devait en terminer avant que quelqu'un ne découvre ses trois prisonniers. Il sortit donc la baïonnette de sa poche, la cacha derrière son dos, bien serrée dans son poing, puis il quitta le couvert de la nuit et entra s'asseoir à côté du type.

— Aurais-tu croisé une belle jeune femme aujourd'hui ? Elle a des marques tribales, ici et ici, précisa-t-il en se touchant les joues pour montrer où se trouvaient ces signes distinctifs.

— Qu'est-ce que ça pourrait bien te faire si c'était vrai ? Je croise des filles et des femmes en permanence. Tu es de la police, mon petit ?

Il se leva de sa chaise pour se dresser au-dessus du Colonel.

— C'est ma sœur, et je suis bien plus fort qu'un policier.

Il pressa la baïonnette contre le flanc du type ; il ne voulait pas le blesser, juste lui faire savoir qu'il en avait le pouvoir. Il lui demanda de l'accompagner dehors. L'homme faillit refuser, changea d'avis lorsqu'il sentit la lame prête à entamer sa chair.

Il connut le même sort que les autres. Le Colonel avait un paquet de sucre qu'il répandit sur eux. Enfin il leur déroba leurs clés et les abandonna là.

S'ils ne comprirent pas immédiatement pourquoi le Colonel avait agi ainsi, ils ne tardèrent pas à le découvrir. Des fourmis tueuses arrivèrent et les mordirent partout, si bien que leurs corps furent rapidement rouges, gonflés et engourdis. Pendant ce temps-là, se servant des clés, sur lesquelles étaient inscrits le nom des baraquements où ils vivaient et le numéro de leurs chambres, le Colonel s'introduisit dans leurs quartiers pour y mettre le feu, détruisant tout ce qui s'y trouvait.

Les hommes ne furent délivrés qu'au matin. Les gens se massèrent autour d'eux jusqu'à l'arrivée des policiers, accompagnés de miliciens et d'une ambulance. La dernière victime décrivit leur agresseur et les villageois furent contraints de donner le nom du Colonel. Mais qui était-il ? Peu savaient son véritable nom et il demeurait introuvable. Quant à ceux qui connaissaient son identité, ils ne desserrèrent pas les dents. Seul Miller était au courant de l'endroit où son compagnon se terrait et il ne le révéla évidemment à personne.

Les viols cessèrent et les hommes restèrent moins tard au bar, le soir. Ils prirent aussi l'habitude de regarder autour d'eux avant de dire des horreurs aux femmes et aux filles qui passaient dans la rue.

9

La fin de l'année approchait et tous les enseignants étaient au désespoir. Ils n'avaient pas perçu leur salaire « trimestriel », sur lequel ils avaient l'habitude de bâtir leur quotidien. Il y avait près de six mois qu'ils n'avaient rien touché et les vacances de Noël arrivaient – évidemment, ils ne pourraient rien gagner pendant cette période. Ils étaient envahis par la panique. Jusque-là, ils avaient réussi, par miracle, à tenir sur leurs maigres revenus, or de tels prodiges perdaient de leur efficacité dès qu'on les mettait à trop rude épreuve. Alors que les nerfs des professeurs qui avaient vanté l'importance de l'éducation auprès de leurs élèves étaient éprouvés par ces circonstances difficiles, la compagnie minière recrutait des employés de bureau, des opérateurs de machinerie lourde, des mécaniciens et des vigiles.

Les enseignants décidèrent d'organiser une réunion avec M. Fofanah, qui souffrait aussi de cette suspension des salaires. Il ne pouvait pas toujours acheter de l'essence pour sa moto, et certains jours il arrivait en poussant le lourd engin dans la cour de l'établissement, dégoulinant de sueur dans son costume. Parfois, les élèves lui donnaient un coup de main, poussant le véhicule sur lequel il restait juché. Les garçons trouvaient ça amusant, et ils étaient si nombreux que ça ne les épuisait pas. Et puis, le proviseur leur donnait, s'il était bien luné, une poignée de leones pour le déjeuner. Il disait, en manière de plaisanterie, que les garçons étaient son « moteur hybride ».

La conclusion de la réunion fut précipitée et les enseignants perdirent en un instant le peu de moral qu'il leur restait encore. Le proviseur ignorait quand les prochains salaires seraient versés. Il tenta de convaincre les professeurs de ne pas abandonner leurs postes, « qui ne se résument pas à un simple travail rémunéré ». Son plaidoyer, bien que sincère, tomba dans des oreilles dorénavant contrôlées par le désespoir et incapables de retenir autre chose que les aspects négatifs. Tous nourrissaient des soupçons à l'encontre de M. Fofanah, surtout que dans l'établissement secondaire du district voisin les professeurs avaient été payés avant les vacances. De surcroît, il était en train de terminer les travaux de construction d'une maison en dur de quatre pièces, qui suscitait l'envie de tous les villageois.

Pour la première fois, Bockarie envisagea sérieusement de travailler à la mine. Il ne voyait pas d'autre moyen de subvenir aux besoins de sa famille. Lorsqu'il annonça à Benjamin son intention, ce dernier l'informa qu'il avait déjà décroché un entretien et espérait être embauché rapidement. Il parla aussi à son ami du projet qu'il rêvait de mener à bien avant de quitter le lycée.

— Je vais voler le livre de comptes du proviseur et l'utiliser contre lui, je veux le forcer à faire quelque chose pour l'établissement.

Contrairement à son habitude, Benjamin n'était pas d'humeur à plaisanter. Il était même très sérieux.

— Comment penses-tu procéder ? Je peux t'aider ?

Dès qu'il eut prononcé ces mots, Bockarie fut saisi d'un doute. Avait-il eu raison de proposer ses services ? Cette idée le tracassait. Pourtant, le projet de Benjamin était loin d'être absurde. Et Bockarie en retirerait peut-être même des bénéfices personnels. Il pourrait par exemple exiger que les salaires qu'il n'avait jamais touchés servent à payer les frais de scolarité de ses enfants. Il ne partagea pas ces réflexions avec son ami, cependant.

— Justement, oui, j'aurais bien besoin d'un coup de main... Tu pourrais faire le guet et créer une diversion si besoin. Je te solliciterai aussi pour la suite du plan. J'ai étudié les moindres faits et gestes de Fofanah, je sais exactement quand frapper. C'est-à-dire demain à l'heure du déjeuner.

Benjamin changea brusquement de sujet :

— Attends-moi à la fin des cours, tout à l'heure. On passera à la mine, où tu pourras retirer un dossier de candidature.

Son sourire forcé disparut rapidement, comme si son visage se révoltait contre ce manque de sincérité.

À l'issue de la journée, Bockarie dit à Manawah et Miata de rentrer sans lui, il les rejoindrait plus tard. Pendant qu'il attendait Benjamin, le proviseur passa sur sa moto, poussée par deux élèves. Il agita le bras en direction de Bockarie. Son large sourire le trahissait : la situation le réjouissait. Les garçons imitaient à tour de rôle le bruit du moteur et le plus grand des deux klaxonna lorsque M. Fofanah salua Bockarie. Celui-ci répondit, admiratif de la capacité des jeunes gens à trouver du plaisir dans une activité aussi laborieuse et ridicule.

Pourquoi vient-il avec sa moto au lycée s'il n'a pas d'essence ? se demanda-t-il, et pas pour la première fois.

— Désolé, mon ami, je devais récupérer ça.

La voix de Benjamin atteignit les oreilles de Bockarie, alors qu'il était encore à quelques mètres. Il approchait à grandes enjambées, deux livres de comptes sous le bras. Bockarie jeta des coups d'œil nerveux alentour.

— Détends-toi, ils sont vierges, s'esclaffa Benjamin.

Il expliqua qu'il les avait dérobés, l'un après l'autre, dans la réserve, quelques semaines plus tôt. Il ajouta qu'il avait l'intention, le lendemain, d'échanger l'un d'eux contre celui de Fofanah. Ainsi ce dernier ne remarquerait-il rien puisque son sac pèserait le même poids. Puis, avec l'aide de Bockarie, Benjamin passerait la nuit à recopier dans le second registre vierge les données qu'il aurait dérobées. Enfin, le surlendemain, il remettrait à sa place l'original accompagné d'un message : « Nous avons fait une copie, et voici ce que nous exigeons ! »

— Alors j'ai repensé le plan : j'aurai besoin de toi demain, en fin de journée, pour dérober le livre de comptes. Comme ça, le proviseur ne se rendra compte de rien. Nous le remettrons à sa place le lendemain matin pendant qu'il prendra la parole lors du rassemblement.

Benjamin était très fier de son organisation.

— Et s'il remarquait que le registre a disparu avant de rentrer chez lui ?

— Il ne pourrait rien faire ! Et je trouverais un autre moyen de lui faire part de nos exigences. Je m'arrangerai pour qu'il sache qu'elles viennent de moi si je décroche le poste à la mine.

Ils atteignaient justement les bureaux de la compagnie, et allèrent trouver un employé de leur connaissance, Ojuku.

— Voici les professeurs, les hommes de savoir ! Qu'est-ce qui vous amène jusqu'à mon humble personne ? leur demanda-t-il, bien qu'il se doutât de la raison de leur présence.

Ils se serrèrent la main.

— Mon cher Ojuku, nous sommes ici pour récupérer un dossier de candidature, répondit Bockarie.

— Exactement ! ajouta Benjamin. Et nous savons que tu en as la charge !

Il serra de nouveau la main à Ojuku.

— Il n'y en a plus pour le moment, décréta ce dernier avec un petit rire sec suggérant que l'amitié qu'il avait pu y avoir entre eux n'existait plus dorénavant.

Benjamin ne se démonta pas et pointa l'index en direction d'une étagère.

— Les dossiers sont juste là, on peut les voir.

— Il s'agit de simples papiers. Ce ne sont des dossiers de candidature que si je le décide. Pour l'heure, vous ne voyez que des feuilles de papier quelconques !

Ojuku, qui jouait avec la matraque à sa ceinture, ouvrit la grille pour un de ses collègues en bleu de travail.

— Alors donne-nous une de ces feuilles de papier, répliqua Bockarie.

— Elles sont sous ma surveillance et appartiennent à la compagnie. Elles ne sont pas gratuites.

Ojuku referma la grille et s'adressa aux enseignants à travers elle :

— Ces feuilles ne dureront pas longtemps, je peux vous le garantir. Pour une étrange raison, les gens les adorent. Ils me glissent des billets qui me permettent de me rendre compte qu'elles ne sont pas si quelconques.

— Tu sais pertinemment que les dossiers de candidature sont gratuits ! Pourquoi mets-tu des bâtons dans les roues des tiens ?

Bockarie avait légèrement haussé le ton.

— C'est moi qui décide de ce qui est gratuit ici. Tu n'as pas compris que je commandais ?

S'avisant qu'il ne servait à rien d'insister, même s'il était dans son bon droit, Bockarie remit de l'argent à Ojuku et lui arracha le formulaire des mains.

— Vous aviez raison, mes frères ! Ce sont bien des dossiers de candidature ! J'étais aveugle et j'ai retrouvé la vue ! Mmm, ce parfum...

Il huma les billets et éclata de rire. Il rappela à Bockarie qu'ils se reverraient quand celui-ci rapporterait son dossier complété. Il frotta son pouce contre son index pour le mettre en garde : si Bockarie ne surveillait pas son attitude, il devrait sortir d'autres billets au moment de déposer sa candidature.

Ce soir-là, avant la tombée de la nuit, Bockarie fit les cent pas sur la galerie, un stylo dans une main, le document dans l'autre. Il avait demandé à Kula son avis sur la question.

« Si tu penses que ça nous aidera, tu dois tenter ta chance. Tu pourras toujours démissionner le jour où tu auras le cœur trop brisé. »

Bockarie avait eu la confirmation que son épouse resterait toujours à ses côtés quoi qu'il advienne, pourtant il continuait à douter. S'il voulait être réaliste, il n'avait pas vraiment le choix. Il consulta son père, Pa Kainesi, qui demeura muet un moment, peut-être parce qu'il avait enfoui sa voix en lui depuis longtemps. Après un long soupir, qui tourmenta davantage Bockarie que son silence assourdissant, il prit la parole :

— Oui et Non se valent de nos jours sur notre terre. Bonne chance, mon fils.

Il se mura à nouveau dans le silence et ne tarda pas à partir rejoindre ses amis. Ils s'asseyaient ensemble pour observer les allées et venues des villageois. Bockarie ne comprenait pas ce que son père avait voulu dire. Il prit la décision de remplir le dossier juste avant que la nuit n'étreigne entièrement le ciel bleu.

Ce sera temporaire et je n'obtiendrai peut-être même pas le poste, se rassura-t-il tandis qu'il écrivait son nom d'une main tremblante. Il s'acquitta de la tâche avec application, soupesant chaque mot avant de le coucher sur le papier. Il n'avait qu'un seul exemplaire et il savait qu'à la moindre erreur il devrait donner à Ojuku plus d'argent – or Bockarie en avait à peine assez pour convaincre celui-ci d'accepter le dossier complété et de le glisser dans la boîte prévue à cet effet. Il n'avait pas les moyens de se tromper.

Ce soir-là, comme si souvent, la police et des vigiles armés descendirent au village. Ils étaient à la recherche du Colonel. Ils interrogèrent même Salimatu, mais ne lui posèrent pas la moindre question sur son agression. Miller et Ernest se chargeaient de vendre du bois en l'absence de leur ami. Et Kula préparait leurs repas – le Colonel avait conclu un arrangement avec elle avant de disparaître. Elle veillait sur Salimatu avec l'aide de Mama Kadie, Miata et surtout Mahawa, qui s'était liée d'amitié avec la jeune fille. Inséparables, elles riaient beaucoup. Tornya passait si fréquemment des bras de l'une à l'autre que l'on avait parfois du mal à distinguer la véritable mère de l'enfant.

Pendant toute une semaine Bockarie et Benjamin essayèrent, sans succès, de dérober le livre de comptes. Et chaque jour, après un autre échec, ils montaient à la mine voir si la liste des nouvelles recrues était publiée.

C'était un mercredi, et ils allaient vérifier le tableau d'affichage une fois de plus, sans une once d'espoir. Ce détour était devenu une habitude, une manière de repousser le retour à la maison, de se donner la sensation que quelque chose, n'importe quoi, pouvait arriver. Les deux amis engagèrent la conversation sur les conséquences qu'aurait pour eux une embauche dans cette compagnie. Ils évoquèrent le contrecoup pour les élèves, qui risquaient de ne pas avoir cours tant que Fofanah n'aurait pas trouvé de remplaçants. Ils savaient pertinemment que personne n'était à la recherche d'un poste d'enseignant non rémunéré et que le proviseur réussirait sans doute à convaincre l'un de leurs collègues d'assumer cette charge supplémentaire de travail. Les implications de leurs décisions les inquiétaient. Leur tristesse ne fit que croître lorsqu'ils songèrent à leurs élèves les plus brillants, et à la soif d'apprendre de la plupart, en dépit de conditions plus que difficiles.

Bockarie pensait tout particulièrement à un garçon et une fille qui accomplissaient chaque jour près de treize kilomètres pour venir et décrochaient les meilleurs résultats dans toutes les matières. Ils lui avaient expliqué qu'ils se relayaient pour lire leurs notes à voix haute pendant le trajet. C'était leur seul moyen d'étudier tranquillement. Quand ils arrivaient chez eux, ils étaient trop exténués pour travailler longtemps. Ce garçon et cette fille avaient aussi convaincu les professeurs de leur faire cours le week-end, alors qu'ils auraient dû se reposer de ces longues marches.

— Je crois qu'on devrait continuer à enseigner même lorsqu'on ne sera plus profs, déclara Bockarie.

— Je partage ton avis. Fera-t-on payer nos leçons ou pas ?

— On n'a pas le choix... Tu connais les gens du village, ils n'attribuent aucune valeur à ce qui est gratuit. Et certains élèves en profiteraient pour relâcher leurs efforts.

La réponse de Bockarie leur ôta, à tous deux, une partie de la culpabilité suscitée par la perspective de leur démission.

— Regarde ! s'écria Benjamin en pointant un doigt devant lui. Je ne m'attendais pas à ce que ça arrive aujourd'hui.

Ils pressèrent aussitôt le pas, courant presque. Une foule d'hommes et de jeunes gens – des garçons encore, sur les visages desquels le désespoir chassait la jeunesse – était agglutinée autour du tableau d'affichage vide. Il y avait plus de cinquante hommes et vingt garçons, pour l'essentiel des nouveaux venus dans la région.

Dès qu'ils approchèrent, Bockarie et Benjamin purent distinguer les paroles échangées tout bas, avec anxiété : ils se souhaitaient bonne chance. Ojuku, avaient-ils appris, produirait bientôt la liste de ceux bénis des dieux. Ou maudits.

Le temps d'être fixés, ils préféraient voir dans ces recrutements une bénédiction. L'attente fut brève, pourtant elle leur parut interminable. Ojuku jouait avec les émotions de l'assemblée pour démontrer le petit pouvoir qu'il avait sur elle. Il se tenait derrière la clôture et faisait semblant d'être au téléphone tout en parcourant la liste des noms et en redressant la tête pour scruter les visages des candidats. Quand il eut fini de se moquer d'eux – craignant que ses patrons ne surprennent son petit numéro –, il franchit enfin la grille.

Tous se pressèrent autour de lui, le poussant de tout leur poids vers le tableau, où il afficha la liste de vingt noms. La foule ne fit alors plus aucun cas de lui et de son petit pouvoir. Elle faillit le piétiner pour aller prendre connaissance des résultats.

Benjamin et Bockarie demeuraient en retrait, scrutant les réactions et, déjà, des hommes et des garçons qui s'étaient jetés sur la liste avec enthousiasme se dispersaient. La déception se lisait dans la moindre parcelle de leurs corps. On la voyait à leurs bras, plaqués avec raideur le long du buste et résistant à leur balancement naturel. On l'entendait au martèlement des pieds qui s'enfonçaient plus profondément dans la terre poussiéreuse, comme pour enterrer les corps qu'ils supportaient. Après le départ de ces pauvres malheureux (qui retrouveraient l'énergie, Dieu savait où, de postuler à nouveau), quelques visages radieux se félicitèrent mutuellement. Les hommes nouaient des amitiés instantanées, surtout quand ils étaient embauchés à des postes similaires.

Benjamin s'approcha du tableau le premier. Il se retourna vers Bockarie et le souleva en l'air avant de le déposer devant la liste. Leurs deux candidatures avaient été retenues. Ils avaient désormais un travail rémunéré. Benjamin serait opérateur de machinerie lourde et mécanicien ; Bockarie, employé de bureau et technicien de laboratoire.

— As-tu la moindre idée de ce que signifient ces intitulés de poste ? Qu'attendent-ils de nous ? s'enquit Benjamin.

— Je suis aussi perdu que toi… mais on a été pris !

Le reste du trajet jusqu'au village leur parut moins pénible que de coutume. Ils commenceraient à travailler rapidement, même s'ils n'étaient pas attendus le même jour – Benjamin débuterait d'abord. Leurs lettres de démission devaient donc être prêtes pour la fin de la semaine. Et il leur fallait encore subtiliser le registre dans le bureau du proviseur.

— Il est impératif qu'on le récupère demain si on veut avoir le temps de recopier son contenu avant de lui remettre notre démission vendredi, souligna Benjamin.

— Je suis d'accord. On pourra rapporter le livre ce jour-là.

Contrairement à son habitude, Bockarie avait répondu du tac au tac. Surpris, Benjamin redressa la tête et croisa son regard. Ils se séparèrent sur une nouvelle poignée de main et rejoignirent leurs chez-eux d'une humeur que bien des hommes au village leur enviaient. Les deux familles se réuniraient dans la maison de Bockarie, ce soir-là, pour faire la fête.

— Toi, tu as une bonne nouvelle à m'annoncer ! Je le devine à ton beau visage lumineux, affirma Kula dès qu'elle posa les yeux sur son mari.

Elle le prit dans ses bras et se pressa tout contre lui.

— Les enfants nous regardent, la mit-il en garde alors qu'il l'embrassait.

Bockarie demanda à sa femme de préparer un ragoût de poulet et du riz en quantité afin de célébrer son nouvel emploi. Il envoya son fils aîné, Manawah, acheter des sodas pour tout le monde et des piles afin de faire marcher la radiocassette. Pa Kainesi considérait son fils avec inquiétude. Et pourtant, même lui ne put résister à la joie ambiante lorsque Manawah rapporta les piles et que Bockarie passa un des musiciens préférés de son père. Salia Koroma s'accompagnait à l'accordéon et ses chansons, qui s'apparentaient à des paraboles, évoquaient les anciennes coutumes. Pa Kainesi se leva pour chanter et danser. Il chargea sa petite-fille Miata d'aller convier Pa Moiwa et Mama Kadie aux réjouissances. S'ils arrivèrent en traînant les pieds, ils ne tardèrent pas à s'animer au souvenir de leur jeunesse, ravivée par ces airs.

Benjamin, Fatu et leurs enfants, Bundu et Rugiatu, les rejoignirent. Fatu avait préparé de la nourriture qu'elle apportait dans un panier. Elle le confia à Kula, qui l'attira à part pour s'entretenir avec elle. Tout en gloussant, elles servirent ce qu'elles avaient concocté. A la fin du repas, la musique reprit, et leur petite fête se prolongea pendant des heures.

Mama Kadie réunit les enfants.

— Un homme se trouve devant une rivière avec une chèvre, des feuilles de manioc et un lion. Il doit traverser et ne peut prendre que l'un des trois à la fois. Le lion dévorerait la chèvre s'il restait seul avec elle, et la chèvre dévorerait les feuilles de manioc. Comment pourra-t-il la franchir sans rien perdre en route ?

De telles énigmes furent échangées une bonne partie de la nuit. A un moment de la soirée, Thomas et Oumu vinrent encadrer leur père tout en se délectant du Fanta glacé qu'ils partageaient. Ils prenaient une gorgée à tour de rôle et ce petit rituel les mettait en joie.

— Père.

Thomas attira soudain l'attention de Bockarie... et de tout le monde.

— Tous les quatre...

Le petit garçon désigna sa sœur Oumu et les enfants de Benjamin, avant de continuer :

— On veut qu'oncle Benjamin et toi vous ayez un nouveau travail tous les jours. On adore les fêtes, et surtout le Fanta !

Les autres enfants l'applaudirent, puis acclamèrent leurs parents, leurs frères et sœurs, leurs amis... Et la nuit poursuivit son chemin jusqu'à l'aube, ainsi qu'il doit être.

Au lycée, le lendemain, Benjamin alla trouver M. Fofanah. Il frappa à la porte entrouverte et ce dernier bondit aussitôt de son fauteuil, se précipitant à sa rencontre.

— Comment puis-je t'aider ? s'enquit-il avec irritation.

— Pourrais-je imprimer quelques prospectus pour nos cours du soir, en fin de journée ? demanda Benjamin depuis le seuil.

Le proviseur ne l'invita pas à entrer.

— Pourquoi en fin de journée ? s'étonna-t-il tout en se tamponnant le front avec son mouchoir.

— C'est le seul moment de liberté dont je dispose, je n'ai pas envie de prendre sur mes heures de cours. Vous préféreriez que je le fasse ?

Benjamin accompagna sa question d'un regard appuyé qui réduisit, quelques instants, son interlocteur au silence.

— Bien sûr que tu ne dois pas prendre sur tes heures d'enseignement. Et je me suis engagé à vous aider, ton ami et toi. Il est plaisant, lui, discret. Toi, tu as tout d'un rebelle.

Le proviseur toisa Benjamin avec sévérité sans réussir cependant à l'intimider.

— Je ne suis pas venu ici pour entendre des insultes, mais si tel est votre désir, je serai ravi d'en échanger autant que vous le souhaitez, monsieur.

— Tu n'aimes pas avoir un chef au-dessus de ta tête, hein ? Ça suffit maintenant, ce bavardage inutile a assez duré. Repasse quand tu seras prêt. Je serai là.

Après un instant, il ajouta :

— Il ne reste presque plus de pétrole dans le générateur, il ne nous donnera pas plus de cinq minutes d'électricité. Il faut le finir de toute façon. Et je suis prêt à tout pour aider mes élèves et mes enseignants si dévoués !

Benjamin hocha la tête, un sourire narquois aux lèvres. M. Fofanah resta sur le pas de la porte pour le regarder s'éloigner de sa démarche preste et confiante.

Plus tard, pendant que Benjamin se servait de l'imprimante – elle fonctionna trois minutes avant que le générateur ne se mette à hoqueter –, Bockarie passa et demanda à s'entretenir, en privé, avec le proviseur. Celui-ci le suivit dans le couloir, non sans avoir exprimé, d'un regard, à Benjamin combien il l'appréciait peu.

Benjamin l'ignora et, dès que M. Fofanah eut le dos tourné, s'accroupit à nouveau devant l'imprimante pour récupérer les feuilles à la sortie. Il les déposa sur le dessus de son sac ouvert, dissimulant ainsi le livre de comptes.

— De quelle affaire privée souhaites-tu donc me parler ? s'enquit le proviseur en jetant un coup d'œil vers son bureau et Benjamin.

— J'adore enseigner, monsieur, mais j'éprouve certaines difficultés à m'en acquitter avec le même enthousiasme qu'autrefois.

Bockarie avait réussi à capter l'attention de son interlocuteur. Il s'apprêtait à poursuivre lorsque le générateur émit un bruit étrange et que tout s'éteignit.

— Nous discuterons une autre fois, lui dit M. Fofanah, qui se dirigeait déjà vers son bureau sous le prétexte de s'assurer que Benjamin avait imprimé suffisamment de prospectus.

En réalité, il n'avait aucune envie d'avoir cette conversation avec Bockarie. Il étudia Benjamin avec méfiance, lequel lui montra son sac grand ouvert, d'où dépassaient les feuilles.

— Vous devriez en avoir pour quelque temps, remarqua le proviseur avec un sourire crispé avant de récupérer son propre sac.

Une fois dehors, il serra la main à Bockarie et à Benjamin puis s'éloigna en poussant sa moto. Arrivé au sommet de la pente, il grimpa dessus pour la descente. Les deux amis rentrèrent chez eux en silence. Benjamin ne demanda pas à Bockarie ce qu'il avait dit à Fofanah, et Bockarie ne chercha pas à savoir si Benjamin avait bien récupéré le livre de comptes.

Ils veillèrent presque jusqu'au petit matin. Chacun avait réuni toutes les lampes à pétrole et les lampes torches que comptait sa maison. A tour de rôle, ils s'occupèrent de l'éclairage pendant que l'autre recopiait, à la virgule près, le contenu du registre.

Ils rédigèrent ensuite des lettres de démission succinctes, qui se concluaient toutes deux par la même promesse : ils prenaient l'engagement de « continuer à contribuer au développement de leurs élèves par l'intermédiaire de leurs cours du soir ». Ils préparèrent ensuite leur message à l'intention de M. Fofanah, lui garantissant que ses comptes resteraient secrets tant qu'il s'engageait à... à... à quoi, exactement ?

— Il faut que nous puissions vérifier qu'il répondra bien à nos demandes, observa Bockarie.

— Je veux m'assurer que le lycée restera ouvert quoi qu'il advienne et que tous les élèves, surtout ceux qui sont brillants et n'ont pas de quoi régler les frais de scolarité, bénéficieront en partie de l'argent qu'il détourne, répondit Benjamin dans un bâillement.

Bockarie ajouta du petit bois aux braises rougeoyantes dans l'âtre, afin de raviver le feu et de faire bouillir de l'eau pour un thé. Alors qu'il tournait le dos à Benjamin, il dit :

— Je crois qu'on se doit d'être précis. Il gardera l'établissement ouvert sans qu'on ait à lui forcer la main. En ce qui concerne les élèves, on devrait lui donner les noms de ceux qu'on veut qu'il soutienne. Et il faut que leur nombre soit raisonnable.

— J'espère que tu n'as pas de peine pour ce type. Si j'avais des enfants scolarisés là-bas, je les inclurais dans mes requêtes. Et je ne comprends d'ailleurs pas très bien pourquoi tu n'as pas encore mis ce sujet sur le tapis.

Le commentaire de Benjamin, s'il surprit Bockarie, le libéra de ses craintes : il avait peur de passer pour un égoïste.

— Ajoutons-les à la liste de requêtes dans ce cas, s'empressa-t-il de dire avec un sourire qui supplanta de justesse un bâillement.

Ils convinrent également de noter les noms des protégés du Colonel : Amadu, Salimatu, Victor, Ernest et Miller.

167

— A ton avis, où se trouve l'Homme responsable ? demanda Bockarie.

— Aucune idée... Je ne me fais pas de souci pour ce garçon. Il est plus capable de prendre soin de lui que toi ou moi !

Tout en sirotant un thé chaud, ils terminèrent de coucher sur le papier leurs revendications : obtention de fournitures pour leurs collègues enseignants, règlement des frais de scolarité pour les enfants de Bockarie et quinze autres élèves, réserves de craies pour leurs cours du soir et assurance que le lycée garderait ses portes ouvertes quoi qu'il advienne. Grosso modo, ils estimaient le coût total à la moitié de tous les salaires imaginaires enregistrés dans le livre de comptes.

— Il pourra toujours acheter de l'essence pour sa moto quand nous serons enfin payés, mais son sourire sera sans doute deux fois moins large, conclut Benjamin avec un petit ricanement.

Ils ne fermèrent pas l'œil de la nuit, et se rendirent au lycée d'un pas mou et traînant le lendemain matin. Les kilomètres et la chaleur finirent pourtant par effacer le sommeil de leurs visages même si leurs corps gardaient le souvenir d'avoir été privés d'une nuit de repos. Plus ils approchaient de l'établissement, plus l'humeur légère de Benjamin contrastait avec celle de son ami. Bockarie s'inquiétait et cela durerait tant qu'ils n'auraient pas rendu le livre de comptes. Son angoisse s'apaisa cependant quand il vit Benjamin s'esquiver pendant que les élèves se répartissaient par niveaux en vue du rassemblement. A son retour, Benjamin souriait plus que jamais.

Lorsque le rassemblement débuta enfin, M. Fofanah se présenta devant tous, son livre de comptes sous le bras. C'était très inhabituel de le voir avec en public, et Bockarie se félicita qu'ils aient décidé de procéder à l'échange des deux ouvrages plus tôt que prévu. Alors que tous entonnaient la chanson de l'établissement puis l'hymne national après les annonces du proviseur, ce dernier se mit à feuilleter le registre. Bockarie et Benjamin ne le quittèrent pas des yeux pendant qu'il découvrait leurs revendications. Sa mâchoire se crispa. Il se tourna vers Bockarie dès qu'il eut terminé ; celui-ci baissa les paupières. Le proviseur plia la feuille et la glissa dans sa poche droite. Il étudia ensuite l'ensemble des enseignants, à la recherche du coupable. Il écarta aussitôt Bockarie, à cause de la mention explicite de ses enfants. Quand son regard finit par croiser celui de Benjamin, en revanche, il lui décocha un sourire ironique et lui adressa un petit salut moqueur. Il le rejoignit au dernier rang et se plaça à côté de lui. Sous le couvert du chant, il lui murmura :

— Tu es donc derrière cette folie, mon ami ? As-tu la moindre idée des ennuis que je peux te causer ?

— Vous voulez dire que vous pouvez me renvoyer ? Je ne vois pas quel autre ennui vous pourriez me causer dans l'immédiat.

— Non seulement je vais te mettre à la porte, mais je vais aussi m'assurer que tu ne pourras enseigner dans aucun autre établissement de ce pays.

— Laissez-moi vous simplifier la tâche. Voici ma lettre de démission, qui prend effet dès aujourd'hui, monsieur.

Benjamin la lui remit. M. Fofanah savait qu'il n'avait plus aucune prise sur lui, cependant il ne comptait pas perdre la face aussi facilement.

— Je n'en ai pas terminé avec toi. Tu es encore sous mes ordres pour aujourd'hui, et tu vas connaître l'enfer.

Il s'éloigna, froissant la lettre sans la jeter. Benjamin aurait volontiers rétorqué qu'il ne servait à rien d'adresser une telle menace à quelqu'un qui avait déjà connu l'enfer. Il préféra ne pas relever. Toute la journée, le proviseur prit un malin plaisir à passer devant la fenêtre de sa salle de classe pour les distraire, ses élèves et lui. Il appela Benjamin dans le couloir et lui glissa :

— Je veux te voir à la fin de la journée.

169

— Il n'y a plus rien à dire, vous connaissez mes conditions, répondit Benjamin.

— Qui sont tes complices ? Et comment puis-je être certain que tu n'auras pas d'autres exigences ?

M. Fofanah vint se placer devant l'enseignant et pivota légèrement sur le côté pour que les élèves ne se doutent pas qu'il s'agissait d'une altercation.

— J'ai agi seul. Je garde votre secret dans un endroit sûr et mes conditions sont fermes et définitives. Quoi qu'il en soit, vous n'êtes pas en position de négocier, alors arrêtez de m'embêter.

Benjamin le contourna pour aller retrouver ses élèves. Il ne les informa pas que c'était son dernier jour. Habitués, cependant, à la nature éphémère des choses, ceux-ci sentaient d'instinct l'arrivée d'un changement. Ils n'avaient pas besoin d'explications. A la fin du dernier cours, certains élèves vinrent trouver Benjamin, un par un, pour lui serrer la main avant de partir. Ceux qui n'aimaient pas les au revoir sortirent sans croiser son regard. Benjamin était un peu triste de les abandonner. Assis dans la salle désertée, il se remémora tous les souvenirs qui y étaient attachés.

— Tout a une fin, à l'image de la vie elle-même, marmonna-t-il pour se consoler en se levant.

Bockarie l'attendait. Ils rentreraient ensemble, ainsi qu'ils en avaient l'habitude, mais ce serait la dernière fois qu'ils le feraient en tant qu'enseignants.

— Je dois aller chercher mon équipement pour la mine, expliqua Benjamin, accompagne-moi.

— Comment s'est déroulée ta journée avec le grand chef ?

— Il a essayé de me menacer pour connaître mes complices. Il n'a rien pu tirer de moi !

— Tu crois qu'il me soupçonne de t'avoir aidé ?

— Il n'a aucune preuve, et il a peur de découvrir que toi ou un autre pourriez être impliqués. Ne t'en fais pas.

Tu commenceras bientôt à travailler pour la mine, de toute façon.

Benjamin lui donna un coup de coude. Ils étaient arrivés devant les minuscules bassins à poissons créés par la compagnie – une de leurs mesures pour réhabiliter la région.

— Combien de bassins vois-tu ? s'enquit Benjamin en désignant les étendues d'eau boueuse.

Les poissons fatigués multipliaient les allers et retours, avec des mouvements inhabituels des nageoires trahissant leur désir de s'échapper.

— Pas plus de cinq.

— As-tu déjà mangé un poisson provenant de ces bassins ?

— Non, et je ne connais personne qui l'ait fait.

— Ils prétendent que ces viviers sont pour les gens qui ne peuvent plus pêcher dans leurs rivières, seulement les poissons qu'ils contiennent ne suffiraient même pas à nourrir un enfant pendant une journée, plaisanta Benjamin.

— Pourquoi élever des barracudas dans un pays qui en compte déjà plus qu'il ne peut en manger ? Et tu veux travailler pour ces gens ?

L'ironie de Bockarie fit sourire son ami.

— Oui ! Et toi aussi. Nous devons nous dépêcher avant que la réserve ne ferme.

A son retour, dix minutes plus tard, Benjamin, un badge d'identification autour du cou, était chargé d'un sac en toile contenant son nouvel équipement. Bockarie lui tapa sur l'épaule pour le féliciter. Ils s'assirent près de la clôture, et Benjamin passa en revue le contenu du sac. Il montra à Bockarie le bleu de travail, le casque jaune et la paire de chaussures noires plus lourdes qu'aucune de celles qu'ils avaient portées. Le logo de l'entreprise, une tête de lion, figurait sur le casque et le sac, déformé. Benjamin mit son casque pour parcourir les derniers kilomètres le séparant de chez lui. Ceux qu'ils croisaient lui souriaient. Ils rencontrèrent un vieil homme qui lui dit :

— Tu n'enseignes plus, à ce que je vois. Es-tu sûr que ce couvre-chef te protégera la tête ?

Il partit d'un rire sarcastique.

Bockarie et Benjamin se séparèrent. Bockarie informa brièvement sa famille des dernières nouvelles concernant son ami puis s'installa près de la lampe à pétrole pour corriger des copies et préparer les cours du lendemain. C'était la première fois qu'il ressentait du dégoût pour ce qu'il faisait et il dut se forcer à aller jusqu'au bout de cette tâche. Il n'arrêtait pas de penser à son nouveau poste. Il avait beau ne pas savoir en quoi celui-ci consisterait, la perspective d'un salaire fixe lui suffisait pour vouloir renoncer à l'enseignement. Percevant le changement d'humeur de son époux, Kula corrigea elle-même la plupart des copies.

Lorsqu'elle eut terminé, elle les lui rendit et s'éloigna d'une démarche chaloupée pour s'assurer que les yeux de Bockarie seraient aimantés par ses appas.

— Tu restes un professeur, et tu le seras toujours pour tes enfants. N'essaie pas d'effacer ça. Pour l'heure, je vais me coucher, et j'ai besoin de tes conseils, professeur Bockarie !

Il lui emboîta le pas.

De leur côté, Benjamin et Fatu venaient de coucher leurs enfants et discutaient gaiement de ce qu'ils feraient avec cet argent supplémentaire. Ils convinrent de l'économiser pour une maison. Benjamin insista pour que Fatu reprenne les études d'infirmière qu'elle avait délaissées par manque de moyens.

Ce fut une nuit emplie de rêves d'avenir. Les rêves existaient toujours, même si les chemins pour les atteindre n'étaient pas nécessairement les meilleurs. Mais qui peut savoir quel chemin emprunter quand ils sont tous tortueux ou discontinus ? Il faut avancer, il n'y a pas d'autre choix.

10

Benjamin fut réveillé avant cinq heures, heure à laquelle il avait réglé son alarme. Il alluma sa lampe torche et parcourut ses vieilles notes d'enseignant sans sortir du lit. Il ne voulait pas se lever tout de suite, il ne voulait pas réveiller Fatu. Il lut : « Profiter de ce cours pour leur apprendre à absorber le savoir et pas seulement à le mémoriser. Leur apprendre à penser par eux-mêmes, à ne pas se fondre dans la majorité qui approuve tout ce qui est populaire, de peur d'assumer une opinion isolée. » Il ne put retenir un gloussement face à son optimisme d'alors, à sa certitude d'avoir une influence positive sur ses élèves. Il continuait à croire à ces mots mais n'avait plus foi en sa capacité à les enseigner aux autres, surtout ici, à Imperi... dans ce pays... sur terre en général. Fatu se retourna dans son sommeil et Benjamin éteignit la lampe. Il s'immobilisa. Elle se rendormit. Il reprit sa lecture jusqu'à ce que le réveil sonne l'heure du lever pour Fatu. Elle alla faire bouillir de l'eau dans l'âtre, la laissa refroidir et, lorsque celle-ci eut atteint la température idéale, appela son mari pour qu'il vienne se laver. Elle s'assit ensuite à côté de lui, lui caressant le visage pendant qu'il mangeait le ragoût de poulet et le riz qu'elle avait cuisinés spécialement pour lui la veille, et qu'elle avait réchauffés pendant qu'il se préparait. Certains de leurs voisins, qui avaient mal dormi et se demandaient comment ils maintiendraient en vie leurs familles une journée de plus, furent tourmentés par ce parfum. Ils s'agitèrent dans leurs lits, se cachant le nez sous un drap qui n'avait pas l'odeur des promesses. Mieux valait débuter la journée ainsi, car elle regorgerait de déceptions.

Dès qu'il eut revêtu son nouvel uniforme – bleu de travail, casque, chaussettes et chaussures –, Benjamin s'entraîna à marcher, allant et venant devant sa femme. Le sourire de Fatu rivalisait d'éclat avec celui des flammes dans l'âtre. Quand ses pieds eurent commencé à se familiariser avec ses nouvelles chaussettes et chaussures, avec ce cuir noir, rigide et brillant, la marque des travailleurs de la mine, il lança :

— Je crois que je les ai faites, elles savent qui je suis, maintenant.

L'expression de Benjamin clamait qu'il était prêt pour ce poste, peu importait ce qu'il impliquait.

— Je vais dire au revoir aux petits, annonça-t-il avant de se diriger vers leur chambre.

— Ne les réveille pas, murmura Fatu.

Benjamin s'assit sur ses talons et posa les paumes sur les fronts de ses enfants. Après avoir bordé leurs petits corps, il sortit.

Fatu était prête. Elle tenait un seau d'une main. De l'autre, elle prit celle de son mari. Ils se rendirent au carrefour, où les autres travailleurs attendaient qu'on vienne les chercher. Dès qu'ils virent arriver le couple, les hommes éclatèrent de rire : ils se rappelaient leur premier jour de travail et l'excitation joyeuse qu'ils éprouvaient alors.

— Tu sens le neuf, mon ami ! Tout sent toujours le neuf le premier jour !

Ce fut avec ces mots que Rogers accueillit Benjamin. Ce dernier fut surpris de le voir. Après l'accident de son fils, Rogers s'était tenu à l'écart de toute activité sociale.

— Heureux de te voir, monsieur, répondit Benjamin en lui serrant la main.

Fatu embrassa son mari, puis descendit à la rivière. Le camion arriva et les hommes montèrent à l'arrière. Les bancs étaient aussi durs que le plancher, et Benjamin se rendit compte qu'il s'était déjà sali. Il entreprit d'essuyer ses chaussures et son bleu de travail avec un mouchoir, déclenchant l'hilarité générale.

— Ne perds pas ton temps, lui dit Rogers. Dès qu'on est à bord de cet engin, tout ce qui était propre et brillant devient sale et poussiéreux. Bientôt, tu ne sentiras plus que l'odeur des produits chimiques.

Alors que le camion accélérait, il fut pris en chasse, et rattrapé, par la poussière et les cailloux. Benjamin comprit pourquoi le bleu de travail et le casque se révélaient nécessaires avant même d'être parvenu à la mine.

Le camion ne s'arrêta pas au site principal. Il le dépassa, zigzaguant entre une série interminable de réservoirs artificiels, de taille croissante. La terre devenait de plus en plus rouge, ses blessures exposées au jour, et les hommes, eux, de plus en plus silencieux. Ils accueillaient d'un rire forcé les derniers échanges de plaisanteries de la matinée. Le camion se gara à l'entrée d'un immense espace dégagé, au centre des réservoirs, que l'on pouvait voir à des kilomètres de distance. Autrefois, une forêt se trouvait là. A présent, les arbres avaient été repoussées jusqu'aux montagnes vertes, à l'horizon. D'autres véhicules déchargeaient leurs passagers. Les travailleurs se saluèrent ; bientôt la clairière bruissait de conversations.

— Laquelle de ces deux constructions est la drague ? Et l'usine ? demanda Benjamin à un homme qui se tenait près de lui.

Celui-ci indiqua l'usine, bâtiment métallique à plusieurs étages flottant sur l'eau, puis la drague, structure comparable, sinon qu'elle ressemblait à une pelleteuse avec ses dents qui plongeaient pour creuser dans les profondeurs.

J'aimerais bien savoir où je vais être envoyé, songea Benjamin. Les travailleurs blancs ne tardèrent pas à arriver dans leurs Toyota blanches, et les discussions animées cessèrent aussitôt. Les Sierra-Léonais qui occupaient des postes à responsabilités s'éloignèrent des hommes avec qui ils parlaient une seconde plus tôt. Affichant un air de supériorité, ils s'approchèrent des patrons étrangers.

— Formez deux colonnes, là et là... Tout de suite ! cria l'un des superviseurs à ses compagnons.

Ceux-ci s'exécutèrent aussitôt, les étrangers devant, suivis des contremaîtres et enfin du reste des travailleurs. Benjamin choisit l'une des deux colonnes, s'inquiétant de ce qui l'attendait.

Deux barges peu profondes accostèrent les rives du réservoir. Elles transportaient tant d'hommes que si l'un d'eux avait laissé baller ses bras le long de son corps, ses mains auraient plongé dans l'eau. La première embarcation provenait de l'usine, reliée à la drague par une chaîne continue de seaux en acier. La seconde, de la drague. Les passagers, qui pour certains avaient le visage plus sombre que la couleur naturelle de leur peau, débarquèrent et remplirent les camions vides. Ceux-ci démarrèrent.

Les étrangers embarquèrent et un des contremaîtres répartit les ouvriers entre les deux barges. Benjamin reçut pour instruction de monter à bord de celle qui allait vers la drague. Certains de ses anciens élèves s'y trouvaient. Ils lui adressèrent un signe de tête. Autrefois, il leur avait fait la leçon sur l'importance des études. A présent, il éprouvait une légère honte qu'il s'empressa de chasser.

Le moteur ralentit et la barge percuta le côté de la drague. L'un après l'autre, le plus vite possible, les hommes gravirent les échelons métalliques pour rejoindre le niveau principal. Les Blancs se rendirent immédiatement aux bureaux, pourvus de vitres sans tain qui leur permettaient de surveiller les opérations, laissant aux contremaîtres le soin de les superviser. Benjamin promena son regard autour de lui. Il était cerné de panneaux où était écrit DANGER. Ils étaient si nombreux qu'il comprit aussitôt :

il devrait se tenir sur ses gardes en permanence. Certains se passaient même de mots et montraient un squelette sur fond rouge.

Le bruit était étourdissant. L'un des anciens élèves de Benjamin lui tendit deux petits objets et lui fit signe de les mettre dans ses oreilles. Il s'exécuta, et le vacarme devint plus supportable.

— Tu es nouveau ? lui cria un des contremaîtres.

Avant que Benjamin ait eu le temps de répondre, il ajouta :

— Suis-moi !

Benjamin se vit assigner un poste près d'un enchevêtrement de tuyaux. Il devait surveiller l'alignement des seaux remplis de minerai humide et les remettre en place s'ils n'étaient pas dans l'axe.

— Ta formation vient de commencer. Concentre-toi, mon grand.

Le contremaître claqua des doigts pour capter l'attention de Benjamin et lui demanda :

— Tu me diras, monsieur le professeur, où on peut trouver un travail, dans ce pays, qui paye dès la période de formation...

Il lui donna une tape sur l'épaule et tourna les talons. Benjamin aurait voulu lui poser des questions, mais son supérieur était déjà parti. Il enjambait les échelons métalliques, marchait sur les tuyaux et évitait les pistons avec une aisance aussi grande que s'il évoluait sur la terre ferme.

— Tiens. Prends ça, je vais t'aider. Je suis en pause, ne t'inquiète pas.

Benjamin avait été rejoint par un de ses élèves, qui lui remit des lunettes de protection avant de s'adosser à un pilier pourvu d'une échelle.

— Des conseils pour un débutant ? s'enquit Benjamin.

— N'oublie jamais de porter tes lunettes et tes gants. Et aussi, fais très attention à ne pas t'appuyer n'importe où : la plupart de ces tubes et de ces pièces métalliques sont brûlants. Quand je dis brûlants, je n'exagère pas. Si tu les touches, tu ne récupéreras que tes os. Et encore, sans doute pas en très bon état.

— Est-ce qu'à tous les postes on reste debout huit heures d'affilée ?

— Oui, professeur. On ne peut se reposer que pendant les courtes pauses et le déjeuner, tu t'y habitueras. C'est plus facile lorsqu'on travaille à côté d'un type qui aime raconter des histoires et des bonnes blagues !

Tout en épongeant la sueur sur son front, le jeune homme suivit le regard distrait de son ancien enseignant : celui-ci observait deux hommes en train de prier. Ils récitèrent d'abord la prière musulmane, commençant par la Fatiha, tournés dans la direction du soleil levant. Puis ils enchaînèrent avec le Notre Père. Après avoir hésité, ils s'engouffrèrent dans un endroit en partie clos d'où jaillissaient des flammes.

— Qu'est-ce qu'ils faisaient ? s'étonna Benjamin.

— Certains ouvriers prient avant d'entrer dans les zones les plus dangereuses. On dit que c'est si risqué qu'il faut réciter deux prières au moins... avec un peu de chance, l'une d'elles réussira à attirer l'attention de Dieu !

Il éclata de rire. A cet instant précis, une plainte déchirante s'éleva. Elle provenait de la direction que les deux hommes avaient prise. L'un d'eux réapparut, son bleu de travail était en partie en feu et il était grièvement brûlé d'un côté, de l'aisselle à la taille. A voir ses mains et son visage, on aurait cru que le feu avait aspiré la chair de ses os. Des hommes le placèrent sur une conduite d'eau froide et appliquèrent du sable humide sur sa peau brûlée, là où il en restait. Un ouvrier se chargea d'éteindre les flammes, et tous les autres, Benjamin et son élève inclus, s'agglutinèrent pour comprendre ce qui s'était passé. Il y avait du sang dans la zone où l'accident avait eu lieu et le cadavre du second homme gisait là, sa main droite prise dans les dents d'une machine, ce qui le faisait tourner sur lui-même. La radio du contremaître grésilla et il la pressa contre son oreille.

— Oui, monsieur, dit-il en redressant la tête vers les vitres teintées.

— Au travail, tout le monde ! Immédiatement ! hurla-t-il.

La foule se dispersa aussitôt. L'élève qui avait tenu compagnie à Benjamin lui tapota le dos, et chacun repartit de son côté. La matinée n'était pas encore terminée, et l'ancien enseignant se demandait déjà ce que cette journée leur réservait encore – peut-être une bonne nouvelle pour compenser la vie humaine qu'elle venait de prendre.

Au lycée, Bockarie rêvait à son futur travail à la mine. Il se demandait ce que faisait Benjamin. Il l'enviait, son ami libéré de l'ennui qu'il ressentait à cet instant. Dans l'établissement, l'ambiance devenait de plus en plus tendue. Le seul qui avait toujours été capable de sourire, M. Fofanah, ne se départait plus de sa mauvaise humeur et ne cherchait plus à remonter le moral de ses troupes.

Profitant de ce que ses élèves planchaient sans bruit sur leurs dissertations, Bockarie plongea la main dans le sac qui contenait son nouvel équipement et respira le bleu de travail, les chaussures, le casque. L'odeur du neuf lui emplit les narines. Il ne tarderait plus à vivre cette nouvelle aventure, et il trépignait d'impatience.

Ce soir-là, Bockarie annula son cours particulier à cause de la venue au village d'un musicien. Kula, Benjamin, Fatu et Bockarie avaient prévu d'aller danser. Alors qu'il corrigeait des copies sur la galerie – voulant s'en débarrasser au plus vite pour pouvoir sortir –, il releva soudain la tête et découvrit Benjamin qui rentrait de sa première journée à la mine. Son bleu de travail et son visage étaient entièrement noirs.

Un sourire jusqu'aux oreilles, Bockarie bondit de son siège pour aller serrer la main à son ami.

— Alors, comment c'était ?

Benjamin aurait aimé lui parler de l'accident, cependant il ne voulait pas entamer l'enthousiasme de Bockarie, aussi ne lui répondit-il pas directement :

— Il y a eu un enterrement au village aujourd'hui ?

Désarçonné par cette question, Bockarie répliqua :

— Non. Pourquoi tu me demandes ça ?

Benjamin afficha un sourire qui manquait de sincérité.

— Le travail était épuisant mais génial, mon ami. Je vais même être payé alors que je suis en formation !

— Je suis tellement impatient de commencer ! On va fêter ça ce soir en dansant !

Bockarie lui donna une bourrade dans l'épaule, puis s'éloigna, laissant le temps à son ami d'aller voir sa famille. Benjamin lui fit un signe de la main. Il revoyait sans cesse les images du corps prisonnier de la mâchoire de la machine, sur la drague. Pourquoi donc personne n'était-il au courant au village ? Qu'arriverait-il à la famille de la victime ?

Il dirigea ses pas vers sa maison, son sourire toujours aux lèvres pour sa femme et ses enfants. J'ai de la chance d'avoir un boulot qui paye, songea-t-il. Il se força à paraître encore plus joyeux quand il vit Fatu qui l'attendait sous le porche. Elle avait huilé et tressé ses cheveux ; elle s'était faite belle pour lui. Elle portait une robe verte brodée, avec un motif de palmier qui courait tout le long du bord. Les enfants se tenaient à côté d'elle, la peau propre et luisante de vaseline. Ils avaient passé des vêtements traditionnels de coton léger, décorés de héros africains.

— Bienvenue, mon chéri. Je suis si heureuse de te voir. Comment était ta première journée de travail ?

Elle tira une chaise pour qu'il puisse s'asseoir.

— Bienvenue, père ! Nous te souhaitons une belle soirée et nous te remercions de travailler aussi dur pour nous !

Les enfants avaient répété cette formule tout l'après-midi. Secoués d'un rire nerveux, ils se jetèrent contre Benjamin puis partirent faire leurs devoirs.

— La tâche n'avait rien d'insurmontable pour un ancien enseignant. Nous sommes bénis des dieux.

Il étira encore davantage les coins de sa bouche afin que sa joie feinte ne déserte pas ses traits.

— Nous allons fêter ça ce soir, tu dois te laver. Laisse ton bleu de travail ici, je vais le rincer.

Fatu s'occupa de faire bouillir de l'eau pour lui.

— Merci, ma chérie, mais ne t'embête pas avec mon bleu. Il sera de nouveau sale demain. Je ne te demanderai de le nettoyer que lorsque mon nez ne supportera plus l'odeur !

Il éclata de rire et elle secoua la tête : son mari était toujours si drôle !

Dans la pièce du fond, il ne prit aucun plaisir à vider des calebasses d'eau chaude sur sa tête et son corps. Le savon s'accrochait à sa peau et ses mains oubliaient les gestes mécaniques, ses réflexes étaient engourdis par le souvenir de l'accident à la mine. Comment pouvait-il mettre le sujet sur le tapis alors que ses collègues étaient de vraies tombes ? Sur le chemin d'Imperi, tous avaient repris leurs bavardages insignifiants, comme si de rien n'était. Il semblait être le seul éprouvé. Peut-être de tels incidents étaient-ils devenus monnaie courante pour eux ? La poussière qui poursuivait le camion sur la route du retour semblait désormais parée d'une forme de brutalité. Les cailloux, projetés avec force, détermination, lui donnaient l'impression de viser les ouvriers.

A bord du camion, un autre travailleur était venu le trouver.

« Si tu prends tout autant à cœur, tu ne tiendras pas. Crois-moi, mon frère, il y a eu pire, bien pire. »

Puis il s'était rassis, son corps se balançant au rythme du véhicule lancé au galop.

— C'est la première fois qu'il te faut autant de temps pour te laver. Je me demande ce que tu fabriques...

La voix de Fatu tira Benjamin de sa rêverie torturée. Il s'empressa de finir sa toilette pour pouvoir dîner avant de retrouver Bockarie et les autres.

Tous – les deux couples d'amis et bien d'autres villageois – étaient d'excellente humeur tandis qu'ils se rendaient au champ derrière le lycée. On y avait dressé une piste de danse sous les étoiles, enclose par du chaume entrelacé avec des piquets. Un immense tissu masquait l'entrée pour protéger l'endroit des regards curieux de ceux qui n'avaient pas les moyens de s'offrir ce luxe simple. Des garçons et des filles traînaient autour pour profiter de la musique, même si les cris d'excitation qui leur parvenaient régulièrement leur faisaient détester leur jeunesse : à cause d'elle ils étaient sans le sou et ne pouvaient se payer une entrée. A l'intérieur, Benjamin, Fatu, Bockarie, Kula ainsi que la plupart des habitants d'Imperi et de la région dansaient avec autant d'énergie que s'il n'y avait pas de lendemain. La musique enivrante, la bonne compagnie et la bière locale qui coulait en abondance éclipsèrent peu à peu les ennuis de Benjamin.

De tous les danseurs, Sila était le meilleur, et il ondulait sur chaque chanson, seul. La transpiration ruisselait puis séchait sur son corps, et ça lui était égal. Soudain, Benjamin et Bockarie repérèrent le Colonel. Il arborait une casquette rouge, le visage dissimulé par la visière, et il était bien habillé, mieux que dans leur souvenir. Il portait une chemise blanche, une cravate nouée avec décontraction. Il s'approcha de Kula et, tout en restant de dos, lui murmura :

— Merci de t'être occupée des autres. Ils m'ont dit qu'ils n'avaient jamais mangé de nourriture aussi délicieuse.

— Je t'en prie... mais qui es-tu ?

Ces paroles auraient pu sortir de la bouche de bien des personnes, Kula le savait. Le Colonel se mit à danser et, dans un mouvement fluide, fit volte-face et releva brièvement la visière de sa casquette pour révéler son identité.

— Il m'a semblé apercevoir un sourire, remarqua-t-elle. Je me trompe, jeune homme ?

Elle pivota vers son mari pour le prévenir. Le temps qu'elle se retourne, le Colonel avait, à son habitude, disparu. Ce soir-là, il alla trouver Mama Kadie pour lui dire qu'elle pouvait compter sur lui en toutes circonstances.

— Merci, Kpoyeh, ou Nestor. Par quel prénom aimes-tu te faire appeler ces temps-ci ? demanda-t-elle avec un sourire.

— Celui de ton choix.

Il s'exprimait de façon posée. *Kpoyeh* signifie « eau salée » et il avait reçu ce prénom parce que l'eau salée ne retient aucun corps étranger en elle, elle les rejette systématiquement. Et Nestor, parce que l'officier de l'état civil était incapable de prononcer ou d'écrire son véritable prénom. Il avait cherché la signification de Nestor et adoré ce qu'il avait trouvé.

Vers cinq heures du matin, les portes furent ouvertes pour permettre à tous d'entrer et de voir le musicien venu de la capitale. Tout le monde connaissait ses chansons, et une en particulier : *Yesterday Betteh Pass Tiday* (« *Yesterday Was Better than Today* », soit « Hier était mieux qu'aujourd'hui »). Un rugissement d'excitation l'accueillit. Les gens s'animèrent sans doute à cause de la vérité qu'elle exprimait, une vérité qu'ils connaissaient tous intimement sans jamais avoir été en mesure de trouver les mots pour la décrire. Ils dansèrent et remuèrent la terre dans son sein. Les esprits qu'ils dérangèrent n'en furent que plus heureux.

La dernière chanson parla à tous, hommes, femmes et plus jeunes qui luttaient, chaque jour, pour donner un sens à leurs vies. Elle s'intitulait *Fen Am* (« *Find It* », soit

« Trouve-le »), et elle encourageait tout un chacun à se lever, le matin, pour partir en quête d'opportunités. Malgré la fatigue accumulée durant la journée, souvent pour rien, il ne fallait pas baisser les bras. Les paroles disaient :

There is no hand of food for an idler
I will not do anything bad but I will try and make it

Il n'y a pas une miette de nourriture pour le fainéant
Je ne ferai rien de mal, mais j'essaierai de m'en sortir

Un peu plus loin, la chanson avertissait qu'il ne fallait pas être jaloux de ce que les autres possédaient, parce qu'on ne savait pas comment ils avaient acquis ces biens.

La nuit étira ses derniers muscles sombres tandis que le public hurlait la chanson avec une vigueur égale à celle de son auteur, tant chacune des paroles trouvait un écho en lui. La nostalgie étreignait déjà les spectateurs alors qu'ils rentraient chez eux, fredonnant les paroles de *Yesterday Betteh Pass Tiday*.

— Je viens à la mine avec toi, mon ami. Je commence aujourd'hui ! Je te retrouve au carrefour dans peu de temps, dit Bockarie à Benjamin avant d'entraîner sa femme, qui ne tenait plus debout.

Ce dernier se força à rire en tapotant l'épaule de son ami. Il ne pouvait rien lui dire, et il le savait.

Bockarie était le plus heureux des hommes ce matin-là, dans le camion, avec le bleu de travail le plus propre. Il fut déposé aux bureaux administratifs et salua Benjamin, qui continuait jusqu'à la drague.

Bockarie fut formé à l'analyse de la terre – dans le but d'identifier les minerais qu'elle contenait. Pendant qu'il apprenait les différentes opérations, l'un de ses collègues trouva d'énormes pierres inhabituelles dans ses échantillons. Ceux qui les surveillaient, par caméra interposée, le convoquèrent, en diffusant une annonce par les haut-parleurs. Il devait prendre avec lui les pierres et les échantillons de terre. Il ne revint pas. Personne ne sut jamais ce qui lui était arrivé. Après l'avoir cherché, en vain, durant de nombreux mois, sa femme quitta Imperi avec son enfant. Bockarie se rappelait seulement que, peu après le départ de ce fameux employé, un camion protégé par des gardes armés était arrivé. On y avait rapidement enfermé quelque chose, à l'arrière. Les portes avaient claqué et le véhicule était reparti. A compter de ce jour-là, sur le trajet du retour, Bockarie et Benjamin n'échangèrent plus beaucoup sur leur journée de travail. Ils n'étaient reconnaissants que de gagner un peu plus d'argent qu'avant, et ne l'exprimaient que pour faire plaisir à leurs femmes. Cette pensée suffisait à maintenir leurs sourires forcés plus longtemps que leurs cœurs ne le désiraient.

Les anciens n'étaient pas heureux.

Ils voulaient que Benjamin et Bockarie reprennent leur métier d'enseignant. Ils sentaient bien que la mine puisait dans leurs forces et émoussait leur bonne humeur. Pendant un temps, les deux hommes continuèrent à donner quelques cours le soir, cependant leur zèle s'estompa, et les élèves, percevant la lassitude et le désintérêt de leurs professeurs, cessèrent de venir. Les foyers de Benjamin et de Bockarie devenaient plus silencieux à mesure que les jours passés à la mine s'accumulaient. Tous deux désiraient rester seuls au retour du travail.

— Père, comment se fait-il que tu ne lises plus ? Et que ces grands garçons ne viennent plus ici avec leurs livres ? s'interrogea Thomas un soir, comme Bockarie se trouvait sur la galerie, dissimulant dans l'obscurité les émotions qui s'étaient emparées de lui.

— Rentre faire tes devoirs.

Autrefois, Bockarie aurait invité son fils à s'asseoir près de lui. Il lui aurait expliqué la situation et lui aurait fait la lecture. Le garçon partit rejoindre sa mère en traînant les pieds, et elle comprit aussitôt ce qui s'était produit.

Oumu, la jumelle adorée de Thomas, savait toujours quelle attitude adopter dans ce genre de situation. Elle sortit trouver son père, referma ses petits bras autour de lui et se hissa sur ses genoux.

— Père, mère prétend que tu es le meilleur professeur du monde. Je ne veux prendre des cours avec personne d'autre que toi quand je serai au collège. Tu dois me promettre que ce sera possible. Et grand-père pense que tu gaspilles tes forces pour les autres. Moi, je crois qu'il t'en restera pour m'instruire quand je serai grande…

Elle continua ainsi, jusqu'à arracher un sourire à son père. Un sourire des plus authentiques. Il lui promit de lui apprendre ce qu'elle voudrait. Elle courut à l'intérieur annoncer la grande nouvelle à tout le monde ; le rire de Bockarie leur parvint tandis qu'elle racontait ce qu'il était convenu de faire. Il se tenait sur le pas de la porte et observait sa famille. Puis il rejoignit son père, qui attendait toujours dehors le petit vent frais, celui qui se levait lorsque la soirée était plus calme.

— Mon fils le professeur, employé de la mine. Viens donc tenir compagnie à ton père et partager la brise avec lui.

Pa Kainesi cogna sur le banc en bois où il se trouvait.

— Chacun, au cours de son existence, acquiert une série de titres liés à ses accomplissements. Pour l'heure, les tiens sont « professeur » et « employé de la mine ». Quel que soit le nombre de titres, il y en a toujours un qui correspond mieux à la personne, parce qu'il apporte de la douceur à son esprit. Tu m'as l'air préoccupé ces derniers temps, mon fils.

— Tout va bien, père. Le travail n'est pas ce à quoi je m'attendais, mais le salaire est meilleur et arrive toujours à temps.

— Tes yeux, les mouvements de ton corps ne disent pas que tout va bien. Peut-être te paraissons-nous indiscrets. Veille juste à ce que celui que tu es ne se perde pas entièrement dans ce métier précaire.

Le vieil homme prit les mains de son fils entre les siennes et ils conversèrent jusqu'à une heure avancée de la nuit. Le vent porta leurs éclats de rire à la maison ; ils firent le bonheur de Kula et des enfants. Le visage de Pa Kainesi rayonnait, et ses joues, figées jusqu'alors, se détendirent. Pendant leur échange, Bockarie souleva une des mains de son père pour la poser sur sa propre joue. Il avait adoré la chaleur qui se dégageait de cette paume quand il était petit, avant que la vie ne soit semée d'embûches. Avant la guerre.

Un soir, à la fin de sa journée de travail, Bockarie décida de rentrer à pied. Il regrettait son trajet quotidien, à l'époque où il enseignait. C'était l'occasion de voir et de saluer des gens, ce qu'il ne faisait presque plus. Il avait beau être épuisé, la poussière être particulièrement lourde, il descendit, à pas comptés, la route.

Il marchait depuis quelques minutes lorsqu'il entendit un bruit de course derrière lui.

— Professeur, ô professeur, pourquoi es-tu si pensif ? Donnes-tu une conférence à la route, ou plutôt à la poussière ?

L'éclat de rire qui suivit ces questions appartenait à Benjamin. Il passa son bras droit autour des épaules de son ami. Ils se moquèrent de M. Fofanah, qui en voulait toujours à Benjamin et cherchait le moyen de récupérer son livre de comptes.

— Je te jure, il a essayé de m'écraser avec sa moto au carrefour, l'autre jour. Je crois que s'il n'y avait pas eu de témoins, il n'aurait pas dévié de sa trajectoire au dernier moment.

Benjamin poussa un petit grognement incrédule.

— Où as-tu mis le registre ? s'enquit Bockarie.

187

— Je crois que je l'ai perdu, mon ami ! Je le déplaçais sans arrêt parce que j'avais peur que quelqu'un d'autre ne mette la main dessus ! Mais le proviseur n'en sait rien.

Ils s'écartèrent pour céder le passage au camion transportant le rutile au port. Le chauffeur les salua.

— C'est Rogers ! Il conduit ces engins maintenant ? Ça explique pourquoi je ne l'ai pas croisé sur la drague depuis un moment.

Benjamin s'apprêtait à poser une question à Bockarie lorsqu'ils entendirent un fracas métallique suivi du gémissement d'une femme. Ils s'élancèrent en direction du cri.

Assise par terre, la femme berçait le corps d'un petit garçon. Il avait voulu traverser la route pour rejoindre sa mère, et la cabine du camion était si surélevée par rapport à la chaussée que Rogers ne l'avait pas vu. Le pneu gauche avait percuté l'enfant, happant son corps sous le véhicule, et la double roue arrière l'avait aplati au sol. Rogers avait ressenti des tressautements inhabituels et s'était donc arrêté pour comprendre ce qui s'était passé. Il s'était mis à trembler quand ses yeux avaient découvert le garçonnet : par endroits, les os avaient transpercé la peau. Une grimace de tristesse avait aussitôt déformé le visage de la mère. Rogers avait sorti sa radio pour appeler à l'aide ; par miracle, l'enfant respirait encore. Le supérieur de Rogers lui ordonna de remonter au volant et de se rendre à destination. Quelqu'un n'allait pas tarder à venir s'occuper du blessé.

— Hors de question. J'attends l'arrivée des secours, répondit Rogers.

— Dans ce cas, tu es renvoyé jusqu'à nouvel ordre.

La communication fut interrompue. Quelques minutes plus tard, une Toyota aux vitres teintées se gara le long de la route. Un employé en descendit, prit la radio de Rogers et monta à bord du camion. Il quitta aussitôt la scène de l'accident. Les pneus arrière, maculés de sang, imprimèrent à la terre déjà troublée un motif, celui de la vie de cet enfant. La voiture qui venait de déposer le nouveau chauffeur repartit à toute allure en sens inverse, abandonnant le garçonnet dans les bras de sa mère. Rogers suggéra à celle-ci de l'emmener à l'hôpital. Il savait qu'aucun secours ne se présenterait. La mère se redressa et son fils rendit alors son dernier souffle. Elle le déposa au sol avec beaucoup de précaution, puis se jeta sur Rogers, qu'elle roua de coups jusqu'à épuisement. Il la prit dans ses bras et la serra contre lui en sanglotant.

— C'était le dernier enfant qu'il me restait. J'ai perdu tout le monde à la guerre, et maintenant je suis seule, expliqua-t-elle dans un sanglot alors qu'elle s'arrachait à l'étreinte de Rogers pour récupérer son fils.

Benjamin et Bockarie voulurent l'aider, mais elle tenait à le porter elle-même. Elle se dirigea vers la mine. Rogers lui emboîta le pas sans trop savoir que faire.

— Je me demande où elle va, s'interrogea Bockarie.

— Et ce pauvre Rogers... Lui qui se remettait tout juste de la mort de son fils, ajouta Benjamin.

Ils regardèrent la femme s'éloigner. Elle marchait au milieu de la chaussée, forçant les voitures à faire des écarts pour l'éviter.

Quand elle atteignit la grille, elle exigea de voir un responsable pour qu'il constate ce que la compagnie avait fait à son enfant. Les vigiles reçurent pour instruction de lui faire quitter les environs de la mine.

Personne n'aurait pu prévoir ce qui arriva ensuite. Son fils plaqué contre elle, la femme courut vers l'une des clôtures électrifiées et se jeta sur elle. Un corbeau poussa un croassement déchirant, puis le silence revint, assourdissant. Il y avait un accroc dans le tissu de cette journée. Rogers s'échappa de la foule de curieux pour regagner Imperi. Il ne rentra pas chez lui, mais se réfugia dans la forêt, où il déchira ses vêtements jusqu'à être entièrement nu. Il ne revint pas au village. On l'apercevait, de temps à autre, qui mangeait des aliments crus et des racines.

Etait-il devenu fou, ou se punissait-il du drame ? Nul n'avait la réponse, pas même son épouse, car il ne parlait à personne et semblait avoir oublié jusqu'à l'existence de sa famille, de ses amis et de ses collègues.

Quant à la femme et à son enfant, leurs corps furent récupérés de nuit, une fois les badauds dispersés par les vigiles. On ne savait pas qui s'en était chargé ni s'ils avaient été enterrés. Il ne fut jamais fait aucune mention de cette tragédie, nulle part. C'était comme si ces deux êtres n'avaient pas existé.

11

Moins d'une semaine après l'incident, on trouvait des hommes blancs partout au village, secondés par des gens du coin qui portaient leur matériel. Ils entreprirent de marquer de peinture rouge, blanche ou jaune les maisons, les arbres et le sol. Des rumeurs prétendaient qu'il s'agissait de géologues (soit, pour reprendre la traduction des anciens, ceux qui parlaient à la terre pour découvrir ce qu'elle acceptait d'offrir aux vivants) et qu'ils avaient établi la présence d'importants gisements sous le village. Les habitants savaient ce que cela signifiait : bientôt des bulldozers envahiraient Imperi pour retourner ses entrailles. Ils refusaient pourtant d'y croire. Que signifiaient les différentes couleurs ? Où iraient-ils ? Ces questions animaient la moindre conversation dans les rues du village et s'immisçaient même dans les échanges plus privés. Alors que la confusion allait croissant, les géologues s'attaquèrent au cimetière, où ils commencèrent à marquer des pierres tombales et à couper des arbres.

Les anciens, au nombre de huit, décidèrent d'aller trouver les hommes blancs. Ils se levèrent de bonne heure et les attendirent patiemment à l'intersection de la route et du chemin qui menait au cimetière. Quelques heures plus tard, quatre Blancs descendirent de leurs voitures. Ils enduisirent leurs bras, leurs visages et leurs cous de crème avant de mettre des chapeaux. Ils s'entretinrent pendant que leurs subalternes s'occupaient de décharger les coffres. Les anciens s'éclaircirent la voix.

— Vous là, jeunes camarades blancs. On nous a dit que vous étiez censés écouter la terre et en tirer des enseignements. Or ce que vous faites est très différent, et trahit votre fonction même.

Voilà ce qu'un ancien, habité par la grâce et la sagesse dans la moindre parcelle de son être, dit aux étrangers.

— Nous avons la permission de forer partout où nous trouverons du rutile dans cette province, répondit l'un des géologues.

— Qui vous a délivré cette autorisation ? s'enquit un deuxième ancien.

— Votre gouvernement. Notre compagnie dispose de ce droit pour quatre-vingt-dix-neuf ans.

— Quand bien même ce serait le cas, seriez-vous prêts à creuser la tombe de votre propre aïeul pour y chercher des minerais ?

Les hommes blancs ignorèrent la question de Pa Moiwa. Les anciens n'obtinrent pas davantage d'explications. Ils échangèrent rapidement à l'entrée du cimetière et convinrent d'envoyer un émissaire plaider leur cause auprès du grand chef. Ils ne parvenaient pas à croire que l'on puisse octroyer une concession de quatre-vingt-dix-neuf ans sur leur terre sans le moindre contrôle ; ils ne comprenaient pas comment un élu, ministre ou président de la République, pouvait prendre une décision pareille. Même les chefs locaux n'osaient pas imposer une telle chose aux gens qu'ils connaissaient et avec qui ils avaient grandi. La situation avait beau être ridicule, il fallait trouver une solution, et les anciens refusaient d'abandonner tout espoir en celle qui les représentait officiellement. Elle ne pouvait pas ne pas s'insurger contre cette décision de forer là où leurs ancêtres étaient enterrés.

Le grand chef se manifesta le lendemain : elle se rendrait à Imperi pour une réunion deux jours plus tard. En attendant sa visite, tous les travaux au village et au cimetière seraient suspendus. Elle avait dit vrai. Le soulagement fut perceptible dans l'atmosphère : enfin, quelqu'un leur prêtait une oreille attentive.

Le jour de sa venue, chacun se rendit sur le terrain de football muni de ce qu'il lui restait d'espoir et de force. C'était le seul endroit assez grand pour accueillir tout le monde. Certains hommes du gouvernement étaient présents également – leurs lunettes de soleil et leurs belles voitures les trahissaient. Et, bien sûr, il y avait les directeurs, blancs, de la compagnie minière, escortés par des vigiles et la police.

— Pour une fois, on va pouvoir discuter ensemble de cette terre ! hurla quelqu'un.

Il fut applaudi par la foule, qui se mit à entonner de vieux slogans sur la solidarité. Le grand chef prit le porte-voix et le silence revint.

— Nous avons eu des réunions avec vos chefs régionaux, ils vous feront connaître les détails, mais voici ce que nous avons décidé : ce village va être relocalisé. Vos maisons seront reconstruites ailleurs et vous percevrez un loyer pour vos champs et vos propriétés. Vous devez coopérer ! Ne causez aucun problème à ces entrepreneurs !

Elle posa son porte-voix pour serrer la main aux représentants du gouvernement et aux étrangers. Ils semblaient tous très satisfaits d'eux-mêmes, souriant autant que s'ils venaient d'offrir une magnifique messe à la mer de visages endurcis face à eux. La foule ne retint pas sa colère.

— Cette terre est à nous ! Personne ne nous a consultés !

Les fonctionnaires, protégés par les vigiles et les policiers, rejoignirent leurs voitures et laissèrent les villageois à leurs querelles. Pa Moiwa perdit connaissance et dut être transporté chez lui. Ce soir-là, les nuages qui avaient l'habitude de s'amonceler, de réclamer à la nuit de jeter sa cape noire sur le ciel, furent brisés en mille morceaux et eurent bien du mal à lancer leur appel. La nuit finit par arriver. Elle se déploya pourtant avec la lenteur d'un vaincu, ce qui augmenta encore la tristesse du village. Même les oiseaux ne chantaient plus ; ils rentraient discrètement au nid, comme s'ils savaient qu'ils auraient bientôt à en fabriquer un nouveau.

La compagnie minière, craignant peut-être, si elle tardait, que les villageois ne trouvent un moyen de l'arrêter, envoya des hommes pour éventrer le cimetière quelques jours plus tard.

Personne ne sut comment les machines étaient arrivées jusque-là. Ils les découvrirent un matin, prêtes à éprouver un peu plus la colonne vertébrale de la communauté déjà bien ébranlée. Les miliciens et les policiers étaient présents, en tenue antiémeute. Ils se tenaient derrière une barricade de fortune et mettaient en joue tous ceux qui s'approchaient trop près ou leur jetaient un regard trop appuyé.

Les moteurs des machines mugissaient, crachant des panaches de fumée qui montaient vers le ciel matinal et troublaient le lever du soleil. Les lames d'acier s'enfonçaient dans les tombes et extrayaient des corps, des crânes et certains os encore enveloppés dans de vieux vêtements en coton. Ceux-ci étaient ensuite déposés dans une énorme fosse creusée à cet effet. Les gens gémissaient et hurlaient en vain. Ils s'excusaient auprès de leurs ancêtres. Personne n'avait jamais vu un cimetière entier détruit de la sorte.

Certains refusèrent de croire à la réalité de ce qu'ils voyaient. Ils pensèrent que c'était un cauchemar, et qu'il passerait. Le soleil raconta sans doute à la lune ce dont il avait été témoin, car celle-ci refusa de sortir cette nuit-là. Il régnait un silence qui amplifiait l'obscurité, encore plus que pendant la guerre même. Le lendemain matin, les villageois, hésitants, se rendirent les uns après les autres au cimetière. L'endroit n'était plus qu'un vaste cratère, toutes les tombes avaient disparu et il ne restait plus aucun souvenir de leur existence. La fosse dans laquelle les morts avaient été empilés était recouverte de terre. Les habitants d'Imperi y déposèrent des offrandes, prièrent, et pleurèrent.

L'état de Pa Moiwa empira. Ses amis lui dirent qu'il ne devait pas laisser un cœur brisé le tuer.

— Il n'y a aucun endroit pour t'enterrer avec les autres. Tu dois rester en vie, l'implora Mama Kadie.

— Je dois aller parler aux esprits, leur expliquer que nous avons essayé d'empêcher ce crime, qu'ils doivent, eux, s'efforcer de rester avec nous d'une autre façon, dit-il à ses amis sur le chemin du retour.

Les anciens retirèrent leurs chaussures pour sentir la terre, et elle leur parut différente : sèche et amère. Il y eut des flammes près du cimetière, cette nuit-là, et une explosion tua deux gardes non armés. Quelqu'un avait mis le feu aux engins. Ce petit revers n'empêcha pas l'entreprise de destruction de se poursuivre rapidement. Des vigiles armés furent déployés partout. Il ne fut fait aucune mention de ces événements dans les journaux ni les émissions de radio des villes voisines, sans parler de la capitale. Les plaquettes éditées chaque année par la compagnie minière regorgeaient d'anecdotes pittoresques, illustrant sa participation à la vie de la communauté, d'histoires de nouvelles écoles et bibliothèques. On n'y parlait évidemment ni de la dévastation de villages et de cimetières, ni de la pollution des sources d'eau, ni des pertes humaines, ni des enfants qui, dorénavant, se noyaient souvent dans les innombrables réservoirs artificiels.

Pa Moiwa mourut quelques semaines plus tard, comme de nombreuses personnes âgées au village. Ils furent enterrés près du vieux cimetière, dans l'espoir que leurs esprits pourraient rejoindre ceux qui les avaient précédés. La zone fut malheureusement inondée, et avec elle la fosse commune voisine.

Le village était en pleine opération de relocalisation sur une terre stérile. Les nouvelles maisons étaient plus petites, leurs fondations moins solides. Elles étaient faites de terre crue, pas de ciment ni d'argile. En conséquence, il leur arrivait de s'effondrer sur les familles qu'elles abritaient sans laisser le moindre survivant. Bien entendu, les rapports de police en imputaient la faute aux occupants, qui n'avaient pas su les maintenir dans l'état où ils les avaient trouvées. Le nouveau village ne disposait d'aucun arbre, d'aucune terre arable et d'aucun cours d'eau. Chaque matin, un camion-citerne venait faire la distribution aux habitants. Tous, même les femmes et les enfants, se battaient pour un seau ou deux, alors même que l'eau qu'ils contenaient était troublée par la rouille. Les établissements scolaires rasés n'avaient pas été reconstruits, il fallait donc se rendre au village où se trouvait le collège-lycée. Ce qui impliquait de longs trajets sur des routes où passaient fréquemment d'énormes camions. Les parents qui envoyaient leurs enfants là-bas guettaient toujours avec anxiété leur retour. Les accidents étaient fréquents. Les véhicules ne s'arrêtaient pas lorsqu'ils percutaient quelqu'un. La compagnie minière n'assumait aucune responsabilité.

Benjamin et Bockarie continuaient à travailler pour elle. Rogers, quant à lui, s'était définitivement évanoui dans la nature. Les plus âgés s'attardaient à Imperi, dans ce qui devenait, peu à peu, une carcasse. Tous les villageois avaient déménagé, hormis certains orphelins. Quand les étrangers se présentèrent pour établir combien de maisons ils devraient reconstruire ou combien de compensations financières ils devraient verser, ils ne prirent pas en compte celles occupées par des jeunes, des orphelins, d'anciens enfants soldats. Certains adultes tentèrent de se faire passer pour les propriétaires des murs afin que ceux-ci soient dédommagés – leurs parents possédaient, après tout, ces bâtiments –, mais leurs efforts ne servirent à rien. Les familles adoptèrent un maximum d'orphelins, cependant ceux-ci étaient trop nombreux. Sur l'insistance de Kula, Bockarie prit sous son aile la bande du Colonel, à l'exception d'Ernest, auquel Mama Kadie s'était attachée.

Elle lui confiait intentionnellement des tâches qui le mettaient en contact avec Sila. Ce dernier parlait enfin au garçon, prononçant des mots à son adresse sans pour autant le regarder. Cela avait commencé le jour où Ernest avait défendu, sans user de violence, ses enfants contre de petits tyrans. Une brute avait jeté une pierre et Ernest s'était interposé pour la recevoir sur le dos. Puis il avait poussé un grognement qui avait fait détaler l'agresseur, grimaçant sous l'effet de la douleur. Dès que les yeux de Maada et de Hawa avaient croisé les siens, il leur avait souri. Les petits lui avaient souri à leur tour. Sila avait suivi toute la scène à distance.

« Merci, Ernest », avait-il dit en s'agenouillant pour serrer ses enfants contre lui.

Le jeune homme s'était éloigné ; il ne pouvait se débarrasser de la sensation de ne pas avoir fait assez. Jamais il ne pourrait faire assez pour eux.

Ce n'était cependant pas le moment idéal pour réparer les liens brisés entre les êtres. Pour l'heure, les cœurs devaient apprendre à vivre sur une autre terre, à retenir le souvenir de celle qu'ils abandonneraient bientôt, à embaumer l'image du passé pour qu'elle ne se décompose pas avec le temps, pour qu'elle subsiste, en gardant ses couleurs éclatantes, dans les récits.

Comment se prépare-t-on à quitter son village et à le livrer à des machines ? Il était plus facile de fuir pendant la guerre, tant on savait que, quoi qu'il advienne, si on restait en vie, on pourrait rentrer chez soi et retrouver sa terre. Maintenant, celle-ci ne tarderait pas à être inondée. Et elle disparaîtrait.

C'était le dernier jour du véritable village d'Imperi, avant qu'il ne prenne un nouveau nom, auquel les langues de ses habitants devraient s'habituer. Mama Kadie et Pa Kainesi avaient demandé à tout le monde d'y passer un dernier jour. Ce samedi, le ciel s'était lavé le visage et ses larmes avaient détrempé les chemins de terre, interdisant à la poussière de se soulever. Même les arbres se joignaient aux réjouissances et agitaient légèrement leurs feuilles au vent, soulagées du fardeau de la poussière.

Les anciens trouvèrent leur route d'un pas lourd, leurs pieds nus laissèrent des marques dans la terre si familière. Les maisons paraissaient abandonnées maintenant. Tous les trois ou quatre pas, les anciens levaient la tête vers le ciel. Ils envoyèrent un garçon prévenir tous les villageois de se réunir sur le terrain après la pluie. Ils s'assirent sous la galerie de Pa Kainesi et attendirent. Dès que le garçon eut terminé sa tournée, il se remit à pleuvoir. Avec une vigueur telle, cette fois, que chaque goutte de pluie creusa un sillon profond dans le sol.

Pa Kainesi s'éclaircit la voix.

— Ah, mes amis, nous sommes encore en vie pour ce jour que nous devrons garder dans nos mémoires. Mon sang regorge déjà de souvenirs. Je dois me lever et m'étirer pour faire de la place dans mon âme avant que nous ne prenions la parole.

Il se mit à faire les cent pas sur la galerie, roulant lentement les épaules et soulevant les genoux.

— Kainesi, si tu essaies de réveiller davantage tes vieux os, ils vont se briser. Assieds-toi, s'il te plaît. Tu as fait assez d'espace pour les souvenirs d'aujourd'hui, lança Mama Kadie avec un gloussement.

— Regarde la pluie ! Tu as vu avec quelle force elle tombe ces derniers jours ? Il n'y a pas d'éclairs. Le tonnerre redoute d'annoncer son arrivée.

Il se leva à nouveau et avança jusqu'au bout de la galerie pour recueillir des gouttes dans le creux de sa main. Il frictionna son visage rugueux avec l'eau froide puis reprit :

— Quand j'étais petit, ma grand-mère me disait, lorsqu'il y avait des éclairs, que Dieu avait envoyé les ancêtres prendre des photos de la terre et de ses habitants. Il n'y en a plus. Les derniers remontent aux années où les fusils s'exprimaient. Mon cœur s'emplit de feu dès que j'y pense.

Il regagna son siège en bambou.

— Il pleut aussi plus que de coutume. Comme si la terre voulait se purifier.

Mama Kadie fredonna un air pour supplier la pluie de s'interrompre. Rien n'y fit.

— Si Dieu n'a pas envoyé d'ancêtres pour prendre des photos de cet endroit depuis les années de carnage, alors nous devons trouver le moyen d'attirer des éclairs ici. Il nous faut des souvenirs plus récents de notre village. La guerre n'a pas tout pris, conclut Pa Kainesi.

— Ma voix a porté jusqu'au monde invisible de nos yeux, mais je n'ai reçu aucune réponse, souffla Mama Kadie.

Les autres anciens se contentaient d'écouter. La pluie cessa brusquement – à croire qu'elle avait espionné leur conversation. Personne ne dit rien pendant un long moment. Ils savaient que l'heure était venue de se rendre au terrain, où Mama Kadie s'adresserait à tous une dernière fois.

Lorsque leurs pieds eurent atteint l'ultime parcelle de terre de l'ancien village, ils se tinrent au bord de la route principale. Il fallait des jours et des jours de pluie pour détremper la poussière qui s'y trouvait. Ils regardèrent à droite et à gauche, guettant les voitures et camions qui passaient à tombeau ouvert, sans le moindre égard pour les piétons. Au moment où ils s'apprêtaient à transporter leurs vieux os de l'autre côté, ils entendirent le mugissement d'un moteur qui évoquait une vache blessée. Une Toyota Hilux blanche, vitres baissées, les doubla sans ralentir. Elle projeta de la poussière et des petits cailloux dans son sillage. La poussière recouvrit leurs visages ridés, se déposant sur leurs lèvres et dans leurs narines. Ils crachèrent et toussèrent.

— Mon esprit n'a jamais trouvé d'explication à l'attitude de ces hommes blancs. Pourquoi roulent-ils si vite dans le village ? On est obligé de retenir sa respiration chaque fois qu'on veut se rendre quelque part, remarqua Pa Kainesi avant d'éternuer et d'essuyer son front. Et pourquoi n'ont-ils que des voitures blanches alors qu'ils empruntent des routes poussiéreuses et boueuses ?

Le terrain était bondé, et des conversations joyeuses éclataient un peu partout. Les quelques jeunes du village étaient aussi venus, certains montés dans les arbres pour jouir d'une vue imprenable sur le rassemblement. Le Colonel était présent également, il se tenait à l'écart, avec la ferme intention de stopper les éventuels importuns. Ce serait sa dernière visite à Imperi.

— Comment le monde vous a-t-il accueillis aujourd'hui ? demanda Pa Kainesi à tout le monde.

— Le monde nous a accueillis avec bonté ce matin, car nous nous sommes réveillés en vie ! cria quelqu'un pour couvrir le brouhaha ambiant. Ce qui ne nous empêche pas d'être inquiets !

Certains s'esclaffèrent, d'autres approuvèrent en marmonnant. Pa Kainesi fit signe à Mama Kadie de prendre la suite. Elle ne parla pas aussitôt, invitant l'assemblée au silence qui ramenait les esprits parmi les vivants. Puis elle commença ainsi :

— Nous avions l'habitude de nous asseoir en cercle et de raconter bien des histoires. De nos jours, ces cercles, quand nous réussissons à les réunir, se composent essentiellement d'anciens et d'adultes. Il n'y a pas beaucoup d'enfants pour écouter ces récits. Nous, les anciens, nous avons le cœur qui pleure, parce que nous craignons de perdre le lien qui nous unit aux différentes lunes à venir, aux lunes passées et au soleil d'aujourd'hui. Il se couchera sans entendre nos murmures. Les oreilles de ceux qui sont partis sont sourdes, leurs voix muettes. Nos petits-enfants auront des colonnes vertébrales fragiles, ils n'auront pas les moyens de comprendre le savoir qu'ils contiennent et qui affermit leur présence sur cette terre. Un simple vent de désespoir les brisera facilement. Que devons-nous faire, mes amis ?

Tous les visages se firent sérieux.

— Nous devons vivre dans le soleil de demain, reprit-elle, ainsi que nos ancêtres l'ont suggéré dans leurs contes. Car demain est plein de promesses, et il nous faut nous raccrocher à cette simple possibilité, à ce bonheur tout juste entrevu. Voilà où nous trouverons notre force. Voilà où nous l'avons toujours trouvée. C'est tout ce que je voulais dire.

Elle se détourna de la foule.

Peu à peu, les villageois se mirent à chanter, danser et plaisanter ensemble. Les sourires qui s'étaient ternis brillaient à nouveau. Il n'y avait aucune place pour l'illusion. Leur joie, sincère, émanait de cette magie naturelle que constitue la proximité de l'autre, du courage que l'humanité procure à celui qui l'éprouve. Voilà ce qui leur avait donné envie de danser et de chanter, voilà ce qui avait fait apparaître le soleil. C'était le dernier jour du véritable village d'Imperi. Le nom ferait le voyage jusqu'au nouveau village, mais celui-ci ne serait jamais capable de maintenir en vie les histoires qui lui étaient rattachées.

Trois mois plus tard, personne n'aurait pu deviner qu'un village appelé Imperi avait un jour occupé cet endroit qui consistait à présent en un réservoir artificiel. La surface de l'eau miroitait à cause des minéraux qui se trouvaient en dessous. La drague tournait à plein régime, extrayant le rutile ou, ainsi que les plus vieux l'appelaient, « l'excrément coloré et brillant qui prouve que la terre est en bonne santé ». La plupart des jours, cependant, les gens auraient préféré que les excréments de leur terre soient comme ceux des autres, et que celle-ci ne recèle pas de si belles choses qui leur causaient tant de malheurs.

Le nouveau village ne possédait pas la magie d'Imperi. Les oiseaux ne s'y installèrent pas, n'ayant pas d'arbres où construire leurs nids. Les coqs qui avaient fait le déménagement chantaient à la mauvaise heure.

Un jour que Bockarie était à la mine, son téléphone mobile sonna. Il ne recevait jamais d'appels durant la journée, et ceux qui le contactaient se contentaient de le biper – ils raccrochaient dès qu'il avait décroché, afin qu'il les rappelle ensuite, n'ayant eux-mêmes aucun crédit de communication. Ce jour-là, cependant, son portable sonna avec insistance. Il prit l'appel.

— C'est ton frère, Benjamin. Comment vas-tu, mon ami ?

Sa voix tremblait. Le front de Bockarie se plissa.

— Tu n'es pas au travail ? Et pourquoi gémis-tu ? Tu es adulte.

— Je t'appelle pour te faire mes adieux, mon frère. Veille sur les miens et ramène-les sur ma terre natale pour moi.

Le cœur de Bockarie s'emballa. Il percevait la souffrance de Benjamin à l'autre bout du fil, malgré ses efforts pour ne pas y croire.

— Arrête ta plaisanterie. Ce n'est vraiment pas drôle.

— Je sais que j'ai l'habitude de dire beaucoup de bêtises, mais je suis très sérieux. La drague s'est effondrée et je suis coincé sous l'un des immenses seaux en métal avec cinq autres. Trois sont déjà morts, ce n'est plus qu'une question de temps, ajouta Benjamin.

La peur avait déserté sa voix. Pendant qu'il écoutait son ami, Bockarie avait pris la décision de courir au village pour que celui-ci puisse parler une dernière fois à sa femme et ses enfants. Il se leva de son bureau dans le laboratoire où ils procédaient à l'analyse des échantillons de terre. Son supérieur le rappela à l'ordre :

— Bockarie, rassieds-toi ou tu seras renvoyé.

Son cœur, son corps tout entier étaient emplis de tant de douleur que ses oreilles n'enregistraient aucune des menaces que lui hurlaient ses chefs. Il les écarta de son passage et courut jusqu'au village. Comme il portait son uniforme de travail et son badge, un véhicule accepta de l'emmener. Le portable rivé à l'oreille, il buvait les paroles de Benjamin. Les hommes à l'arrière du camion discutaient de l'accident à la drague ; ils avaient entendu dire que personne n'était blessé.

Bockarie sauta du véhicule avant même que celui-ci se soit immobilisé et se précipita chez Benjamin, où il tendit le téléphone à Fatu. Elle s'efforça de ne pas pleurer devant les enfants. Elle ne prononça pas un mot mais lâcha ce qu'elle avait dans les mains et resta aussi immobile que si des racines lui avaient poussé aux pieds. Son magnifique visage rayonnant était déformé et terni, des larmes roulaient lentement sur ses joues, sa langue ne parvenait pas à articuler le moindre son. Après ce qui parut une éternité, elle arracha l'appareil à son oreille et le rendit à Bockarie. Ses yeux lui demandèrent de rester avec les enfants. Elle courut se réfugier au fond de la maison, où elle vomit et se mit à sangloter, le ventre secoué de convulsions.

Bockarie s'occupa de Bundu et Rugiatu, trop jeunes pour comprendre la situation. Ils s'émerveillaient de pouvoir entendre la voix de leur père au téléphone.

— A bientôt, père, quand tu sortiras de cette machine, lui dit Rugiatu avant de glousser avec son frère.

Bockarie récupéra le mobile. Seul le râle de son ami lui parvenait à présent, ainsi qu'en fond les voix des autres ouvriers pris au piège, qui se demandaient comment accéder au téléphone. Bockarie courut jusqu'au carrefour. Il voulut monter à bord de l'un des véhicules de la compagnie, qui, supposa-t-il, allait à la drague. On lui apprit que personne n'était autorisé à s'y rendre dans l'immédiat. Il plaida sa cause auprès du chauffeur.

— Je suis en ligne avec mon ami, il est coincé là-bas, lui et plusieurs autres sont en train de mourir.

— Tu n'es pas au courant ? Personne n'a été blessé. La drague est tombée dans l'eau, tous les ouvriers sont en sécurité.

Bockarie se laissa choir par terre et pleura. C'était la seule chose qu'il pouvait faire pour honorer la mémoire de Benjamin. Rien ne servirait d'aller trouver la police et il n'avait aucun moyen de répandre la vérité – une annonce à la radio ou un entrefilet dans un journal coûtait de l'argent. Les familles des victimes ne purent même pas récupérer les corps. La compagnie minière s'en tint à sa version des faits : il n'y avait pas eu un seul mort. Ils affichèrent un tableau de service avec les noms de tous les ouvriers en poste ce jour-là, suivis d'une croix indiquant qu'ils étaient sains et saufs. Le nom de Benjamin n'apparaissait pas plus que celui des autres victimes.

La drague fut redressée et les opérations reprirent leur cours. L'incident rappela à tous la guerre, durant laquelle ils avaient payé le même prix émotionnel et psychologique, enterrant les leurs sans corps ni tombes.

Bockarie retourna à la mine, déposa son badge sur le bureau de son patron et partit avant d'être officiellement renvoyé.

Ce soir-là, les familles de Benjamin et de Bockarie se réunirent avec les anciens. Ils oscillaient entre tristesse et joie. Ils ne pouvaient pas parler de ce qui était arrivé ni pleurer devant les enfants de Benjamin. Ceux qui savaient veillèrent à ne rien trahir. En dépit de ces précautions, il arriva que Bundu et Rugiatu fassent involontairement monter les larmes aux yeux des adultes, qui serraient les dents pour empêcher leurs lèvres de trembler sous l'effet de la tristesse.

— Je veux raconter l'histoire que père m'a apprise hier, annonça Bundu à un moment.

Il s'exécuta aussitôt en imitant la voix de Benjamin.

— J'aimerais qu'il soit là, il nous en a promis une autre, déclara Rugiatu.

Elle s'étira et regarda sa mère avec un sourire. Plus tard, une fois tous les enfants endormis, Bockarie, son père, Kula, Fatu et Mama Kadie restèrent dehors, dans le noir. Assise à côté de Fatu, Kula la consolait en lui frottant le dos pour apaiser les spasmes de son estomac.

— Je lui ai promis de reconduire sa famille chez lui, à Kono, expliqua Bockarie. Je dois m'organiser au plus tôt, la situation est si précaire ici...

Il se leva et descendit les marches du perron pour disparaître dans la nuit sans un mot. Personne ne lui demanda rien.

Les jours qui suivirent furent difficiles. Ils ne pouvaient pas porter le deuil de Benjamin, car la compagnie minière refusait de reconnaître sa mort, soutenue en cela par certains ouvriers. Les enfants continuaient à demander à Bockarie quand leur père allait enfin sortir de cette machine d'où il leur avait parlé. Leur mère pinçait les lèvres pour ne pas sangloter devant eux. Elle n'était pas certaine de réussir à tenir très longtemps. Kula l'aida à s'occuper des enfants pendant cette période pénible. Bockarie attendit une semaine, pour le cas où le corps de Benjamin serait retrouvé, en vain. Personne n'avait pu accéder à la zone de l'accident. Des vigiles armés gardèrent l'endroit jour et nuit jusqu'à ce que la compagnie ait réparé les dégâts et que la drague tienne à nouveau debout.

12

— On ne peut pas attendre plus longtemps, on doit quitter Imperi demain.

Bockarie parla ainsi à Fatu un après-midi au terme de cette semaine d'attente. Ils rentraient d'une promenade le long de la route, hors du village. Il s'y trouvait un arbre auquel elle s'accrochait le temps de hurler sa douleur au vent. Elle séchait ensuite ses larmes et débarrassait sa figure de toute trace de tristesse, puis elle rentrait retrouver ses enfants.

— Tu as raison. Rester ici ne m'aide pas. Je vais faire mes bagages ce soir.

La voix de Fatu était brisée tant elle avait pleuré. Plus tard, alors qu'elle emballait ses affaires, elle décida d'abandonner les habits de Benjamin. Ça lui faisait trop mal de les emporter. Elle pressa certaines de ses chemises contre son nez pour se rappeler son odeur. Elle avait besoin de l'enterrer, d'une façon ou d'une autre, et partir sans ses vêtements était un début. Après avoir lavé et habillé les enfants, Kula leur prépara de la nourriture pour le voyage. Quand ils lui demandèrent pourquoi leur père ne venait pas avec eux, elle leur répondit :

— Vous allez passer des vacances particulières, chez vos grands-parents.

Ils coururent vers leur mère, ravis. Leur innocence la fit sourire, mais elle ne dit rien ; depuis la mort de son mari, elle était plus silencieuse que de coutume. Elle envisageait de chercher un travail dans n'importe quel hôpital ou clinique. Même une pharmacie ferait l'affaire.

Ils embarquèrent à bord du bus. Bockarie s'assit derrière Fatu et les enfants. Il fit au revoir à sa famille avant de taper sur la carrosserie pour donner au chauffeur le signal du départ. Il serait absent une semaine. Benjamin et lui avaient parfois discuté de la possibilité d'un déménagement dans le district de Kono, où ils pourraient tenter leur chance dans une mine de diamants. Imperi ne lui convenait plus, et il voulait essayer autre chose.

Sur la route de Koidu, chef-lieu du district de Kono, il était impossible de s'imaginer qu'on roulait vers un endroit qui recelait des diamants. Il fallait se tenir des deux mains et prier pour que le bus ne se renverse pas, ne perde pas ses pneus et ne tombe pas en pièces.

Bockarie n'avait jamais vu de véhicule comme celui dans lequel ils se trouvaient, assemblage hétéroclite d'éléments : portières, pneus, le tout sans doute récupéré sur d'autres bus ayant rendu leur dernier souffle le long de cette route. Il interrogea le chauffeur.

— Tu ne connais pas ce modèle ? C'est un « Conduis-moi à bon port » ! plaisanta celui-ci.

Bockarie ne riait pas, lui. Il voulait s'assurer que la famille de Benjamin arriverait chez elle saine et sauve, et c'était le seul moyen de transport rapide qu'elle pouvait se payer. Pour les gens ordinaires, soit la majeure partie de la population sierra-léonaise, il n'y avait pas d'autres façons de voyager.

Toute la journée, le chauffeur évita les nids-de-poule en zigzaguant, passant d'un côté de la route à l'autre pour franchir les cavités moins profondes que les autres. Il s'épongeait le visage chaque fois qu'il réussissait à en contourner une et, dès qu'il tournait le volant, projetait son corps tout entier dans la même direction. Il lui arrivait de descendre et d'étudier les environs avant de décider s'il pouvait se frayer un chemin à travers les fourrés pour échapper aux portions de chaussée trop endommagées. Il retrouvait la route plus tard, et les innombrables obstacles qui la jalonnaient – petite rivière, arbre abattu. Ceux habitués à de telles routes poursuivaient leurs discussions avec entrain comme si nul danger ne menaçait dehors. Le bus passait si près des fourrés qu'un homme, qui s'apprêtait à mordre dans un morceau de pain, se le fit dérober par une branche. Les autres passagers s'esclaffèrent – ils ne se moquaient pas de l'homme, mais de la situation. Bockarie conservait le silence même si son voisin avait cherché à engager la conversation plusieurs fois. Les yeux des enfants circulaient entre Fatu et Bockarie, et ce dernier leur adressait tantôt des sourires, tantôt des grimaces. Les petits gloussaient et se cachaient dans les jupes de leur mère.

A un moment, tous les passagers durent descendre pour que le bus puisse gravir une colline. Pendant qu'ils marchaient derrière lui, dans la fumée que recrachait le moteur à l'agonie, un homme en tunique blanche, une croix autour du cou, suggéra de prier pour eux. Il mit à exécution sa proposition sans attendre l'approbation des voyageurs. Quand il eut terminé, il réclama des dons. Tous refusèrent.

— Peut-être que si tu avais prié pour l'arrivée d'un nouveau moyen de transport, et que tu avais été exaucé, tu aurais mieux réussi à susciter notre générosité, ironisa quelqu'un.

— Le problème n'est pas là, enchaîna un autre. Il n'avait pas l'intention de partager l'argent qu'il aurait gagné avec Dieu, alors qu'il Lui demande de nous garder en vie. Dieu fait tout le boulot, et cet homme récolte tous les bénéfices. Je n'accepterais jamais un tel partenariat, et je suis à peu près certain que Dieu est plus intelligent que moi.

Même l'homme en robe blanche ne put retenir un éclat de rire.

Lorsque Bockarie, Fatu et les enfants atteignirent enfin Koidu, ils décidèrent de s'installer dans un restaurant proche et de boire de l'eau fraîche avant de se rendre chez la famille de Benjamin. A l'entrée de la ville se dressait la carcasse d'un char de combat des Nations unies. Avec le temps, il était devenu un élément de décoration du rond-point ; les enfants jouaient même avec, se pourchassaient tout autour, grimpaient à l'intérieur, se balançaient sur le canon. Leurs visages joyeux firent oublier à Bockarie et Fatu que cet engin avait initialement été destiné à prendre des vies. Bundu et Rugiatu, qui n'y voyaient qu'un jeu, brûlaient de rejoindre les autres enfants. Les traits de leur mère exprimaient des réticences qui les convainquirent de garder leurs désirs pour eux.

Il n'y avait pas que le tank. Les bâtiments criblés de balles, et auxquels il manquait parfois un mur ou le toit, faisaient dorénavant partie du décor de cette ville. On avait le sentiment que personne n'avait entrepris d'effacer les cicatrices du passé récent. Les seules maisons en excellent état appartenaient à ceux qui trempaient dans le commerce des diamants. Elles comportaient toutes des panneaux indiquant : ICI ACHAT ET VENTE DE DIAMANTS. Elles étaient protégées par des grilles, des murs en ciment et des rouleaux de fil barbelé. Fatu cherchait les cliniques, les hôpitaux, les pharmacies. Elle savait qu'il y en avait autrefois. Ils n'existaient peut-être plus. C'était de toute façon un nouveau principe : il valait mieux supposer que ce qu'on avait connu dans le passé n'existait plus.

A l'intérieur du restaurant, un Noir bien habillé et un Blanc parlaient affaires. Avisant la quantité de nourriture et de boisson sur leur table, Bockarie en conclut qu'ils étaient prospères et ne s'en cachaient pas. Il tendit l'oreille pour écouter leur conversation. Un homme pauvre, privé de perspectives, devait parfois vivre par procuration : l'aisance ostentatoire ou le bonheur prétendu des autres lui permettaient de se rappeler que la chance pouvait encore lui sourire. Qu'il n'avait pas forcément à se contenter d'être en vie.

— C'est un endroit misérable dont le sol recèle des merveilles. J'ai dépensé des centaines de milliers de dollars rien que pour la mise en place de l'exploitation, disait le Blanc.

— Tu récupéreras ton investissement en moins de temps qu'il n'en faut pour le dire, ne t'inquiète pas, lui répondit son compagnon. Nous savons tous qu'un homme d'affaires n'investit jamais, même dans un endroit « misérable », que s'il est sûr que sa mise de départ lui rapportera beaucoup.

Il s'esclaffa.

— J'adore ce pays. C'est pourquoi j'investis autant !

— Vraiment ?

— Bien sûr que non ! Mais les gens sont prêts à gober cette histoire d'amour de la terre ! Ils s'imaginent qu'on veut investir pour son développement et son avenir !

Les deux hommes trinquèrent. Ils burent à longs traits, avec une satisfaction évidente. Puis ils se remirent à goûter les différents plats étalés devant eux. Bockarie songea : La vérité est plus compliquée. Cette terre contient des merveilles, dans son sol autant que dessus. Et ce sont ces merveilles qui en font un endroit misérable. Sierra Leone, terre misérable cachant des merveilles et pourvue d'habitants à la force indescriptible... En a-t-il toujours été ainsi ? Cela changera-t-il un jour ?

La serveuse leur apporta de l'eau fraîche et du jus de mangue qu'ils sirotèrent tranquillement avant de se rendre chez Benjamin. Fatu et Bockarie firent durer le court trajet en engageant la conversation avec tous ceux qu'ils croisaient. Transmettre la nouvelle d'un décès avait toujours été difficile, et ça l'était encore plus depuis la fin de la guerre : tous s'étaient en effet convaincus qu'après avoir surmonté les épreuves du passé la mort leur laisserait quelques années de répit.

Hélas, Fatu, ses enfants et Bockarie touchaient au but de ce long voyage, et ils avaient beau repousser l'inéluctable, ils approchaient de leur destination. Ils finirent par apercevoir la maison, avec sa galerie et sa cour animée, où se déroulaient les activités habituelles qui préparaient l'arrivée de la soirée. Les hommes se prélassaient sur des bancs en bois ou dans des hamacs ; les femmes apportaient la touche finale au dîner, certaines surveillaient les marmites bouillonnantes ou le riz, d'autres pilaient des aliments dans un mortier. Les petites filles se faisaient des tresses, ou revenaient de la source, des seaux d'eau sur la tête. A quelques mètres, les garçons jonglaient avec un ballon de foot ; ils ne s'interrompaient que lorsqu'on leur confiait une mission : aller au marché acheter un ingrédient manquant ou couper du bois.

La mère de Benjamin était assise contre le goyavier dans la cour. Elle fut la première à les repérer. Son cœur se lança dans son habituelle danse de bienvenue, puis soudain elle fondit en larmes : elle avait remarqué que ses petits-enfants étaient sans leur père. Une mère peut se fier à son instinct dans ce domaine.

— Pourquoi pleures-tu, grand-mère ? s'inquiéta Rugiatu.

— Si tu regrettes l'absence de père, ne t'inquiète pas, il est dans cette petite machine qu'oncle Bockarie a toujours sur lui, ajouta Bundu.

Leur grand-père, qui avait quitté ses amis pour venir accueillir tout le monde et consoler sa femme, décida d'emmener les enfants faire un tour. Bockarie et Fatu pourraient ainsi fournir les explications nécessaires.

Ce soir-là, sur la galerie, Bockarie dit aux parents de Benjamin, M. Matturi et Sia, combien leur fils, un homme extraordinaire, l'avait aidé à faire face aux difficultés de l'existence avec son humour et sa détermination inébranlables.

— Il est parti d'ici après la guerre parce que la plupart de ses amis avaient trouvé la mort dans la mine de diamants, expliqua M. Matturi. Ils voulaient se faire de l'argent rapidement. Je l'ai poussé à nous quitter et à chercher un travail moins dangereux ailleurs. Je lui ai suggéré de reprendre l'enseignement, qui me paraissait plus sûr. Il avait peut-être raison au fond, quand il pensait pouvoir réussir dans le commerce du diamant sans mettre un pied dans la mine. Aujourd'hui il n'est plus là...

Bockarie comprit soudain que Benjamin n'avait pas dit à ses parents qu'il travaillait dans une mine de rutile.

— Nous nourrissions l'espoir de quitter cet endroit pour nous rendre dans votre région, poursuivit M. Matturi.

Bockarie faillit leur demander pourquoi ils envisageaient une telle chose alors qu'il était impatient, lui, de quitter son village natal. *Vous ne trouverez rien de plus là-bas, et ce qui en faisait mon chez-moi disparaît un peu plus chaque jour*, aurait-il voulu dire. Il garda ces réflexions pour lui et les écouta évoquer les difficultés de leur existence, le désespoir, particulièrement fort chez les plus jeunes en quête de débouchés. On les croisait partout en ville, guettant un changement. Après avoir attendu trop longtemps en vain, n'importe quelle opportunité, même diabolique, devenait une option : ils se retrouvaient à creuser dans des mines, à la recherche de diamants. Et ces mines s'effondraient souvent sur eux. M. Matturi parla jusqu'au cœur de la nuit, sa voix, de plus en plus grave, ajoutant à la solennité de l'obscurité.

Un coq avait chanté vers minuit, et le père de Benjamin s'en était étonné. Bockarie s'était alors rappelé que la même chose s'était produite à Imperi. Juste avant que la situation n'empire.

Le sommeil se refusa à Bockarie cette nuit-là. Son esprit se repassait en boucle les derniers râles de Benjamin. Il avait l'impression que l'agonie recommençait, que son ami était dans la même pièce que lui ou haletait dans le téléphone. Il arrivait d'ailleurs à Bockarie de plaquer le portable contre son oreille. A mesure que la nuit progressait, la respiration lui semblait de plus en plus bruyante.

Comme son esprit était incapable de se reposer, il se leva de bonne heure et sortit faire un tour en ville. Alors que son corps se libérait de son indolence, il aperçut des jeunes garçons et des hommes armés de pelles et de pioches. Ceux-ci se dirigeaient vers les mines de diamants, où ils espéraient mettre la main sur la pierre qui ferait leur fortune. Certains se tenaient la tête à deux mains, et celle-ci semblait peser une tonne, signe que la faim les torturait durant la nuit, encore et encore, alors même qu'ils avaient d'autres problèmes plus urgents à régler. Bockarie ne supportait plus ce spectacle. Il avait espéré que ce jour neuf, qui n'avait pas encore été abîmé par le monde, lui offrirait une image de pureté.

Il rejoignit Fatu et les enfants vers dix heures. Près de la maison, il aperçut des camions de police. Les forces de l'ordre, équipées de matraques et de fusils, cognaient aux portes, exigeant que les habitants évacuent immédiatement la zone.

— Allons-y ! hurla le commandant dans son porte-voix.
— Plus vite !
— Bougez-vous, bande de paresseux !

Les hommes surgirent torse nu, portant les plus jeunes de leurs enfants dans leurs bras et traînant les autres. Ils se hâtèrent vers le centre-ville. Les femmes, déjà levées, suivaient avec la nourriture qu'elles avaient réussi à rassembler dans la précipitation. Il y avait beaucoup de petits enfants, mais ils étaient habitués à cet exercice, ainsi que l'exprimaient leurs visages. Ça n'avait rien de comparable à la panique de la guerre, à cette terreur de l'inconnu, et pourtant Bockarie fut perturbé par ce spectacle. Il voulut comprendre ce qui se passait et n'obtint, pour toute réponse, que des regards sévères. Devrais-je être au courant ? s'interrogea-t-il. Il courut à la maison retrouver Fatu et les enfants. Le vent apporta le mugissement d'une sirène, et d'autres habitants sortirent de chez eux. Bockarie aperçut le père de Benjamin.

— Viens avec moi, lui dit M. Matturi, je t'expliquerai plus tard.

Il marchait aussi vite que ses vieux os le lui permettaient. Il tenait Sia par la main. Bockarie alla chercher Rugiatu et Bundu sur la galerie, puis s'assura que Fatu était prête à partir. Les enfants tremblaient de peur, pétrifiés devant le remue-ménage. Fatu n'éprouvait aucune crainte, elle, et la lenteur de ses mouvements démontrait qu'elle ne se souciait plus de ce qui pouvait lui arriver. Ils se mirent à courir derrière la foule.

Les gens ne s'arrêtèrent pas, même lorsqu'ils reçurent des pierres, lancées à une telle vitesse que Bockarie douta qu'une main humaine puisse en être à l'origine. Un énorme bloc atteignit deux garçons et leur père, les projetant contre un arbre, au pied duquel ils s'effondrèrent, inconscients. Personne ne pouvait s'arrêter pour aller s'occuper d'eux. Un bruit d'explosion retentit et la terre se mit à trembler. Tous les bâtiments chancelèrent sur leurs fondations, certains s'effondrèrent, perdant leurs toits en tôle ondulée, en chaume ou en bambou.

Les villageois s'assirent sur des nattes et attendirent de longues heures. Les explosions continuaient, et l'on voyait voler les projectiles au loin. Quelqu'un doit m'expliquer, songea Bockarie. Comme s'il l'avait entendu, M. Matturi lui dit :

— Ces dynamitages se produisent tous les jours, seule l'heure change. Chacun doit se tenir prêt à fuir son périmètre n'importe quand. Les sirènes ne nous laissent pas assez de temps.

— Tu veux dire que vous êtes déplacés chaque jour ?

Bockarie ne parvenait pas à se représenter la chose.

— Je n'y avais jamais pensé... fit M. Matturi. Mais oui, c'est ça.

Il réfléchit quelques secondes avant de reprendre :

— Ils prétendent qu'ils installent des filets au-dessus des mines pour empêcher les pierres de blesser les gens. Tu as pu voir par toi-même ce qu'il en était. Il arrive que la police débarque et nous force à partir de chez nous. Tu l'as vu, aussi.

Il secoua la tête.

— Et les blessés, ils sont conduits à l'hôpital de la compagnie diamantaire ? Je l'ai aperçu ce matin, en me promenant, et il m'a paru très moderne.

— Cela semblerait naturel, mais non, mon fils, quand on est blessé, ou tué, on doit résoudre ce problème tout seul, ou avec l'aide de sa famille.

M. Matturi s'assit à côté de sa femme et la serra contre lui pour la consoler. La douleur causée par la mort de leur fils avait été comme ravivée par la fuite. Elle n'avait pas autant pleuré la veille. A présent, elle laissait libre cours à ses larmes.

— Grand-mère pleure à cause des pierres qui volent ? s'inquiéta Rugiatu.

— Grand-père et elle peuvent rentrer avec nous à Imperi. Il n'y a pas de pierres là-bas, et père nous y attend, poursuivit Bundu.

Le garçon s'approcha de la vieille femme et lui toucha le visage, voulant essuyer ses larmes de ses petites mains.

Ils rentrèrent chez eux des heures plus tard. Certaines maisons avaient été endommagées : vitres brisées, vieux toits en zinc défoncés. Il y avait des débris partout. Les femmes et les filles s'armèrent de balais. Les hommes et les garçons se chargèrent de réparer les dégâts, et bientôt chacun reprit le fil de son existence comme si de rien n'était. Les plus jeunes, qui avaient cours l'après-midi, enfilèrent leurs uniformes et partirent pour l'école.

Bockarie avait abandonné toute velléité d'installer sa famille dans cette ville. Pour autant, Imperi ne lui convenait pas non plus. Il devait trouver un autre endroit dans le pays. Il décida de s'en entretenir avec M. Matturi : ainsi, Fatu et les enfants pourraient l'accompagner s'ils le souhaitaient.

Lorsque Bockarie aborda la question, M. Matturi accepta d'en discuter avec Fatu. Il ajouta qu'il avait l'intention de déménager avec tous les siens pour la capitale, Freetown. Un cousin pourrait les héberger le temps qu'ils trouvent un logement. Bockarie se dit prêt à en parler à sa femme.

— Mon cousin pourra vous aider à chercher un toit, ou vous en fournir un. Vous faites partie de la famille maintenant, j'espère que tu le sais. Je trouve dans ton regard la même curiosité que dans celui de mon fils. Je serais heureux de te voir souvent, conclut M. Matturi en passant un bras autour des épaules de Bockarie.

Ce soir-là, ils organisèrent une petite cérémonie en l'honneur de Benjamin. Le pasteur récita une prière, et l'imam une autre. On mangea et on évoqua la mémoire du défunt. Sia et Fatu prirent les enfants à part et trouvèrent les mots pour leur apprendre la vérité. Bundu et Rugiatu se refusaient à admettre que leur père était parti à tout jamais.

— Pourquoi n'est-il pas venu nous dire au revoir, dans ce cas, avant de s'en aller ? demanda Rugiatu à sa mère.

Son frère se jeta contre les jambes de Bockarie, cherchant à capter son attention de ses petits yeux. Quand il l'obtint, il lui demanda :

— Oncle Bockarie, je peux dire au revoir à père dans ta petite machine ?

— Il ne pourra pas te répondre, mais il t'entendra, d'accord ?

Bockarie lui tendit le téléphone mobile. Le garçon le colla contre son oreille et dit :

— Au revoir, père. Nous sommes en visite chez grand-père et grand-mère. Ne quitte pas, je te passe Rugiatu.

Bundu courut rejoindre sa sœur.

— Père, tu ne peux pas partir tout de suite. Tu devais me raconter la fin de cette histoire que tu as commencée !

Elle attendit une réponse. Une bourrasque se leva et le portable lui échappa des mains pour atterrir par terre.

Bockarie rêva de Benjamin, qui le remercia, le visage impassible. Alors que, en proie à un sommeil agité, il se retournait dans son lit, la sirène retentit à nouveau. Il connaissait la chanson. Il enfila son pantalon, puis se rendit dans l'autre chambre, où il souleva les petits corps endormis de Bundu et Rugiatu. Fatu lui adressa un maigre sourire – elle n'était capable de rien d'autre –, et ils quittèrent la maison tous ensemble. Ils dépassèrent des marmites de nourriture laissées sans surveillance qui seraient sans doute gâtées à leur retour.

Lorsque la famille fut en sécurité, Bockarie entendit pleurer un groupe de femmes rassemblées en cercle. Une autre, plus jeune, gisait sur le sol. Du sang coulait entre ses jambes. La secousse qui avait accompagné l'explosion avait déclenché une fausse couche. La femme, endormie dans son lit, ne s'était pas levée assez vite. Son mari était assis à l'écart, la tête abandonnée contre le tronc d'un arbre, les poings serrés.

— Comment réagit la police ici, quand elle est confrontée à de tels drames ? demanda Bockarie.

M. Matturi lui répondit :

— Ils coopèrent avec les diamantaires. Tout le monde les a dans la poche, sauf ceux qui ont vraiment besoin d'eux. Des enfants ont été tués dans leur sommeil à cause des projections de pierres. Des personnes âgées, aussi. On n'en parle pas. Des représentants des droits de l'homme ont tenté de diffuser ces histoires à la radio locale, mais ils ne sont pas nombreux et personne ne les croit. Les entreprises font tout ce qui est en leur pouvoir pour les condamner au silence, notamment en versant des pots-de-vin aux directeurs des programmes.

M. Matturi promena son regard autour de lui, puis poursuivit, usé par la vue de tant de souffrance :

— Même si notre réserve de miracles est épuisée ici, nous sommes toujours en vie, fils ! Alors réjouissons-nous ! Admire le soleil qui se lève... Demain est à nous.

L'expression de ses yeux se modifia, transformant son visage, où toute forme d'abattement fut chassée.

La journée n'était pas terminée, cependant. Un autre accident se produisit à la mine de diamants, causant la mort de six personnes. Les habitants de la ville accusèrent la compagnie KHoldings, et le drame connut un retentissement national moins d'un jour plus tard. Le vice-président rendit une visite à Koidu alors que Bockarie s'y trouvait encore. A peine arrivé, il alla à une réunion avec les responsables de la compagnie. Dans un second temps seulement, il rencontra ses concitoyens, qui guettaient sa venue. Tous leurs espoirs furent anéantis dès qu'il prit la parole.

— Que tout le monde s'assoie par terre ! Asseyez-vous pour pouvoir me voir, moi ! hurla-t-il.

Les articulations des chefs les plus âgés protestèrent. La foule désapprouva mollement.

— Je n'hésiterai pas à vous punir, j'ai le bon droit pour moi, les menaça-t-il, s'appropriant, sans vergogne, la loi de la Sierra Leone. Si vous ne vous asseyez pas tous par terre, et en silence, vous tâterez de mon pouvoir. Et je peux vous dire que vous regretterez le jour où votre mère vous a mis au monde.

C'en était trop pour Bockarie. Il s'éloigna, refusant d'obtempérer.

Il resta encore un jour, puis partit pour Imperi le lendemain, plus tôt que prévu. Il espérait s'installer dans la capitale et revoir la famille de Benjamin. Rugiatu et Bundu versèrent des larmes pour son départ.

A son arrivée au village, Bockarie poussa un soupir de soulagement, recrachant toute la poussière et la fumée avalées sur la route. Au moment de redémarrer, le bus révéla les visages accueillants des siens. Son plus jeune enfant traversa la route pour venir se jeter dans ses bras. Les autres l'étreignirent à leur tour, avant que Bockarie ne reçoive les baisers et les caresses, qui lui avaient tant manqué, de Kula. Elle lui chuchota des paroles qui le firent sourire. A la maison, les premiers mots de son père furent pour l'informer que la drague s'était, à nouveau, effondrée. D'autres ouvriers avaient disparu.

— Cette drague est maudite parce qu'elle fouille la terre d'un cimetière, conclut-il.

Les étrangers avaient une autre explication : ils parlaient d'une panne mécanique due à l'incompétence de leurs ouvriers. Alors que la famille était installée sur la galerie pour profiter de l'intermède de l'après-midi, Bockarie exposa son projet de déménagement.

— Il n'y a aucune perspective pour moi ici, pour aucun de nous. Nous finirions par accepter l'idée, comme beaucoup, que notre existence ne pourrait pas être meilleure.

Il s'abîma dans ses pensées.

— Je voulais justement en parler avec toi, mon époux, dit Kula. Je partage ton avis, nous devons quitter cet endroit qui mérite à peine le nom de foyer, pour le bien de nos enfants.

Le père de Bockarie ne les accompagnerait pas.

— C'est ma terre, je me dois de rester. Cette partie de notre histoire exige un témoin. Il n'y a pas d'autre moyen de maintenir la tradition orale : les conteurs se doivent de vivre les choses qu'ils racontent, afin de pouvoir ensuite leur donner du sens et de la puissance. Kadie et moi avons décidé d'assumer ce rôle.

Il mit Bockarie en garde contre les dangers de la ville, où il avait vécu autrefois. Lieu, selon lui, où les gens n'entendaient plus les murmures du passé dans leurs cœurs, où ils ne dormaient plus assez pour rêver des contes ancestraux.

Mama Kadie leur rendit visite alors que Pa Kainesi délivrait sa mise en garde, et elle ajouta sa voix à la sienne. Un jeune citadin était venu assister à l'enterrement de son père à Imperi. Il avait gardé ses lunettes noires pendant toute la cérémonie, même lorsqu'on avait échangé des anecdotes sur le défunt.

— Comment l'esprit des siens pourrait-il l'atteindre s'il cache ses yeux à un enterrement ? Comment les ancêtres sauront-ils quels récits lui conter s'ils ne peuvent pas trouver son regard, qui les informera sur ses besoins ?

Elle soupira avant d'ajouter :

— Nous ne devons pas oublier entièrement le passé. Prends soin des traditions et puise dans celles qui te seront le plus utile quand tu seras là-bas.

Elle serra la main de Kula.

Deux semaines plus tard, Bockarie, Kula et leurs enfants, après avoir réuni un peu d'argent et vendu tout ce qui serait superflu à Freetown, quittaient Imperi. C'étaient les vacances, les enfants commenceraient donc une nouvelle année scolaire à la capitale. Bockarie et Kula leur avaient défendu de parler de leur déménagement à quiconque – en dehors de leurs proches. Il arrivait que les pensées négatives de certains interrompent les nouveaux départs, ou les entravent. Les seules personnes au courant étaient Mahawa, Sila et ses enfants et, bien sûr, la bande du Colonel, même s'ils ne vinrent pas leur rendre visite une dernière fois. Ils détestaient les adieux. Mahawa, Sila et ses enfants se présentèrent, eux.

— En toute honnêteté, plaisanta Sila, je suis moins venu pour vous faire mes adieux que pour déguster un de tes repas une dernière fois, Kula ! Ainsi, j'espère garder le souvenir de la bonne nourriture ! ajouta-t-il, provoquant l'hilarité générale.

Kula les serra, ses enfants et lui, contre elle. Ils avaient les larmes aux yeux. Mahawa sanglotait, les lèvres frémissantes. Elle ne lâchait pas la main de Miata. Toutes deux étaient assises sur une natte dans la cour. Tornya dormait à côté d'elles.

— Ne nous oublie pas, je t'en supplie, finit par articuler Mahawa.

— Je te le promets, ma sœur.

Miata lui pressa les doigts. De son côté, Mama Kadie appela Oumu :

— Viens me voir un moment, ma petite.

La fillette s'installa sur le banc, à côté de l'ancienne, et bientôt elles furent si absorbées par leur conversation qu'elles semblèrent oublier l'existence des autres.

— J'ai une dernière histoire à te confier. Le moment venu, tu sauras qu'il te faut la raconter.

Pendant cinq minutes au moins, la vieille femme chuchota avec animation à l'oreille d'Oumu. La petite regardait droit devant elle, fixant la nuit. Alors que le récit touchait à sa fin, un sourire apparut sur son visage. Elle leva les yeux vers Mama Kadie et la remercia sans un mot. Abandonnant sa tête sur les genoux de la vieille femme, elle laissa ses larmes rouler sur le boubou.

— Il ne doit pas y avoir de tristesse dans notre séparation, mon enfant. Ton esprit est porteur de mes mots. Ainsi, nous serons toujours ensemble.

Elle caressa les joues d'Oumu et attendit que les larmes se soient taries avant de la libérer pour parler au reste de la famille.

La cérémonie des adieux se déroula ce soir-là afin de ne pas éveiller, le lendemain matin, les soupçons des curieux par leurs effusions. Mama Kadie et Pa Kainesi touchèrent les têtes de tous pour les bénir avant de s'en aller pour soi-disant dormir. Lorsqu'on voyait partir des êtres chers, même pour de bonnes raisons, on avait parfois du mal à trouver le sommeil.

Le matin du départ, il tombait une petite bruine. Bockarie et les siens attendirent, protégés par les derniers instants d'obscurité, que le bus arrive, ce qu'il fit avec encore plus de retard que de coutume. Mais les choses se produisent le plus souvent à la bonne heure, contrairement à ce que l'on a tendance à se figurer.

13

La route vers la ville était encore drapée dans les vestiges de la nuit lorsque le bus Bedford quitta Imperi. Il était légèrement en meilleur état que le « Conduis-moi à bon port » qui avait emmené Bockarie à Koidu. Le bus se fraya un chemin entre les nombreux réservoirs artificiels ; le chauffeur klaxonnait régulièrement pour alerter les autres véhicules de sa présence, ses phares ayant à peu près autant d'éclat qu'une lampe torche à bout de souffle.

Dix minutes après leur départ, ils faillirent avoir deux accidents. Le premier à cause d'un virage en épingle à cheveux créé la veille. Le panneau qui indiquait de tourner à gauche n'avait surgi qu'au moment où le chauffeur s'était retrouvé nez à nez avec une pile de conduites en acier et d'engins garés le long d'un réservoir. Il écrasa la pédale et les freins émirent un terrible grognement, permettant au véhicule de ralentir juste à temps pour négocier le tournant. Les passagers furent projetés d'un côté puis de l'autre. Ils étaient tous parfaitement réveillés à présent.

— Le tracé de cette route change si souvent que je ne suis jamais sûr de l'endroit où je vais atterrir, s'esclaffa le chauffeur avant de se tourner vers les voyageurs. Maintenant que vous avez les yeux bien ouverts, je vais vous demander de me payer. Autant profiter que nous soyons tous en vie !

Il chargea son apprenti d'aller récolter l'argent.

— Pourquoi cette précipitation ? s'étonna un vieil homme. Ça t'avancera bien d'avoir de l'argent dans la poche si aucun d'entre nous ne s'en sort.

Il tria soigneusement ses billets pour donner les plus froissés à l'apprenti.

— Ils sont sur le point de rendre l'âme, ajouta-t-il. Ils méritent de servir peut-être pour la dernière fois.

Il sourit au jeune homme, qui lissa les billets puis les plia.

— Réponds à ma question, monsieur le chauffeur, insista le vieil homme en inclinant son corps vers lui.

— Ainsi, je mourrai la poche pleine et je serai en mesure de soudoyer quelques anges pour qu'ils me laissent passer un peu de temps au paradis. Si vous payez maintenant, je pourrai peut-être m'offrir une heure, ou plusieurs jours, au paradis !

Le chauffeur accompagna son éclat de rire d'un coup de Klaxon. Les passagers partagèrent son hilarité. Dès que Bockarie eut versé le montant du trajet pour toute sa famille, le bus fit une embardée et son pneu arrière se retrouva prisonnier du réservoir artificiel. Un poids lourd, qui n'avait qu'un seul phare, faillit les percuter. Les voyageurs descendirent pour remettre le bus sur la route.

— Chauffeur, tu devrais nous payer pour notre aide, suggéra quelqu'un.

— Je viens de vous sauver la vie en évitant cet accident, considérez que c'est là votre paiement.

Il sauta sur son siège et redémarra.

Le voyage fut long. Chaque fois qu'ils descendaient une côte, le chauffeur coupait le moteur pour économiser de l'essence. Les enfants guettaient avec impatience les arrêts, où une foule de petits vendeurs se massaient autour du véhicule, de part et d'autre, et criaient pour attirer l'attention des passagers : « Cacahuètes ! Pain ! Sodas ! Biscuits ! Eau fraîche ! » Bockarie en profitait pour leur acheter des bonbons. Lorsqu'ils quittèrent l'intérieur des

terres et approchèrent de la capitale, la route s'améliora :
le chauffeur pouvait enfin rester de son côté de la chaussée
– du moins par moments. La circulation s'était densifiée
et ils voyaient passer certains véhicules avec des passagers
blancs et des autocollants proclamant : « Nous sauvons
des vies dans ce pays. » Ces voitures, qui ne contenaient
en général pas plus de trois personnes, doublaient des
véhicules surchargés à une vitesse étourdissante.

— Et si tu leur demandais de ralentir, s'il te plaît, et de
sauver certains d'entre nous de ce maudit tas de ferraille ?

Bockarie avait été ainsi entrepris par le vieil homme qui
avait interpellé le chauffeur plus tôt. Il ajouta :

— En même temps, vu la vitesse à laquelle ils roulent,
ils risquent de ne jamais arriver là où ils sont attendus
pour sauver des vies !

— Je n'ai jamais vu aucun représentant de ces organisa-
tions dans mon district, remarqua Bockarie en se grattant
le crâne.

— J'en déduis que tu viens d'un endroit où il n'y a ni
bonnes routes ni électricité.

Le vieil homme hocha aussitôt la tête, façon d'indiquer
que Bockarie n'avait pas à apporter de réponse à sa question, tant celle-là était évidente.

— On ne doit sauver que ceux qu'on peut atteindre
sans trop de dérangement. Tu vois, je suis si vieux que
je ne parviens plus à garder la vérité pour moi !

Alors qu'il hurlait de rire, une autre de ces voitures les
dépassa en trombe.

De petits stands proposant toutes sortes de produits
firent leur apparition sur les bas-côtés. Sur les trottoirs,
en particulier lorsqu'il y avait une source de lumière,
des hordes de jeunes s'agitaient en tous sens, pour une
raison qui n'avait rien d'évident. La tombée de la nuit
approchait, Thomas et Oumu commençaient à fatiguer.
Bockarie répondit à la question que lui posaient les yeux
de sa femme.

— Nous sommes presque arrivés, Kula.

Aucun d'entre eux, à l'exception de Bockarie, n'avait jamais mis les pieds dans la capitale. Manawah était excité, bien qu'un peu nerveux à l'idée de s'intégrer parmi tous ces citadins. Il était impatient des découvertes qu'il pourrait faire loin du village où tout le monde le connaissait. Ses cadets, Miata et Abu, partageaient sa soif de liberté. Miata, cependant, craignait que ses vieilles robes ne soient pas assez attrayantes pour les jeunes hommes, tout en redoutant davantage encore que ses parents ne la cantonnent aux tâches ménagères et à la surveillance de Thomas et Oumu – puisqu'ils comptaient tous deux chercher un travail. Abu, pour sa part, n'avait aucune inquiétude. Il projetait simplement de dénicher le terrain de football le plus proche et d'y aller tous les soirs. Il espérait aussi être pris dans un club de football. De leur côté, les adultes nourrissaient d'autres angoisses. Bockarie avait été subitement étreint par la peur d'arriver trop tard en ville. Et s'il n'y avait plus aucune opportunité pour sa famille et pour lui ? Et si toutes les bonnes occasions avaient été saisies depuis longtemps par ceux qui arpentaient les rues d'un air déterminé ?

Le bus ralentit et quitta la rue principale pour s'engager sur un chemin de terre semé de plus de nids-de-poule qu'une route de campagne. Un instant, Kula crut qu'ils étaient repartis pour Imperi. Le chauffeur coupa le moteur et l'énorme nuage de fumée qui s'éleva fit tousser tous les passagers. Il se précipita à l'avant avec un bidon d'eau, ouvrit le capot et arrosa le bloc moteur.

— Nous sommes arrivés ! Dernier arrêt ! hurla-t-il, la tête toujours sous le capot.

L'apprenti chercha, parmi la quantité de bagages arrimés sur le toit du bus, ceux de Bockarie. Quand il eut trouvé ses sacs, il les lui lança, l'un après l'autre. D'autres bus arrivaient dans le parking, en provenance des quatre coins du pays.

226

Bockarie et sa famille attendirent sur le côté que l'oncle de Benjamin vienne les chercher. Il y avait tant de monde qu'il était difficile de savoir où donner de la tête. Chacun vaquait à ses occupations, et les vendeurs de rue pullulaient. Thomas et Oumu furent tirés de leur torpeur par l'énergie de la foule en effervescence.

— Mère, peut-on acheter des ballons ?

Thomas désignait un marchand qui gonflait des baudruches et réalisait avec des animaux.

— Une autre fois, les enfants, répondit-elle en serrant avec force les mains de ses tout-petits.

Bockarie faisait les cent pas autour de leurs bagages, redoutant un malentendu. Et si l'homme censé venir les chercher ne se présentait jamais ? Bockarie n'avait pas de plan de secours.

Oumu aperçut, de l'autre côté de la rue, un jeune homme qui ressemblait au Colonel. Elle se frotta les yeux pour être sûre. Il lui sourit et posa un doigt sur ses lèvres pour l'inviter à garder le secret alors qu'elle essayait déjà d'attirer l'attention de ses parents. Le Colonel remit sa casquette et disparut dans la foule. Il ne s'éloigna pas beaucoup, il voulait savoir où la famille s'installerait. Au bout d'un moment, Oumu renonça à retrouver sa trace.

— Monsieur, vous n'avez aucune raison d'être aussi nerveux ! Asseyez-vous donc, tous !

Un vendeur ambulant leur indiqua un banc. Il demanda à un jeune garçon de leur servir des bouteilles d'eau fraîche et d'apporter des Coca-Cola pour les enfants. Bockarie aurait voulu répondre qu'il n'avait pas les moyens, mais l'homme – à croire qu'il avait lu dans ses pensées – le devança :

— Vous êtes mes invités tant que celui que vous attendez ne sera pas arrivé. Ne vous en faites pas. Et ne me remerciez pas. Les gens corrects devraient toujours s'entraider. Il en était ainsi avant et il n'y a aucune raison que cela ne continue pas.

Il sourit puis reprit son marchandage avec un client. La famille sirota tranquillement les rafraîchissements tout en observant le va-et-vient incessant des citadins. Un homme qui transportait six sacs de riz, de cinquante kilos chacun, empilés les uns sur les autres, les dépassa.

— Comment son cou supporte-t-il ce poids ? s'enquit Kula à voix haute alors qu'il s'arrêtait à un étal, un peu plus loin, et ajoutait encore d'autres charges à son fardeau.

Ils le perdirent de vue à une intersection, où surgit un groupe de jeunes femmes déambulant avec une grâce nonchalante qui détonnait dans l'agitation de la gare routière. Un jeune type qui venait de les croiser revint sur ses pas pour aborder l'une d'elles. Cet échange attira tout particulièrement l'attention de Manawah et de Miata, désireux d'apprendre le parler de la ville sans attendre.

Le jeune type :

— Petite go, yé sui enjaillé. Je voudrais te couman là en skouni. (Jolie demoiselle, tu me plais, et je voudrais te parler en aparté.)

Tout en souriant, la jeune fille fit mine de l'ignorer. Elle et ses copines venaient de passer un examen et arboraient fièrement les casquettes d'un des établissements secondaires pour filles les plus réputés de Freetown.

— Je n'ai pas de temps à perdre avec un fainéant.

Elle lui adressa, délibérément, sa réponse en anglais, pour l'intimider ou le décourager, puis reprit son chemin avec ses amies. Le type pressa le pas pour la rattraper, ralentit une fois à sa hauteur.

— Je suis un homme de lettres, moi aussi, et mes mots n'ont d'autre intention que de séduire tes oreilles, si elles veulent bien me faire ce plaisir, belle rose de cette journée.

S'il réussit à l'impressionner, il ne parvint pas à ses fins pour autant.

— Tu n'entres pas dans la catégorie des 3M, alors tu ne m'intéresses pas, lui rétorqua-t-elle alors qu'il essayait de lui prendre la main.

Ses amies gloussèrent avant de faire éclater une bulle de chewing-gum. Humilié, le jeune homme ne s'avoua pas vaincu pour autant : son regard clamait qu'il tenterait à nouveau sa chance. Il s'éloigna à reculons et, chaque fois qu'une des filles se retournait, lui faisait un signe.

— Dans le passé, il suffisait d'une mangue mûre et brillante pour séduire une fille. Aujourd'hui, elles exigent les trois M : mobile, moyens et moteur. Il faut posséder au moins l'un des trois, ou du moins donner le change, pour avoir droit à une vraie conversation avec la plupart des représentantes de la gent féminine.

L'homme qui venait de s'exprimer, et de provoquer les éclats de rire de la famille de Bockarie, se présenta : il s'agissait de M. Saquee, l'oncle de Benjamin. Grand, il avait un visage qui ne semblait jamais se départir de son air jovial – presque malgré lui.

— Bienvenue à Freetown, la ville de la liberté ! Cette dernière n'est plus aussi importante qu'autrefois, mais cette terre reste celle de notre liberté !

Il prit un paquet de pastilles à la menthe sur l'étal et tendit quelques billets au gentil vendeur.

— Merci, Mamadou, répondit-il en récupérant sa monnaie.

Il serra ensuite la main à Bockarie et salua les autres avant de leur proposer de porter un ou deux sacs. Abu tenait Thomas et Oumu par la main ; le reste de la famille se chargea des autres bagages. Ils n'avaient pas emporté grand-chose ; leurs grandes valises vides symbolisaient l'espoir qu'ils plaçaient dans ce recommencement. « L'espoir doit habiter le moindre aspect de ta vie – ta démarche, ton sourire, ton rire quand il te viendra, et même ta respiration –, pour pouvoir vivre à Freetown. » Tels étaient les derniers mots que Pa Kainesi avait murmurés à son fils. Bockarie pouvait encore sentir le souffle chaud de son haleine matinale sur son oreille.

Ils emboîtèrent le pas à M. Saquee, leurs yeux à tous rivés sur lui pour ne pas le perdre. C'était peut-être un trait de famille, car en dépit de son âge il marchait aussi vite que Benjamin. Kula cheminait à côté de lui, tandis que Bockarie fermait la marche derrière les enfants. Le Colonel les suivait à une distance suffisamment importante pour que même Oumu ne puisse pas le repérer.

La ville offrait bien des spectacles dont ils auraient aimé se délecter, mais l'allure de M. Saquee ne leur en laissait guère l'opportunité, tant ils filaient entre les rangées de maisons faites de tôle ondulée – les murs comme les toits. Ce quartier d'habitations serrées les unes contre les autres était très animé. Il semblait que tous, hommes et femmes, filles et garçons, étaient prêts à célébrer ce que la journée leur avait offert, qu'elle ait été peu, ou très, généreuse. Ils le faisaient au son puissant de la musique qui se déversait de leurs baraques invivables et de conversations passionnées sur les matchs de football – ainsi que, inévitablement, sur la politique.

Ce n'est pas Imperi, songea Bockarie. Il y a des possibilités ici.

Ils arrivèrent devant une bâtisse en dur qui se dressait entre le quartier de constructions précaires en tôle – appelées *pan bodi* – et le reste de la ville. M. Saquee leur montra la chambre qu'il leur prêterait pour un mois. D'autres arrangements seraient pris au terme de ce délai. Sa femme leur apporta de la nourriture et de l'eau. Après le repas, Kula et les enfants se couchèrent. Kula occupait le seul lit de la pièce. Les deux filles, Miata et Oumu, dormaient sur une natte étendue dans l'étroit espace entre le pied du lit et le mur. Manawah, Abu et Thomas s'étaient également installés par terre, près de la porte. Il faudrait prendre des précautions au moment de l'ouvrir, la nuit, pour ne pas cogner la tête de celui qui en serait le plus proche.

Bockarie sortit s'asseoir sur la galerie avec M. Saquee pour le remercier de son accueil et lui demander comment se rendre, le lendemain, à son entretien d'embauche. Il avait obtenu un contact pour donner des cours d'été grâce à l'un des enseignants d'Imperi, un ami.

— Quand M. Matturi, Fatu et la famille ont-ils prévu de venir ? s'enquit Bockarie durant la conversation.

— Il m'a téléphoné pour me charger de prendre soin de vous. Il arrivera avec tout le monde le moment venu et m'a dit de vous rassurer.

M. Saquee hocha la tête d'un air confiant. A cet instant précis, ils entendirent du bruit au bout de la rue. Un jeune homme déboula devant eux, talonné par un groupe de types qui hurlaient :

« Arrêtez-le ! C'est un voleur ! »

— Eh bien, voilà, bienvenue ! s'esclaffa M. Saquee. Ça me paraît le bon moment pour conclure cette soirée ! Espérons qu'ils ne l'attraperont pas…

Bockarie aurait voulu comprendre pourquoi son hôte souhaitait qu'un voleur s'en tire, mais se tut. Il était nouveau à Freetown et il savait qu'il n'était pas au bout de ses découvertes.

— Bonsoir, messieurs, les salua un jeune homme qui se tenait au bas du perron.

Ils lui rendirent son salut avec méfiance.

— Je suis le pasteur Stevens et je m'apprête à prier pour votre succès financier ce soir. Je vais implorer le Seigneur de vous ouvrir la porte de l'argent.

L'homme se recueillit. Lorsqu'il eut fini, il tendit la main, demandant à Bockarie et M. Saquee de l'argent.

— Jeune homme, tu aurais d'abord dû prier pour que ta propre porte s'ouvre. La nôtre vient de se fermer. Nous te remercions néanmoins. Et que Dieu te bénisse !

M. Saquee s'efforça de retenir un rire. Le pasteur tourna les talons et disparut dans la nuit après leur avoir remis deux prospectus. Le premier indiquait : « Venez au stade national apprendre comment investir dans votre vie prochaine, après la mort. » Le second : « Mettez vos togos dans la banque de Dja. » (« Mettez votre argent dans la banque de Dieu. »)

« Tout le monde a besoin de croire ces temps-ci, et tout le monde oublie que des miracles se produisent au quotidien, lorsque nous reconnaissons l'humanité en autrui ou lorsque nous échangeons une conversation sincère avec quelqu'un. » Voilà la vérité que Mama Kadie aurait délivrée, pensa Bockarie, et il s'avisa que l'arrivée de sa famille, saine et sauve, à Freetown n'était rien de moins qu'un miracle. Une bénédiction.

Tandis qu'il traînait les pieds vers sa chambre pour aller chercher le sommeil, Bockarie s'inquiétait de ce que lui réserverait la journée du lendemain. Il se posait des quetions sur la vie dans la capitale, et sur son père, qu'il avait abandonné. Il se demandait comment se portaient les parents de Benjamin, sa femme et ses enfants. S'adossant à la porte, il fouilla la nuit noire de ses yeux perçants, comme s'il éprouvait le désir de déposer son fardeau dehors, puis il poussa le battant avec vigueur. Il faillit s'étaler de tout son long dans la pièce. Il entendit un bruit sourd suivi d'un grognement et d'un reniflement. Il patienta quelques secondes pour voir lequel de ses enfants il avait heurté, mais l'obscurité était trop dense pour qu'il puisse discerner Manawah, qui se frottait la tête, les dents serrées. Le garçon avait mal. Ne voulant pas éveiller la culpabilité de son père pourtant, il se blottit contre ses frères, à l'écart de la porte. Bockarie la referma et contourna, sur la pointe des pieds, les enfants, les bras tendus devant lui pour trouver son lit.

Manawah ne ferma pas l'œil cette nuit-là. Se retournant sur le ciment froid, il cherchait un endroit où poser sa tête, qui le lançait cruellement. La fraîcheur du sol n'eut cependant aucun effet apaisant sur la bosse. Des larmes s'échappèrent de ses yeux. Il pinça les lèvres pour retenir ses sanglots, mais cela le fit tousser.

Bockarie, qui ne dormait que d'un sommeil léger, perçut l'agitation de son fils.

— Tout va bien ? lui murmura-t-il en se levant pour ouvrir la fenêtre et faire entrer un peu d'air dans la chambre étouffante.

Manawah fit semblant de dormir et, n'entendant plus son fils bouger, Bockarie retourna se coucher. Ils restèrent pourtant éveillés tous deux, s'épiant mutellement. Ils virent soudain, dans l'obscurité, un long bâton pénétrer dans la chambre depuis l'extérieur. Celui-ci se faufila entre les anses du sac contenant le peu d'argent dont ils diposaient. Lentement, le mouvement du bâton s'inversa et il repartit vers l'extérieur. Bockarie bondit de son lit, agrippa le sac et tira sur le bâton. Il entendit quelqu'un tomber, puis des bruits de pas pesants résonnèrent dans la nuit. Il ferma la fenêtre, retourna se coucher et, enfin, s'endormit. Le lendemain matin, au réveil, la famille constata que la fenêtre avait été rouverte et qu'un sac rempli d'affaires de Bockarie avait disparu.

— Les voleurs appellent cela la pêche. Cette technique consiste à dérober des affaires dans les pièces. Vous ne devez pas ouvrir la fenêtre la nuit. Si vous n'avez pas le choix, assurez-vous de ranger vos affaires loin de celle-ci.

M. Saquee serra la main à Bockarie pour compléter leurs salutations du matin. Pendant que les deux hommes discutaient, Manawah se leva et son père repéra sa tête enflée.

— Je suis désolé, mon fils. Pourquoi ne m'as-tu rien dit hier soir ?

Il lui souleva délicatement le menton pour examiner son front.

— Ne me cache plus jamais rien de tel, ajouta-t-il en plongeant des yeux implorants dans ceux de son enfant.

— Je voulais que tu dormes, père, à cause de ton entretien. Ça passera.

Manawah tapota sa bosse du bout du doigt avant d'aller puiser de l'eau à la seule pompe du voisinage. La file d'attente était si longue que les gens abandonnaient leurs seaux et leurs bidons pour s'acquitter de leurs tâches matinales. Ils revenaient des heures plus tard, au moment précis où leur tour était arrivé. Comme Manawah ignorait tout de cette technique, il fit la queue pendant des heures. Chaque fois qu'il croyait être arrivé au terme de son attente – il n'y avait personne d'autre –, surgissait celui ou celle dont le tour était enfin venu. Quand il raconta l'histoire aux autres, plus tard, et exprima son profond agacement, ils s'en amusèrent. Manawah ne s'énervait pas facilement.

Kula sortit les racines de manioc du sac où elle les avait mises pour le voyage et entreprit de les peler. Tout en fredonnant un air doux, elle les coupa en morceaux, qu'elle lava avant de les plonger dans une marmite d'eau bouillante. Bien vite, elle appela tout le monde pour manger ce qu'elle avait préparé. M. Saquee et sa femme partagèrent ce repas. Il était aux anges.

— Il y avait longtemps que je n'avais pas dégusté du manioc frais. Ça me rappelle mon village. Merci, Kula. Mmm…

Il ferma les yeux, et les enfants rirent devant la joie qu'un simple tronçon de manioc procurait à cet homme. Ils savaient leur mère excellente cuisinière, mais ce spectacle était hilarant. Bockarie engloutit son repas à la hâte pour se rendre à son entretien, laissant Kula veiller sur les enfants pendant qu'ils défaisaient leurs bagages et se familiarisaient avec leur nouvel environnement.

14

Bockarie partit de bonne heure dans le but d'économiser le prix du trajet : il parcourrait à pied les nombreux kilomètres jusqu'au lieu de son rendez-vous, dans un autre quartier de la ville. Il serra et desserra les poings, avala de petites goulées d'air, crispa la mâchoire et murmura plusieurs fois de suite : « Faites que la chance soit avec moi, aujourd'hui. » Il leva ensuite les yeux vers le ciel.

Dès qu'il s'engagea dans la rue principale, il constata qu'il avait pris la bonne décision : les files d'attente pour les transports collectifs étaient si longues qu'il aurait encore été là à l'heure fixée pour son entretien. Il lui fallut néanmoins rentrer enfiler un tee-shirt. Lorsqu'elle le vit pénétrer dans la chambre, Kula se pétrifia, convaincue que c'était mauvais signe. Seule à la maison, elle s'occupait de ranger leurs affaires afin que tous se sentent à l'aise dans la petite pièce. Elle avait ouvert un journal sur la table et, entre deux piles de linge, elle surlignait les annonces intéressantes.

— C'est déjà terminé ?

— Je suis juste revenu me changer pour ne pas salir ma chemise. Tu t'inquiètes trop, Kula.

Il lui tapota l'épaule pour apaiser son anxiété. Après avoir enfilé un tee-shirt, il plia soigneusement sa chemise et son débardeur puis les glissa dans un sac en plastique noir qu'il mit sous son bras. Il embrassa sa femme et s'assit sur le lit.

— Ils se sont déjà tous enfuis ?

— Les garçons sont allés chercher de l'eau, et Miata a emmené les jumeaux au marché. Ils en profiteront pour faire un petit tour du quartier. Ils voulaient tous se débarrasser de leurs corvées au plus vite et « partir à la découverte de la capitale », comme ils disent.

Elle s'interrompit dans sa tâche pour s'asseoir à côté de lui.

— Tu crois que nous avons pris la bonne décision, en venant ici ? lui demanda-t-il, se tenant la tête à deux mains.

— Nous n'avons pas encore commencé notre vie ici et déjà tu baisses les bras ! Maintenant lève-toi et va voir à quelle part de chance on a droit !

Elle lui sourit tout en ouvrant grands les yeux pour l'encourager. Il l'embrassa à nouveau et quitta la maison d'humeur plus enthousiaste que précédemment. Elle lui faisait signe en agitant le journal. Bockarie se mit à suer à grosses gouttes à peine dehors, mais conserva une attitude positive afin d'attirer l'espoir et la chance, exprimant sa détermination à chaque enjambée.

Il y avait tant de monde sur la chaussée qu'il devait ancrer ses pieds fermement dans le sol pour maintenir son cap – la marée humaine l'aurait sinon entraîné dans une autre direction. Une minute plus tôt, il avait ainsi vu un père séparé de son fils. Lorsqu'une voiture s'engageait dans la rue bondée, son conducteur klaxonnait et faisait rugir son moteur, menaçant d'écraser les piétons. La foule se fendait alors en deux, laissant tout juste l'espace pour que le véhicule puisse passer, puis remplissait le vide créé dans son sillage et se refermait autour de lui. Certains protestaient et criaient au conducteur :

— Tu veux nous tuer ?

Ils tapaient sur la carosserie.

— Pas la peine de klaxonner autant !

Quand un conducteur ne manifestait pas sa présence, on lui reprochait de ne pas avoir prévenu de son arrivée.

Une Mercedes flambant neuve apparut soudain. Alors que la masse s'écartait, des enfants se jetèrent sur la voiture pour y essuyer leurs mains poisseuses d'huile de palme avant de graver des lignes irrégulières sur la carrosserie avec des capsules de Coca-Cola. Le conducteur, furieux, descendit de voiture, mais les coupables s'étaient déjà volatilisés et il fut couvert d'insultes parce qu'il gênait la circulation des piétons.

Les enfants avaient-ils la volonté délibérée de détruire des voitures ? Non. Ils voyaient en elles une occasion de s'amuser, un objet sur lequel poser leurs mains et laisser leur empreinte à l'aide d'un petit disque de métal dentelé. Ils aimaient courir à côté d'elles pendant qu'elles roulaient au pas. Et ils n'épargnaient que les véhicules appartenant à la police, l'armée, le président ou les ministres. Il va sans dire que ces véhicules-là roulaient si vite qu'ils auraient tué les enfants sans que ceux-ci aient eu une chance de les effleurer. Et même s'ils avaient ralenti, les gosses avaient assez de jugeote pour ne pas prendre ce risque.

Après trente minutes de ce bain de foule, Bockarie finit par s'en extraire. Les routes étaient encore envahies de monde lorsqu'il quitta le centre-ville, surtout de garçons et d'hommes qui erraient sans but – pour la plupart vêtus élégamment, mais attendant assis sur le trottoir, sur une voiture bondée, sur n'importe quoi. Il dépassa un jeune homme qui marchait avec tant d'arrogance qu'il semblait posséder le bitume qu'il foulait. Il portait une tenue intrigante : un jean très ajusté, dans lequel était rentrée une chemise bleue et, sur celle-ci, un débardeur. Cette originalité lui conférait, de façon surprenante, une allure des plus sophistiquées, et son expression informait tous ceux qu'il croisait de la fierté que lui inspirait son nouveau style. Tirer le meilleur parti de ce que l'on a, songea Bockarie.

Ce spectacle lui rappela qu'il devait lui-même troquer son tee-shirt contre sa chemise, ce qu'il fit rapidement, sur le côté de la rue, épongeant sa sueur avec le premier. Il se rendit ensuite dans un restaurant à quelques pas de là. L'établissement proposait des spécialités locales, pas de la nourriture pour Blancs – ces restaurants-là étaient pris d'assaut par les étrangers et ceux qui pouvaient se permettre de dépenser de l'argent pour une assiette de légumes verts ou des plats dont les noms et les portions représentaient une insulte pour le peu d'argent dont disposaient les pauvres. C'était là qu'il devait rencontrer un certain M. Kaifala.

De son côté, Kula avait surligné assez d'annonces dans les journaux dont les pages se déchiraient quand elle les tournait. Elle entreprit d'appeler les numéros indiqués pour se renseigner sur les postes à pourvoir. Avec un peu de chance, elle décrocherait un entretien. Ses premiers choix portaient sur les hôpitaux et les cliniques à la recherche d'infirmières. La plupart des numéros sonnaient dans le vide et, lorsque la communication aboutissait, on lui raccrochait au nez dès qu'elle expliquait qu'elle venait de quitter la campagne pour s'installer dans la capitale. Elle se demanda si cette information était l'équivalent, dans l'esprit de ses interlocuteurs, d'inexpérience ou d'incompétence. Quelle que fût l'explication, elle résolut de ne pas mentionner ce détail lors de ses prochains appels. On n'avait rien à lui proposer malheureusement, du moins le prétendit-on, alors que les annonces avaient été publiées dans le journal du jour. Certaines secrétaires lui demandaient de patienter et reprenaient leurs conversations personnelles pendant cinq minutes – qui lui coûtaient une petite fortune – avant de lui annoncer que la personne à qui elle souhaitait parler était absente.

— Tu n'as même pas vérifié ! Je t'ai entendue parler pendant tout le temps où tu m'as fait attendre, s'indigna-t-elle une fois.

— J'ai dit que la personne n'était pas là, je connais mon travail.

Puis la secrétaire avait raccroché. Kula aurait aimé lui faire remarquer que, tant qu'à perdre son temps, elle aurait au moins préféré le passer à écouter des histoires intéressantes !

Manawah et Abu étaient rentrés après s'être baignés. Ils avaient rapporté assez d'eau pour toute la journée. Ils voulaient se changer, et Kula leur laissa la chambre. Postée devant la porte, elle se força à inspirer et expirer profondément pour calmer ses nerfs. Pendant qu'elle attendait les garçons, Miata, Oumu et Thomas rentrèrent du marché. Oumu avait revu le Colonel. Elle avait souhaité lui parler, mais d'un geste de la main il lui avait signifié qu'il ne pouvait pas en présence de Miata et de Thomas. Elle désirait en parler à sa mère et se ravisa pourtant : si le Colonel avait voulu que ses parents soient au courant de sa présence à Freetown, il se serait manifesté.

— Quelque chose te préoccupe, mon enfant ? s'enquit Kula devant l'expression inquiète de sa petite fille.

— Non, mère. J'étais juste en train de me rappeler tout ce que j'ai vu depuis notre arrivée.

Oumu réussit à sourire, et sa mère lui caressa la joue avec tendresse, façon de lui signifier que celle-ci pouvait tout lui dire.

Kula débarrassa Miata des courses. Elle voulait préparer le repas pour reprendre ensuite sa recherche d'emploi. Les garçons demandèrent l'autorisation de partir à la découverte de leur nouveau quartier et s'éloignèrent avant même d'entendre la réponse de leur mère.

— Veille sur ton petit frère, Manawah !

Sa voix les rattrapa.

Miata leva des yeux interrogateurs vers sa mère, ne comprenant pas pourquoi elle avait donné si facilement la permission à ses frères de sortir sans les charger d'emmener avec eux leurs benjamins.

— Tu n'auras pas non plus à t'occuper d'eux, lui expliqua Kula, le doigt pointé vers Thomas et Oumu. Tu peux très bien aller au collège et voir si tu peux t'inscrire à des cours d'été pour les semaines qui viennent. Ce sera ton excursion du jour.

— Ex... cur... sion. Qu'est-ce que ça veut dire ? demanda Oumu.

— Je t'expliquerai plus tard.

Kula n'avait aucune envie de se lancer dans une grande conversation avec sa fille. Celle-ci était un véritable moulin à questions ces derniers temps. Dès qu'on lui avait apporté une réponse, une nouvelle interrogation surgissait. Kula ne pouvait pas se douter qu'Oumu cherchait une occasion de sortir seule dans l'espoir de croiser le Colonel. Elle s'assit à côté de sa mère pendant que celle-ci passait en revue les ingrédients rapportés du marché.

— Ta sœur a oublié d'acheter des bouillons cubes Maggi, dit Kula.

— Je peux aller au magasin juste à côté, proposa Oumu.

— D'accord. Prends ça et ne traîne pas en route.

Elle considérait sa fille avec méfiance : celle-ci avait proposé son aide bien trop vite. Dès qu'Oumu eut quitté la maison, elle se mit en quête du Colonel. Il se tenait juste derrière elle.

— Il te faut une vue plus perçante, si tu veux me trouver, la taquina-t-il.

Oumu se retourna, un sourire aux lèvres.

— Tu nous as suivis jusqu'en ville ? lui demanda-t-elle.

Il ne lui répondit pas, se contentant de l'accompagner à l'épicerie.

— Tu dois me promettre de ne dire à personne que je suis ici. Pas pour le moment, d'accord ?

Il écarquilla les yeux.

— D'accord.

— Ton père est parti en centre-ville trouver du travail, je suppose.

— Je n'en sais rien. Mais il est parti en centre-ville.

— Tu dois rentrer avant que ta mère ne vienne te chercher. Sa vue saura te trouver, elle !

— Tu as sans doute raison...

— Ne sois pas inquiète, je serai toujours là si tu as besoin de moi, d'accord ?

Il indiqua le petit étal qui vendait des cigarettes. Elle agita la main tandis qu'il disparaissait entre les maisons *pan bodi*.

Bockarie s'était installé près de la fenêtre, par où s'engouffrait de temps à autre une brise montée de la mer. La serveuse ne lui accordait aucune attention et ça le soulageait : il tenait à garder le peu d'argent dont il disposait. Il observa les jeunes hommes de l'autre côté de la rue, devant un restaurant chic. Leurs yeux exprimaient du ressentiment pour le moindre signe de confort qui leur était refusé. Si quelqu'un sortait de l'établissement avec une bouteille d'eau fraîche, ils poussaient un soupir d'indignation.

Les yeux de celui en difficulté voient de l'injustice dans la démarche de l'autre, son rire, mais aussi sa façon de s'asseoir et même de respirer, songea Bockarie. Il fut surpris par cette capacité à exprimer aussi clairement sa pensée et décida de noter certaines de ses réflexions. Il n'avait ni stylo ni papier. Il poursuivit son dialogue intérieur : Si je commande un jus de mangue, la serveuse m'apportera sans doute une serviette. Je pourrai alors lui emprunter un stylo et écrire dessus. Il leva la main.

— Mademoiselle ! Un jus de mangue, s'il vous plaît.

Vingt minutes plus tard, elle ne le lui avait toujours pas apporté. Il se rappela les conseils de M. Saquee : en ville, il fallait parfois taper du poing pour se faire entendre, au mépris de la politesse. Surtout dans les boutiques et les restaurants. Autrement, on pouvait attendre des heures.

— Hé ! Un jus de mangue… tout de suite ! s'exclama-t-il en haussant le ton et en considérant la jeune femme sévèrement.

Elle s'exécuta, avec mauvaise grâce et irritation, et demanda à Bockarie de la régler avant de poser la bouteille et la serviette devant lui.

— Je peux vous emprunter votre stylo ?

Il lui prit son stylo des doigts sans lui laisser le temps de répondre. Puis il paya. Elle empocha l'argent et s'éloigna. Il retira aussitôt la serviette enroulée autour de la bouteille froide pour qu'elle ne soit pas gorgée d'humidité et coucha dessus ses réflexions.

Les veines sur le front du jeune homme ainsi que l'expression de son regard montrent qu'il a perdu foi en la possibilité d'un événement heureux aujourd'hui. Il s'assied donc par terre, appuie sa tête contre le 4 × 4 et laisse enfin son cœur respirer – il a retenu son souffle toute la journée.

Le jeune homme est assis par terre dans une ville pleine à craquer, où il est venu chercher l'espoir. Ils sont si nombreux à courir après celui-ci qu'il a pris peur et s'est enfui. Chaque fois qu'il se dévoile – l'espoir, s'entend –, des mains surgissent pour l'agripper violemment, tant elles craignent de ne jamais le revoir. Ils agissent de la sorte sans savoir que leur angoisse effraie l'espoir, justement. Et l'espoir, de son côté, ignore que c'est la rareté de ses visites qui pousse la foule à se jeter sur lui, à mettre en pièces ses vêtements. Tandis qu'il se débat pour retrouver sa liberté, des morceaux de tissu restent dans les mains de certains. Ces lambeaux ne durent malheureusement que quelques heures, un jour, plusieurs, une semaine, plusieurs, selon la taille du fragment dont chacun a pu s'emparer.

— J'ai besoin de récupérer mon stylo, monsieur.

La serveuse l'arracha des doigts de Bockarie et le fourra dans sa poche. Puis elle retourna au comptoir poursuivre sa conversation avec ses collègues. Ils échangeaient des messes basses, se moquant de Bockarie qui n'avait commandé qu'un jus de mangue depuis son arrivée. Il les ignora, plia la serviette, la rangea et reporta son attention sur les jeunes hommes dehors. A cet instant, des étrangers arrivèrent. Leur groupe se dirigeait vers la boutique de téléphonie mobile en bas de la rue. L'un des jeunes alla à leur rencontre.

— Bonjour ! Vous n'avez pas besoin d'un nouveau portable ! Je peux vous aider à débloquer ceux que vous possédez et il vous suffira ensuite d'acheter une simple carte SIM. Vous économiserez beaucoup d'argent. Qu'en pensez-vous, braves gens ?

Il parlait à toute allure, car le magasin n'était pas loin. Les étrangers hésitèrent, échangeant des regards.

— Donnez-moi le vôtre, je vous prie, je le ferai gratuitement.

Il tendit la main à une jeune femme qui devait avoir une vingtaine d'années, comme lui. Elle lui confia à contrecœur son téléphone. Il retira d'abord la batterie avant de rallumer celui-ci, puis composa plusieurs chiffres et lettres sur le clavier, pressa la touche Entrée, et saisit une nouvelle combinaison de chiffres et de lettres. La jeune femme, intriguée, tentait de voir ce qu'il faisait. Elle s'approcha et il inclina le portable pour lui permettre de suivre les mouvements de ses doigts.

— Je vais faire un test avec ma carte SIM, dit-il en retournant l'appareil pour y insérer le petit rectangle de plastique. Awolowo, appelle-moi dêh ! cria-t-il pour couvrir le brouhaha de la circulation tout en rendant l'appareil à sa propriétaire.

Son ami, assis sur le trottoir en face, s'exécuta. Le téléphone sonna et la jeune femme décrocha. Awolowo lui dit quelque chose qui la fit rire.

— Frangin, arrête de la baratiner oh, c'est du sérieux là !

Awolowo raccrocha et fit signe à la jeune femme. Bockarie suivait, avec émerveillement, le manège des jeunes Sierra-Léonais. Pendant qu'il se chargeait de débloquer les portables de tous les étrangers, le premier garçon envoya son ami Awolowo leur acheter des cartes SIM, puis vérifia que tout marchait bien. Ses clients étaient si impressionnés qu'ils lui donnèrent plus que ce qu'il leur réclamait. L'un d'eux lui glissa même un billet de cent dollars en prime. Après le départ des étrangers, le jeune homme montra l'argent à son ami Awolowo.

— Je déteste les 1996, frangin, dit-il en lui tendant le billet de cent dollars pour qu'il regarde le numéro de série, commençant par 1996.

— Yako, ça là, c'est pas l'argent !

Awolowo lui rendit son billet. Ceux qui remontaient à 1996 étaient rarement acceptés en Sierra Leone, et quand c'était le cas le taux de change proposé était très bas. Il fallait en récupérer avec un numéro de série supérieur à 2000.

— Tu sais, je me suis toujours demandé d'où venait cette règle. On a vraiment des principes gâtés pour un peuple piqué.

Dans un éclat de rire, il ajouta :

— Y a pas une loi sur les monnaies valables ici ?

— Awolowo, tu te tournes les pouces aujourd'hui, frangin. La loi est différente dans la rue là. Toi-même tu sais. Pour les 1996, les gars ont découvert qu'ils pouvaient faire son deux vite vite.

— Je vois pas pourquoi on pourrait pas faire le deux d'un autre...

Awolowo était absorbé dans la contemplation du billet.

— Frangin, tais-toi et va chercher affaires !

Il lui indiqua un autre groupe d'étrangers.

— Fascinant, n'est-ce pas ?

La voix inconnue fit redresser la tête à Bockarie, qui découvrit l'homme assis en face de lui. Il n'avait pas remarqué son arrivée.

— Fascinant, répéta-t-il avant de poursuivre : Ce jeune homme possède des compétences technologiques et commerciales. Et elles ne lui servent qu'à garantir sa survie. Imagine si quelqu'un lui offrait la possibilité de les mettre à profit pour vivre correctement, pas seulement pour se faire un peu d'argent dans la rue. Il aurait beaucoup de succès.

L'homme scruta les traits de Bockarie d'un regard perçant, intimidant.

— Je suis ici pour représenter M. Kaifala. Il n'a pas pu venir, et il m'a demandé de te donner cette adresse, où il te verra demain.

Il lui confia un morceau de papier plié avec soin. En l'ouvrant, Bockarie constata que le prochain rendez-vous était situé à Aberdeen, un quartier encore plus éloigné de chez lui. Il serait obligé d'emprunter un moyen de transport. L'homme ne déclina pas son identité.

— M. Kaifala m'a aussi chargé de t'offrir un repas et de te donner de l'argent pour ton trajet de retour.

Bockarie aurait préféré qu'il lui remette une somme plus importante plutôt que de lui payer un repas, mais il avait trop honte pour oser l'exprimer. Il commanda donc un plat que sa femme savait bien mieux préparer. Après avoir mangé en silence, sous la surveillance de cet homme sans nom, Bockarie prit l'argent pour son retour. Ils aperçurent alors tous deux un garçon qui ne devait pas avoir plus de huit ans et qui s'employait à écrire l'alphabet à la craie sur la carrosserie d'une voiture flambant neuve. Il avait recouvert le moindre espace libre. Lorsque le propriétaire revint, aussi furieux que stupéfait, il demanda au petit ce qui lui avait pris.

— Mon père n'a pas les moyens de m'acheter un cahier.

Le conducteur se contenta de secouer la tête, ne sachant pas comment réagir. Bockarie prit congé du mystérieux émissaire et fit mine de chercher un taxi tant qu'il fut dans son champ de vision. Dès qu'il se trouva hors de vue, il se mit à marcher, gardant l'argent bien au chaud dans sa poche. En chemin, il fut témoin de bizarreries qui, se dit-il, n'arrivaient sans doute qu'à Freetown.

Il atteignit un carrefour où la circulation était particulièrement dense. Le policier chargé de sa régulation agitait désespérément les bras devant des conducteurs qui ignoraient ses instructions. Les véhicules arrivaient de quatre directions différentes, en provenance d'artères à double sens. Soudain, le policier prit ses jambes à son cou. Les automobilistes et les piétons, d'abord déconcertés, cherchèrent à identifier la cause de ce départ subit. Ils ne tardèrent pas à comprendre : un taxi descendait l'une des rues en pente, dans le dos du policier. Non seulement son chauffeur n'était pas derrière le volant, mais il était même devant le capot, essayant d'user du poids de son corps pour ralentir le véhicule. Des clients étaient confortablement installés à l'arrière du taxi comme si de rien n'était. Prenant conscience qu'il ne pourrait pas retenir la voiture, le chauffeur hurla à ses passagers de descendre. Puis il s'écarta et le taxi dévala la côte de plus en plus vite, percutant une BMW qui venait en sens inverse. Les passagers, malgré leurs cris, ne furent pas blessés, dans aucun des deux véhicules. Le chauffeur de taxi n'avait pas les moyens de payer pour les dégâts qu'il venait de causer. Il décampa et disparut dans le dédale de ruelles. La scène provoqua l'hilarité de tous et apaisa, durant quelques minutes, l'agacement provoqué par les bouchons. Les automobilistes ne tardèrent pourtant pas à klaxonner et invectiver le policier, qui avait repris son poste si peu enviable.

Regrettant de ne pas avoir de stylo et de papier pour noter ce qu'il venait de voir, Bockarie poursuivit sa route.

Tandis qu'il gravissait une petite butte, il découvrit le pire tas de ferraille qu'il ait jamais vu. Les différentes pièces du taxi avaient été soudées ensemble, mais mal. La où le métal, mangé par la rouille, interdisait le soudage, les morceaux étaient reliés entre eux par des fils de fer. On aurait dit cette voiture victime d'une crise de nerfs tant tout tremblait lorsqu'elle roulait. Elle prit un virage serré… et le chauffeur bascula sur la chaussée, avec la portière ! Il n'avait pas mis sa ceinture de sécurité. Le taxi poursuivit sa course, avec ses passagers à bord, jusqu'à ce que, coup de pot, il ralentisse de lui-même sans percuter aucun obstacle – réverbère, mur ou autre voiture. C'était une chance, au fond, que le moteur soit à bout de forces.

Le chauffeur se releva d'un pas incertain, tenant toujours la portière, puis se mit à courir derrière son taxi. Quand il le rattrapa, il haletait de soulagement. Et il exigea que ses clients terrorisés le paient. Ils le maudirent et lui hurlèrent de les faire descendre : ils ne pouvaient pas ouvrir les portières d'eux-mêmes.

Bockarie les laissa à leur dispute et pressa le pas pour retrouver au plus vite sa famille.

Kula et les enfants guettaient le retour de Bockarie sur le perron de M. Saquee. Dès qu'ils le virent apparaître, Thomas et Oumu coururent à sa rencontre.

— Bienvenue à la maison, père ! dirent-ils en chœur avant de lui prendre son sac en plastique des mains, persuadés qu'il contenait des bonbons ou une autre surprise de ce genre.

Lorsqu'ils ne découvrirent qu'un simple tee-shirt, ils s'empressèrent de lui raconter, avec excitation, tout ce qu'ils avaient vu dans le quartier : les bâtiments, les voitures, les gens… sans oublier les bonbons et les glaces qu'ils avaient dégustés !

— Attendez que je sois assis, s'il vous plaît. Tout le monde pourra profiter de vos récits, dit-il aux jumeaux, trop impatients pour accéder à sa requête.

— Père, as-tu déjà rencontré un Chinois comme dans les films de karaté ? demanda Thomas, qui enchaîna sans permettre à son père de répondre : On en a croisé tout un tas dans les rues, et certains vendaient même des médicaments au marché. Hawa et Maada ne voudront jamais me croire.

L'émerveillement se peignit à grands coups de pinceau sur son visage.

— On a aussi vu des gens sans bras, comme Sila, et ils avaient des enfants comme Hawa et Maada. Pourquoi mendiaient-ils, mère ? Sila ne faisait pas la manche, lui, ajouta Oumu.

— Ils ne vivent pas au même endroit, ma fille. Je suis sûre que s'ils avaient le choix ils ne mendieraient pas, répondit Kula en l'attirant à elle.

Manawah prit la suite sans attendre :

— On a fait tout le chemin jusqu'à PZ, le cœur de la ville ! Puis on a regardé la rencontre Barcelone-Real Madrid, les dernières vingt minutes, sur une très, très grande télévision, dans l'un des magasins libanais.

Abu considérait son grand frère avec admiration, impatient de l'entendre relater la suite.

— Les Libanais ne nous ont pas laissés entrer, on a donc suivi le match depuis la rue. Quand il s'est terminé, on s'est assis sur le trottoir pour observer les passants. Il y avait un groupe de quatre garçons, qui allaient et venaient sans arrêt, ils essayaient de voler les gens. Ils se mettaient à un ou deux devant la personne qu'ils avaient repérée, et les autres derrière. Pendant que l'un d'eux distrayait la victime, les autres lui faisaient les poches ou lui arrachaient son sac avant de détaler. Parfois, ils attiraient son attention avec un faux flacon de parfum ou un collier en or. Ils n'arrêtaient pas d'aller et venir dans la rue.

Manawah ne s'expliquait toujours pas pourquoi ces garçons consacraient autant de temps et d'énergie à dérober des broutilles aux passants. Pourquoi ne pas employer leur temps à une activité plus constructive ? Peut-être avaient-ils déjà essayé et était-ce la seule chose qu'il leur restait ?

— Comment s'est déroulée ta journée, miss Discrète ?

Miata sourit à son père. Elle expliqua d'abord qu'elle s'était fait une nouvelle amie, étudiante à l'université Fourah Bay, où elle s'était rendue à l'invitation de sa mère. Kula et Bockarie voulaient que Manawah et Miata soient prêts pour la rentrée des classes, qu'ils ne soient pas intimidés par leurs camarades citadins.

— Le campus se trouve sur une des hauteurs de la ville, et la vue est époustouflante. Par contre, c'est compliqué de trouver un moyen de transport pour y aller. Au retour on a décidé, ma nouvelle amie et moi, de marcher. Des tas de voitures aux vitres teintées ont ralenti pour nous proposer de nous emmener. Isatu, c'est le nom de mon amie, m'a dit qu'il ne fallait surtout pas accepter. Elle a rembarré tout le monde, même les garçons qui nous sifflaient.

— J'aimerais beaucoup rencontrer Isatu. Elle m'a tout l'air d'une jeune femme forte, et d'une bonne amie.

Kula se tourna vers son mari pour lui signifier que son tour était venu. Il leur conta toutes les choses incroyables, étranges et cocasses qu'il avait croisées sur sa route, puis expliqua qu'il retournerait en ville le lendemain.

— Je ferais mieux de t'accompagner ! Ta journée a été beaucoup plus distrayante que la mienne, s'amusa Kula.

Elle s'apprêtait à relater les anecdotes liées à sa recherche de travail, quand M. Saquee rejoignit la famille. Il informa Bockarie qu'un de ses amis, pharmacien, avait accepté de soigner gratuitement le front de Manawah. Le garçon avait oublié l'existence de sa bosse. L'excitation de la capitale avait accaparé toutes ses pensées.

— Fais donc coucher tes fils dans mon salon pour ne pas les amocher toutes les nuits, mon ami !

Kula évoqua ensuite la grossièreté des secrétaires qu'elle avait eues au téléphone toute la journée.

— J'ai vraiment eu l'impression qu'elles étaient opposées à une embauche là où elles travaillent, conclut-elle avec une pointe d'irritation.

— Tu t'y prends à l'envers, ma chère. Tu dois te déplacer en personne ou essayer de trouver un contact sur place. Tu gaspilles de l'argent avec ces coups de fil.

M. Saquee fit craquer les articulations de ses doigts d'un air songeur.

— Est-ce qu'un poste dans un hôtel pourrait t'intéresser ? reprit-il. Je crois qu'on y cherche des réceptionnistes. Je pourrais appeler le directeur, il a dormi ici à une époque, dans le salon, par terre. Garde ce détail pour toi si tu le rencontres !

Un sourire éclaira son visage jovial. Il sortit son portable et passa l'appel, s'éloignant le temps de la conversation. Il ne tarda pas à revenir.

— Tu iras demain à Aberdeen, à l'hôtel Inamutnib, et tu demanderas Pascal. Il ne m'a rien promis, mais qu'as-tu à perdre ? Je vais t'écrire son numéro et t'expliquer comment te rendre là-bas. Ça pourrait être une occupation et une source de revenus le temps que tu te trouves un poste qui te plaise vraiment.

— Merci, monsieur Saquee ! Je vous préparerai du manioc demain !

— Tu sais bien que je ferais n'importe quoi pour manger ton manioc. A chaque bouchée, j'ai l'impression de retrouver mon enfance.

Il éclata de rire, et le silence qui suivit invita la nuit à tomber.

Le bruit d'un remue-ménage leur parvint soudain. Les jeunes hommes qui en étaient à l'origine ne tardèrent pas à apparaître : ils traînaient un voleur. Ce dernier, qui avait le même âge que ses assaillants, soit une vingtaine d'années, les supplia de l'emmener au commissariat, ce qu'ils refusèrent, entreprenant de le battre comme plâtre. Il hurla :

— Par pitié ! Faites-moi enfermer en prison plutôt. C'est bien la loi, non ? Pourquoi ne la respectez-vous pas ?

Ses agresseurs ne l'écoutaient pas. Le voleur leur échappa. Il avait beau boiter, il courait à toutes jambes. Il saignait et avait sans doute des côtes cassées. M. Saquee interpella l'un des jeunes hommes qui avaient arrêté le malfrat.

— Viens ici, Almamy, et explique-nous ce qui se passe.

Almamy raconta à M. Saquee, Bockarie et sa famille qu'ils avaient pris ce même voleur sur le fait, quelques jours plus tôt. Ils l'avaient emmené au poste de police, et il avait été relâché, ayant des accointances avec les forces de l'ordre. Chaque fois que des citoyens conduisaient un malfaiteur au commissariat, les policiers exigeaient une liste détaillée des biens qui leur avaient été dérobés, ou le montant exact de la somme s'il s'agissait d'argent. Tout cela dans le but de savoir quelle part réclamer aux criminels qu'ils relâchaient. De surcroît, ils demandaient aux victimes qui leur amenaient un voleur de payer sa nourriture et son logement, mais aussi le stylo et le papier nécessaires à la rédaction de la plainte.

— Maintenant, quand on tombe sur un voleur, on se contente de le rouer de coups. Ça nous coûte moins cher, conclut Almamy.

— J'ai entendu un débat à la radio sur ce sujet l'autre jour, observa M. Saquee. Les citoyens doivent-ils se rendre justice eux-mêmes quand leur système judiciaire est défaillant ?

Il n'apporta aucune réponse à cette question, et demanda simplement à Almamy de l'aider à démarrer le générateur pour qu'ils puissent regarder le journal télévisé sur la chaîne nationale avant le match Manchester United-Arsenal. Almamy l'accompagna volontiers à l'arrière de la maison. Bientôt, le ronronnement de tous les générateurs du quartier saluaient le début de la soirée, couvrant le concert nocturne des grillons. Lorsque la nuit fut installée pour de bon, elle était si noire que les faibles lumières électriques ne purent repousser l'obscurité vers le ciel. Les étoiles et la lune ne firent leur apparition que plus tard, et remportèrent, elles, la bataille contre les ténèbres. Leur éclat l'emportait sur celui des ampoules, signe que Dieu et les dieux s'intéressaient toujours aux choses d'ici-bas. Tout comme le soleil, dont la chaleur restait constante.

— La lumière ! s'écria soudain un garçon dans la nuit.

La nouvelle souleva une clameur dans le voisinage. Ceux qui avaient l'électricité se précipitèrent chez eux pour recharger leurs téléphones mobiles, brancher leurs frigos et tout ce qui avait besoin de courant, avant que celui-ci ne soit recoupé. Les générateurs furent éteints et le silence de la nuit régna à nouveau. L'intensité électrique était faible, cependant, et les lumières étaient pareilles aux yeux d'un enfant luttant contre le sommeil. Les ampoules alternaient entre lueur terne et éclat plus vif, pourtant, même lorsqu'elles donnaient le plus de lumière, elles restaient moins puissantes qu'une lampe de poche. L'excitation liée à la présence d'électricité n'était pas encore retombée que le courant était à nouveau coupé.

— Almamy, tu peux aller rallumer le générateur ? lança M. Saquee. On n'est pas vernis dans cette partie de la ville. Vous voyez la colline ? Il y a toujours de l'électricité là-haut. L'un des ministres a une maîtresse dans ce quartier. A chaque changement de gouvernement, on prie pour qu'un de ses membres vienne d'ici ou pour qu'il s'y trouve une bonne amie !

Bockarie repensa au proviseur Fofanah à Imperi, et à ses conversations avec Benjamin du temps où ils enseignaient.

La paix nocturne fut de nouveau troublée par les générateurs. Installé dans le salon de M. Saquee avec les siens, Bockarie regarda les informations, qui s'employaient principalement à louer le travail du gouvernement en place. Les journalistes prétendaient que celui-ci avait fourni de l'électricité à l'ensemble du pays et magnifié sa beauté naturelle. Comme si la politique avait quoi que ce soit à voir là-dedans. Le président, interviewé, se vantait des réussites de son administration.

— Grâce à nous, la Sierra Leone a de l'électricité...

A cet instant, la chaîne de télévision fut victime d'une panne de courant. Bockarie et M. Saquee s'esclaffèrent. Leur téléviseur restait allumé grâce au générateur. Au bout de plusieurs minutes, le courant fut rétabli et le président reprit son discours à l'endroit où il avait été interrompu, se rengorgeant des merveilles accomplies dans le domaine électrique et évoquant de nouveaux projets d'oléoducs.

— Quelle vaste rigolade ! s'exclama Bockarie.

— Je pensais bien que ça te plairait, mon ami. C'est pour ça que je regarde ce prétendu journal télévisé. On peut toujours voir à l'arrière-plan ce qui se passe vraiment dans ce pays.

Bockarie aurait aimé souligner que ce n'était qu'une infime partie des problèmes que connaissait le pays, qu'il y avait bien pire et que la plupart des citadins n'en entendraient sans doute jamais parler – après tout, ils avaient leurs propres problèmes et causes de désespoir. Mais le match entre Manchester United et Arsenal succédait déjà au discours présidentiel et, peu à peu, la maison se remplit d'hommes et de garçons venus assister à la rencontre.

15

Le lendemain, Bockarie partit avant Kula ; son rendez-vous avait lieu plus tôt. Ils décidèrent de se retrouver à Lumley Beach, près d'Aberdeen, une fois que Kula aurait rencontré Pascal.

— Dis bonjour aux enfant de ma part, et à plus tard, ma chérie.

Il lui baisa la main puis s'éloigna.

— C'est tout ? Reviens ici.

Elle jeta ses bras autour de son cou.

— Nos deux chances se sont mêlées maintenant, lui dit-elle au moment de le libérer.

Il se retourna, lui fit un signe de la main et disparut derrière la maison pour rejoindre la route principale.

Bockarie se plaça dans la longue file d'attente pour les minibus. Il faisait la queue juste à côté d'un jeune homme qui portait autour du cou un badge de l'université Fourah Bay. Les cours étaient terminés pourtant. L'enseignant en Bockarie se réveilla.

— La faculté est encore ouverte ? demanda-t-il à son voisin, qui fit d'abord mine de ne pas l'avoir entendu.

— Non, monsieur, nous sommes en vacances.

— Pourquoi portes-tu ton badge, alors ?

— Il s'agit d'un vrai, on peut voir l'insigne sur le cordon. C'est le moyen de vérifier son authenticité.

Il fit la démonstration à Bockarie.

— Je ne doute pas un seul instant que tu étudies là-bas, mais pourquoi porter ton badge alors que l'année universitaire est terminée ?

— Pour le prestige. Il me permet d'entrer dans un tas d'endroits sans que personne cherche à m'en empêcher.

Il se pencha vers Bockarie pour lui murmurer au creux de l'oreille :

— Et j'ai beaucoup de succès avec les filles.

Il éclata de rire. Bockarie appréciait l'intelligence de ce jeune homme, et son humour.

— Les étudiantes l'arborent-elles aussi ? s'enquit-il.

— Oui et non. Elles doivent être prudentes, parce qu'une femme instruite peut représenter une menace aux yeux de beaucoup.

Son visage avait retrouvé son sérieux. Bockarie et son compagnon, Albert – il se présenta un peu plus tard –, eurent une conversation animée sur la vie universitaire en Sierra Leone. Albert critiqua la structure de l'enseignement et plus particulièrement ce qu'il appelait l'« héritage ». Il entendait par là les techniques des professeurs – ou du moins de la majorité d'entre eux – qui répétaient les mêmes leçons durant des années et des années. Il suffisait d'emprunter les notes d'un étudiant qui avait suivi le cours l'année précédente pour réussir l'examen. Albert reprochait surtout aux enseignants, lorsqu'un étudiant leur posait des questions qui débordaient le cadre de leurs connaissances, d'y voir une menace, une forme de désobéissance et un manque de respect. Ce que les étudiants payaient parfois très cher, étant recalés alors même qu'ils brillaient dans la matière. « Chantage éducatif », selon l'expression d'Albert.

— En conséquence, il faut bien garder sa curiosité pour soi si on veut obtenir son diplôme. Car, bien sûr, qui voudrait perdre une année de fac quand on sait son coût ? C'est pour cette raison que ce pays ne va pas de l'avant.

Il fit signe à Bockarie de le suivre. Ils s'engouffrèrent dans un minibus bondé et réussirent à trouver deux places côte à côte.

— Je suis certain que ce pays est comme il est pour d'autres raisons, affirma Bockarie en écartant les coudes pour se ménager un peu d'espace.

— Tu as raison, je parle seulement du problème que je connais.

Albert baissa la tête pour éviter le sac d'un voyageur. Le véhicule se mit en branle alors qu'il n'y avait plus de place même pour une fourmi et, une demi-heure plus tard, après avoir été fortement ralenti par la circulation, il fut arrêté par un poste de contrôle volant. Les policiers demandèrent à tout le monde de descendre.

— Oh, super, les percepteurs des impôts, grommela Albert en retournant ses poches.

— Qu'est-ce que tu cherches ?

— Mon justificatif fiscal. Je ne l'ai pas sur moi.

Il lâcha un juron entre ses dents. La police ordonna aux voyageurs, et au chauffeur, de se mettre en file et réclama le règlement immédiat des taxes locales.

— Cinq mille leones chacun.

Le gens se plaignirent. Certains n'avaient pas d'emploi, d'autres étaient étudiants sans revenus, d'autres encore les avaient déjà versés mais personne ne leur avait dit d'avoir toujours sur eux leur justificatif. Aucune importance : tout le monde devait payer. Des reçus furent délivrés, mais on ne pouvait dire s'il s'agissait de vrais ou de faux.

— Pourquoi y en a-t-il autant de différents ? s'étonna un passager.

— Nous avons mélangé les nouveaux et les anciens, lui répondit le chef de police. De toute façon, c'est moi qui pose les questions ici, alors silence.

Un vieil homme tendit un document à un jeune officier de police, qui éclata de rire et appela son supérieur.

— Monsieur, c'est votre justificatif fiscal ? demanda ce dernier.

— Oui, monsieur.

— Alors vous vous appelez Kadiatu Kamara, poursuivit le policier, hilare.

— Oui, monsieur.

Toute l'assemblée s'en amusa. Le vieil homme, qui ne savait ni lire ni écrire, ne s'était pas rendu compte qu'il avait pris le justificatif de sa fille, et non de son fils, afin de le faire passer pour sien. Et il préférait s'entêter, autrement dit répondre au nom inscrit sur le document. Beaucoup de Sierra-Léonais faisaient comme lui, et le gouvernement avait demandé aux citoyens d'agrafer une photo d'identité sur leurs justificatifs fiscaux, ce qui représentait un coût supplémentaire pour une population, dans sa majorité, déjà bien accablée. Avant que le minibus ne redémarre, les voyageurs eurent le temps de voir les policiers se partager l'essentiel de l'argent qu'ils venaient de prélever au nom de l'Etat. Bockarie et Albert secouèrent la tête en souriant. Les policiers se tenaient justement sous un panneau clamant : *Dites non à la corruption ! La corruption est un crime répréhensible !*

Bockarie échangea son numéro de portable avec Albert puis descendit près de la plage pour se rendre à son rendez-vous dans un café libanais. Il en fit le tour plusieurs fois dans l'espoir que son interlocuteur serait là avant lui, cette fois. Il ne voulait rien commander, et ça le gênait de s'asseoir à une table vide et d'attendre sans même une bouteille d'eau. Il ne pouvait pas non plus tourner indéfiniment dans l'établissement.

A son entrée, les serveurs l'avaient considéré d'un air suspicieux, déduisant à son apparence qu'il n'avait pas les moyens de s'offrir une simple consommation. Chaque fois qu'un Blanc ou quelqu'un enveloppé de l'aura de l'étranger entrait, les serveurs se précipitaient. Bockarie s'installa à une table avec vue sur l'océan, et l'homme qui s'était présenté comme l'émissaire de M. Kaifala surgit de nulle part. Il ne déclina pas davantage son identité mais donna, sans un mot, une poignée de main ferme à Bockarie. Son humeur avait changé depuis la veille, et Bockarie voulut y voir un bon signe. Ils regardèrent en silence les voitures qui longeaient la plage. Des filles et des jeunes femmes attendaient sur le bord de la route pour vendre leurs corps. Certaines semblaient plus jeunes que Miata. Leurs vêtements étaient presque inexistants et beaucoup portaient des jupes si courtes qu'en s'approchant suffisamment on pouvait voir tout ce que celles-ci ne parvenaient pas à cacher. Leurs tee-shirts étaient transparents et elles avaient les lèvres rouges. De l'autre côté de la route se trouvaient des garçons et des jeunes hommes venus à la plage pour se détendre, jouer au football et rêver au jour où ils pourraient s'asseoir à la terrasse des restaurants et manger ce qu'ils voulaient.

Des sirènes attirèrent l'attention de tout le monde. Deux motos de police descendaient la rue, ouvrant le passage à un 4 × 4. Ce dernier roulait si vite que tous comprirent qu'il s'agissait d'un membre du gouvernement. Les jeunes femmes adoptèrent une position leur permettant d'écarter encore plus les jambes, les mains sur la poitrine. La voiture noire se rapprocha ; sa plaque minéralogique était celle d'un ministère. Elle se gara. Le passager baissa sa vitre et appela deux filles, qui grimpèrent dans le véhicule climatisé. Les vitres teintées remontèrent, les engloutissant. Les motos, qui s'étaient arrêtées quelques mètres plus haut, relancèrent leur sirène. Comme le 4 × 4 les dépassait, les jeunes hommes qui avaient assisté à la scène se tapèrent dans les mains. Ils espéraient qu'ils pourraient, eux aussi, devenir ministres ou avoir au moins un peu d'influence.

— Bel exemple pour la jeunesse, hein ?

Le mystérieux émissaire se tourna vers Bockarie.

— Les gamins s'imaginent que le pouvoir sert à ça, ajouta un jeune homme élégant. Ils admirent les attitudes de ce genre. Si un ministre agit ainsi, surtout en plein jour, quel mal peut-il bien y avoir ?

Le jeune homme, assis à une table voisine, se leva et tira une chaise pour s'installer avec Bockarie et le mystérieur émissaire. Il portait un costume de lin brun qui lui allait à merveille et une chemise blanche avec des boutons de manchette mais pas de cravate.

— Ne me dites pas que c'est la première fois que vous voyez une telle chose, messieurs, ajouta-t-il.

— Moi, si, confessa Bockarie. Je ne suis pas d'ici, et je n'ai pas souvent l'occasion de venir dans le coin.

Il examina son voisin, aux manières aussi assurées que raffinées, et s'interrogea sur son métier.

— Tu es bien chic, mon ami, remarqua le mystérieux émissaire.

Leur conversation s'orienta sur la politique, le monde des affaires et bien d'autres sujets. Le jeune homme était mieux informé que les deux autres.

— Comment t'appelles-tu ? lui demanda l'émissaire.

— Sylvester.

Il leur tendit, à chacun, la main. Alors que la discussion s'essoufflait, il se hasarda à présenter une requête :

— Deux gentlemen comme vous auraient-ils la bonté de me donner un peu d'argent pour manger ?

Le mystérieux émissaire et Bockarie échangèrent un regard perplexe.

— Tu m'as tout l'air d'avoir les moyens de te nourrir sans mendier, répondit Bockarie.

— Pour être honnête, je suis sur un régime 0-0-1 ces derniers jours. Avec un peu de chance, ce sera aussi le cas aujourd'hui.

— De quel régime veux-tu parler ?

Bockarie étudiait avec attention Sylvester, dont la force et la dignité ne trahissaient pas le moindre signe de souffrance. Sylvester sourit, montrant des lèvres et une langue sèches : signes révélant qu'il n'avait rien avalé de solide ni de liquide depuis un moment.

— C'est l'expression que nous utilisons, mes amis et moi, pour désigner ceux qui ont la chance de pouvoir faire un, deux ou trois repas par jour.

Sylvester s'interrompit pour scruter les traits des deux hommes.

— Il y a ceux qui font du 0-0-0, ce qui signifie qu'ils n'ont rien à manger de la journée. Ce type-là, par exemple. Remarquez sa démarche. Il a si faim qu'il vaut mieux éviter de croiser son chemin. C'est le vent seul qui le pousse, il n'a plus de forces propres.

Sylvester fut distrait par les assiettes de nourriture qu'une serveuse apportait à une table.

— Nous allons te commander à manger, l'ami. Serveuse, par ici ! s'écria le mystérieux émissaire.

La voix de Sylvester se teinta d'excitation lorsqu'il reprit :

— Donc il y a ceux qui font du 1-0-1, et on les estime chanceux. Deux repas par jour ! Bon nombre d'entre nous travaillent dur pour suivre un régime 1-0-0 ou 0-0-1. J'ai une préférence pour la seconde option, j'emporterai donc la nourriture avec moi. Pour l'heure, je me contenterai de boire beaucoup d'eau pour me remplir le ventre.

Sylvester paraissait heureux d'avoir appris quelque chose à ses compagnons. Il leur expliqua que ceux qui étaient dans la même situation que lui enchaînaient toutes sortes de petits boulots pour pouvoir s'acheter de beaux vêtements et chaussures, du savon et parfois un petit flacon de parfum. On aurait pu en déduire qu'ils n'avaient pas le sens des priorités. Au contraire. Un jeune homme élégant, qui présentait bien, n'était pas considéré comme un voleur ni méprisé. Plus important, ça pouvait lui permettre d'approcher des personnes susceptibles de lui donner de l'argent ou de lui payer un repas.

— Je n'aurais jamais pu me joindre à vous si je portais des loques. Et grâce à vous, mon 0-0-1 du jour est garanti !

La serveuse lui apporta alors son repas et il demanda qu'on le lui emballe. Le mystérieux émissaire commanda de l'eau pour Sylvester et lui-même, ainsi qu'un jus de mangue pour Bockarie. Ils contemplèrent ensemble l'océan, l'immense rouleau d'eau qui venait, inlassablement, puis s'échouait sur le rivage.

— Je vais vous quitter, messieurs. Puissent nos chemins se recroiser ! Je n'aurai pas à vous expliquer à nouveau les difficultés de mon existence. Ce n'est pas toujours facile de demander de l'aide, vous savez, ajouta-t-il en baissant la voix.

Il laissa ensuite ses compagnons à leur humeur méditative. Il ajusta ses boutons de manchette, récupéra sa nourriture, son eau, et prit la direction du centre-ville. Le mystérieux émissaire se leva et annonça qu'il serait de retour quelques minutes plus tard. Bockarie le vit monter dans une voiture garée à même le sable, presque sur la plage.

Bockarie commençait à se demander s'il avait fait le bon choix en amenant sa famille ici, mais peut-être était-il trop impatient. Il attendrait de rencontrer ce M. Kaifala. Il pouvait ressortir du bon de leur rencontre. Où irait-il vivre sinon ? Il se trouvait dans la capitale après tout, où les opportunités étaient légion. Du moins l'avait-il cru... Il soupira. Le mystérieux émissaire revint et ils attendirent.

Kula avait choisi une superbe robe de dentelle blanche et enveloppé sa tête dans un élégant foulard assorti. Même ses enfants furent impressionnés : ils lui dirent combien elle était belle et lui souhaitèrent bonne chance. Elle se rendit d'un pas tranquille au carrefour pour prendre un minibus, répétant intérieurement les réponses aux questions qu'on risquait de lui poser. Qu'est-ce qui vous permet de penser que vous pouvez faire ce travail ? Possédez-vous les qualifications requises ? Dans quelle mesure ? Sur le trajet, son minibus fut arrêté et on lui réclama, également, de payer une taxe. Elle demanda à connaître le nom du capitaine de police, son numéro d'immatriculation et le commissariat dont il dépendait. Ainsi, si son reçu était un faux, elle saurait où le trouver. Ils virent à son regard que ce n'était pas le genre de femme à mettre dans de mauvaises dispositions. Plutôt que répondre à ses questions, ils lui dirent qu'elle paierait la prochaine fois.

Le minibus repartit peu de temps après, et elle descendit à un rond-point dans Aberdeen, ainsi que M. Saquee l'avait suggéré. Elle gravit la petite colline menant à l'hôtel Inamutnib et crut, un instant, s'être trompée. L'enseigne était presque exclusivement rédigée en chinois.

— Excusez-moi, monsieur. Suis-je au bon endroit ?

Elle montra à un vigile le morceau de papier sur lequel elle avait noté le nom de l'hôtel.

— Oui, tout à fait. Les Chinois ont pris la direction de l'établissement, c'est pourquoi leurs idéogrammes sont partout.

Il lui fit signe d'entrer et lui indiqua la bonne direction. A la réception, elle demanda Pascal et on la fit patienter. La soif gagnait du terrain dans sa gorge. Elle chercha le prix d'une bouteille d'eau et reposa aussitôt la carte. Elle ignorait que l'eau pouvait coûter aussi cher. Les gens allaient et venaient. La jeune femme à l'accueil se fit houspiller par un Chinois qui s'exprimait dans un anglais inhabituel pour Kula.

— Je suis désolé de t'avoir fait attendre aussi longtemps. Je suis Pascal, se présenta un grand homme.

Il s'assit sur le fauteuil en face de Kula et commanda de l'eau.

— As-tu de l'expérience dans l'hôtellerie ? lui demanda-t-il.

— Non, mais j'ai occupé un poste d'infirmière, et ce n'est pas sans rapport. Dans les deux cas, il s'agit d'aider les gens et de satisfaire leurs exigences, de les mettre à l'aise, affirma-t-elle avec force, sans élever pour autant la voix.

— M. Saquee m'avait prévenu que tu étais très intelligente et déterminée.

Il ponctua sa remarque d'un éclat de rire encourageant et reprit ses questions durant une trentaine de minutes.

— Je vais te prendre à l'essai pour un mois. Durant cette période, tu travailleras en binôme avec l'un des membres du personnel pour voir comment les choses se déroulent. Je suis convaincu que tu apprendras vite.

Il lui tendit la main pour mettre fin à leur entrevue.

— Merci beaucoup. Je ferai de mon mieux et je te suis très reconnaissante de me donner ma chance.

Elle lui serra la main avec plus de force qu'il ne s'y attendait. Il ne cacha pas sa surprise.

— Tu commences dans deux jours. Ton badge et ton uniforme seront prêts. N'oublie pas d'apporter une photo d'identité, s'il te plaît. Je dois néanmoins te prévenir que tu ne seras pas payée avant la fin du mois. Comme tu seras en formation, tu ne toucheras pas ta paie tous les quinze jours, contrairement aux autres employés. Je sais que tu devras débourser pas mal d'argent en transport, mais je ne peux rien t'offrir de mieux.

D'un hochement de tête, il conclut définitivement leur échange et prit la direction de son bureau. Kula termina l'eau fraîche avant d'appeler son mari.

— Allô, mon chéri ? J'ai terminé.

Elle sourit, puis poursuivit :

— D'accord, je te retrouve là-bas d'ici quelques minutes.

Elle rangea son portable dans son sac à main et partit rejoindre son mari au bord de la plage. La brise marine s'infiltra dans ses pores alors qu'elle approchait de l'océan. Elle marchait avec une élégance qui la distinguait de bien des femmes qu'elle croisait. Dès qu'elle aperçut Bockarie, elle se précipita dans ses bras. Il la serra contre lui et l'embrassa, et ils se mirent à marcher, bras dessus bras dessous, pieds nus dans le sable, leurs chaussures à la main. Ils se racontèrent leurs matinées respectives. Bockarie avait lui aussi décroché un travail : il corrigerait les travaux d'étudiants, c'est du moins ce qu'il avait compris. Il débuterait le lendemain. Il n'avait pas voulu provoquer la colère de M. Kaifala, qui s'était montré réticent à expliquer les détails du poste. Et qui était pressé. Le salaire était correct, en revanche.

— Alors comme ça, ce M. Kaifala existe vraiment ! Et il a fini par venir.

Elle libéra ses cheveux du foulard pour sentir encore mieux la brise marine.

— Oui, mais il ne m'inspire rien qui vaille... Enfin, ça n'a aucune importance, s'empressa-t-il d'ajouter en roulant les manches de sa chemise. Ton poste a l'air beaucoup plus intéressant que le mien. Je suis heureux pour toi, ma chérie, pour nous. Il y a trop longtemps que tu te consacres entièrement à la maison, aux enfants et à moi, si je puis dire. Il faudra que nous trouvions un arrangement pour eux, justement.

Il l'embrassa à nouveau et se pressa de tout son poids contre elle pour la pousser vers les vagues qui déferlaient. Elle fit un bond dans un éclat de rire.

— N'y pensons pas pour le moment, amour. Profitons de ce moment. Nous pourrions même nous offrir un verre dans un de ces bars sur la plage.

Elle indiqua plusieurs paillotes dressées sur le sable. Il accepta sa proposition et ils en choisirent une. En chemin, ils aperçurent un homme vêtu d'une longue tunique blanche. Une grande croix rebondissait sur sa poitrine. Il récitait des paroles qui ne faisaient aucun sens. Devant lui étaient assises plusieurs femmes dans la même tenue. L'une après l'autre, il les conduisait à l'océan et, après avoir émis une série de sons étranges, il leur plongeait la tête dans l'eau.

— Elles croient qu'il a le pouvoir de leur garantir de bons maris par ses prières ! expliqua un joggeur en dépassant Kula et Bockarie.

— Cette ville a chaque jour une nouvelle leçon pour nous. J'ai l'impression de vivre plusieurs vies chaque fois que j'observe le monde autour de moi.

Kula perdit son regard vers le large avant de se tourner vers son mari.

— Qu'en penses-tu ? A ton avis, je devrais aller lui donner de l'argent pour être sûre d'avoir un bon mari ? Même si je risque de finir noyée ?

S'esclaffant, elle se mit à courir sur le sable pour échapper à Bockarie.

— C'est peut-être moi qu'il devrait immerger dans l'eau salée pour que je devienne un bon époux. Attends une minute... n'en serais-je pas déjà un ?

Il la prit en chasse.

— Si tu le dis !

Elle riait à gorge déployée ; il l'attrapa et la fit tomber dans le sable.

Ils rentrèrent tard ce soir-là, à une heure où tout le monde dormait déjà. Ils s'étaient délectés de la caresse du vent nocturne sur leurs visages : la ville semblait s'ouvrir à eux, leur montrer ce qu'elle pouvait leur offrir.

Les voies de la capitale étaient impénétrables, toutefois, et celles du pays encore plus. Souvent des ombres rôdaient autour de la main généreuse, prêtes à lui briser les doigts, à gâter ses cadeaux.

Cette nuit-là, Kula et Bockarie regagnèrent en gloussant leur petite chambre et se couchèrent dans les vêtements qu'ils avaient portés toute la journée.

16

Bockarie était découragé à l'issue de sa première journée de travail. Il avait enfin compris en quoi consistait son poste. Le QG de M. Kaifala, ainsi qu'il l'appelait, employait des professeurs d'université pour rédiger les thèses d'étudiants assez fortunés pour s'offrir ce genre de service. Bien entendu, tous les gens aisés n'empruntaient pas ce détour pour décrocher un diplôme, mais l'absence de moralité de la chose dérangeait Bockarie. Il se rappela la conversation qu'il avait eue avec Albert, l'étudiant de Fourah Bay.

Comment notre pays peut-il aller de l'avant s'il s'adonne à de telles pratiques ? se demanda-t-il. Les employés de M. Kaifala rédigeaient des mémoires pour des étudiants incapables de s'exprimer correctement en anglais, ce qui ne les empêcherait pas de décrocher une licence, une maîtrise ou un doctorat. Le QG employait même des gens susceptibles d'aller défendre la thèse de leur client sous un faux nom – avec le soutien, naturellement, des membres du jury, qu'ils avaient dans la poche. L'université ne versait de salaire à aucun de ses professeurs, et ils étaient ouverts à toutes les propositions.

— Bienvenue, mon bon ami. Tu seras à l'essai pendant un mois, histoire de voir si tu peux garder notre secret ! Et si tu es en mesure de rédiger d'excellents mémoires ! Pour l'heure, nous te défraierons seulement pour tes transports et pour trois repas quotidiens. Je suis sûr qu'on t'a appris ce dicton à l'école : « Ventre affamé n'a pas d'oreilles. »

M. Kaifala lui montra son bureau, où une pile de travaux de recherche l'attendait déjà. Bockarie aurait voulu savoir si un seul employé de ce bureau était vraiment ce qu'il prétendait être. Ce matin-là, pendant qu'il attendait qu'on vienne le chercher à l'accueil, Bockarie avait entendu deux personnes s'adresser à M. Kaifala en lui donnant des noms différents : M. Cole et M. Conteh. Celui-ci avait répondu aux deux appellations sans broncher. Bockarie chassa ces pensées de son esprit : il avait charge de famille, et l'argent qu'il toucherait pendant ce premier mois lui serait d'une grande aide s'il adoptait un régime 0-0-1 et rentrait à pied chez lui, le soir. Un repas l'attendrait à la maison, et il pourrait ainsi faire des économies. Il ouvrit le premier dossier, un sujet de mémoire pour un master en relations internationales.

Cet étudiant ne quittera sans doute jamais ce pays et n'occupera aucun poste à l'international, se rassura-t-il pour justifier à ses propres yeux ce qu'il s'apprêtait à faire. Il prit connaissance des notes préparatoires et rédigea un premier paragraphe. C'était loin d'être mauvais, tant il aimait faire travailler son cerveau même pour de mauvaises raisons.

A l'heure du déjeuner, alors qu'il sortait prendre l'air, il vit des voitures avec des plaques gouvernementales et de jeunes Libanais qui sortaient d'automobiles luxueuses pour récupérer des paquets à l'accueil du QG. Il y avait aussi des gens normaux, comme lui, qui venaient chercher leurs colis dans des vêtements tachés de transpiration et des chaussures poussiéreuses, signe évident qu'ils avaient parcouru un long chemin, et dépensé leurs derniers centimes, pour s'offrir un simulacre d'instruction. Peut-être leur intelligence était-elle à la hauteur de ce qu'ils achetaient. Qui pouvait deviner leur histoire, savoir ce qui les avait conduits à prendre une pareille décision ? Ne parvenant pas à profiter de la brise, tant il était troublé par ces réflexions, il rentra.

Ce soir-là, il ne dit rien, pas même à sa femme, sur la réalité de son poste. Il prétendit être heureux et lui confia l'argent qu'elle dépenserait pour leur foyer. Leurs enfants ne tarderaient pas à reprendre les cours. Bockarie avait décidé de ne garder ce travail que pour un mois. Pendant ce temps-là, il chercherait autre chose. Il ignorait encore que sa mission serait si prenante qu'il n'aurait aucun loisir d'éplucher les annonces. Et dans une ville où les occasions ne se présentaient pas si souvent, il lui faudrait apprendre la prudence. Le gué était large, et il devrait sauter de pierre en pierre avec adresse pour pouvoir espérer, un jour, rejoindre la rive de ses valeurs.

Le bleu du ciel était à son apogée, et en le scrutant attentivement on pouvait presque apercevoir celui ou ce que l'on aimait à imaginer au-delà de la voûte céleste. Les activités quotidiennes nécessaires à la survie dans la capitale étaient si accaparantes que les gens avaient à peine le temps de lever les yeux. La plupart du temps, ils les gardaient rivés sur le sol afin d'y ancrer leurs pas et d'empêcher le vent du désespoir de les emporter trop facilement. Kula redressait la tête de temps à autre pour deviner, à la trajectoire du soleil, l'heure. C'était son premier jour de travail, et elle avait été affectée au créneau de quinze à vingt-trois heures. Avant de se mettre en route, elle prépara un dîner et distribua les corvées à ses enfants. Elle ne reverrait son mari que fort tard, ce qui lui serra le cœur, et elle se changea les idées en passant du temps avec les jumeaux qui crayonnaient dans leurs livres de coloriage. Bockarie et elle avaient acheté un portable supplémentaire qui resterait à la maison en cas d'urgence. Elle le confia à Miata.

— Est-ce que ça t'embête, mère, si Isatu vient réviser avec moi ? demanda-t-elle.

— Pas du tout, tant que vous n'invitez pas de garçons.

Kula n'avait pas sa pareille pour faire passer des messages sérieux avec légèreté. Si Miata ne réagit pas, elle savait que ses paroles avaient trouvé un endroit où se loger dans l'esprit de sa fille. Ou plutôt elle l'espérait.

A peine était-elle montée à bord d'un minibus qu'il se mit à tomber des trombes. Personne ne s'y était attendu tant le message du ciel semblait dire l'inverse. L'eau qui s'engouffrait dans le véhicule mouilla consciencieusement tous les passagers. Le chauffeur fit passer de petits sacs en plastique pour qu'ils puissent au moins protéger leurs téléphones, leur argent et autres objets de valeur qui craignaient l'humidité.

— L'eau n'est pas le feu, mes amis, inutile de vous rendre malades, plaisanta-t-il.

La pluie cessa aussi brusquement qu'elle avait démarré, et le soleil éclaira de ses rayons généreux la terre comme les êtres détrempés. Des torrents d'eau dévalaient les rues par une belle journée ensoleillée. Quand elle fut descendue du minibus, Kula appela Miata pour lui demander de lui apporter des chaussures et des vêtements secs : elle en aurait besoin après le travail, car elle n'était pas autorisée à emporter son uniforme chez elle. Elle avait un besoin urgent de chaussures, les siennes étaient si imbibées d'eau qu'elles produisaient un couinement à chaque pas.

— Charge tes frères de veiller sur la maison et viens avant la tombée de la nuit. Je ne veux pas que tu sois dehors lorsqu'il fait noir, précisa-t-elle à sa fille tandis qu'elle gravissait la côte menant à l'hôtel.

— Oui, mère.

Elle n'aurait pas besoin de chaussures si nous étions encore à Imperi : elle aurait pu rentrer pieds nus, songea Miata avant de crier les noms de ses frères, qui jouaient au foot dans le coin. Contrariés de devoir interrompre leur partie, ils ronchonnèrent. Isatu décida d'accompagner son amie.

— Mais je n'ai pas prévenu ma mère, argua Miata.

— Ne t'inquiète pas. Elle sera contente que tu n'aies pas fait la route toute seule, surtout si la nuit nous surprend.

Elle agita la main pour signifier à Miata de se dépêcher.

Pendant ce temps-là, dans le vestiaire des employés, Kula essorait ses vêtements trempés afin de sécher ses cheveux avec. Après avoir enfilé son uniforme à la hâte, elle remit ses chaussures mouillées, qui avaient refusé de libérer l'eau qu'elles retenaient. Se redressant de toute sa hauteur avec détermination, Kula se rendit à la réception pour prendre son poste. Pascal lui fit faire un tour rapide des lieux et lui donna quelques instructions. Puis il la confia aux soins d'une femme, qui lui enseignerait les rudiments du métier pendant les huit heures à venir. Son expression n'avait rien de cordial et elle ignora Kula du début à la fin. Pascal étant rentré chez lui, elle n'avait personne vers qui se tourner. Elle décida donc d'observer : elle apprendrait par elle-même.

Au bout de quelques heures paisibles, un client descendit de sa chambre. Il était sierra-léonais et avait passé du temps à l'étranger – un expatrié. La collègue de Kula étant au téléphone, il vint trouver celle-ci et l'invectiva.

— Je ne peux rien faire marcher dans ma chambre, tout est en chinois. C'est un pays anglophone, vous savez ! Regardez !

Il lui tendit la télécommande du climatiseur, qui ne comportait que des idéogrammes. Il poursuivit :

— J'ai aussi voulu commander des feuilles de manioc, et on m'a répondu qu'on ne servait pas de spécialités locales. Par contre, il y a du poulet et d'autres plats chinois. Je voudrais parler au directeur.

Kula se tourna vers sa collègue : celle-ci avait raccroché, pourtant elle ne releva pas la tête, continuant à feuilleter un magazine sans intérêt. Un Chinois qui s'acquittait de son travail de direction depuis son bureau au fond les rejoignit à la réception.

— Je suis le directeur. En quoi puis-je vous être utile, monsieur ?

Il écarta Kula, et l'autre réceptionniste choisit ce moment pour prendre la situation en main. Le client refusa de lui parler, tenant à discuter avec le directeur.

— Je veux des feuilles de manioc. De la nourriture de ce pays, vous voyez ?

— Nous n'avons pas de cuisinier pour les préparer. Voilà pourquoi nous n'en servons pas.

— Vous êtes en train de m'expliquer que vous êtes infoutu de trouver quelqu'un capable de cuisiner des feuilles de manioc dans tout le pays ? C'est n'importe quoi et vous le savez !

— Monsieur, nous ne tolérons pas les écarts de langage, ici. S'il vous plaît.

— Et apportez-moi des télécommandes en anglais.

Il plaqua avec force celle qu'il avait descendue sur le comptoir avant de tourner les talons. Le reste de la soirée fut calme. Les clients passaient principalement à l'accueil pour déposer, ou récupérer, la clé de leur chambre. Miata arriva juste au moment où Kula commençait à s'inquiéter pour elle.

— Je ne savais pas que tu venais avec Isatu, dit-elle en récupérant ses affaires.

Elle salua alors l'amie de sa fille.

— J'étais sûre de mettre plus longtemps que prévu à cause de la pluie, et je ne voulais pas être seule au cas où la nuit tomberait.

Miata évitait le regard de sa mère.

— Je vais terminer plus tôt, finalement, l'informa Kula. Asseyez-vous dans le hall en attendant, nous rentrerons ensemble.

Miata acquiesça, cachant sa déception : Isatu et elle avaient prévu de faire un petit détour par la plage avant de regagner l'est de la ville. Kula leur offrit des Coca-Cola et les tint à l'œil depuis son poste à la réception pendant qu'elles les sirotaient. Elles eurent soudain une crise de fou rire qui faillit bien les faire avaler de travers. Kula baissa les yeux vers ses pieds, enfin délivrés des chaussures glaciales, même si l'humidité résiduelle lui chatouillait encore les orteils.

En vingt minutes, le hall se remplit de jeunes femmes, en qui Kula reconnut facilement des prostituées. Des hommes blancs plus âgés en emmenèrent certaines, mais il ne cessait d'en arriver de nouvelles. Un vieil Anglais engagea la conversation avec Miata et Isatu. Il les invita dans sa chambre. Kula dut se retenir de bondir par-dessus le comptoir. S'enjoignant au calme, elle rejoignit d'un pas mesuré sa fille et son amie.

— Vous devriez avoir honte, monsieur. Ces demoiselles sont innocentes, et l'une d'elles est ma fille. Je suis sûre que vous avez une fille de leur âge chez vous. Comment réagiriez-vous si un homme mûr, comme vous, lui proposait un rapport tarifé ? dit-elle avec fermeté bien que d'une voix égale, afin que son patron ne surprenne pas cet échange avec un client.

L'Anglais s'éloigna sans demander son reste, se dirigeant vers sa chambre. Plusieurs filles s'élancèrent à sa suite pour lui offrir leurs services. Il les prit par les épaules. Kula installa Miata et Isatu plus près de la réception.

Son service se prolongea une bonne heure de plus, et elle haït le ballet incessant de jeunes femmes et de vieux hommes blancs. Elle surveillait les deux filles qui assistaient à ce spectacle. Dès qu'elle fut libérée, elle se précipita dans le vestiaire pour se changer. A son retour, des prostituées étaient en train d'agresser Miata et Isatu : elles leur criaient de chercher un autre terrain de chasse que le leur. Kula en agrippa une par les cheveux et l'autre par le bras pour les escorter dehors. Elles ne s'étaient pas attendues à ce qu'elle les gifle aussi fort.

— Vous n'avez pas à parler à mes filles de cette façon ! De quel droit vous imaginez-vous que toutes les femmes assises dans le hall de cet hôtel sont comme vous ?

Elle s'apprêtait à les rouer une nouvelle fois de coups, et les deux prostituées retirèrent leurs talons aiguilles pour courir plus vite, insultant Kula en dévalant la côte.

— Ce pays n'est vraiment plus ce qu'il était. Interdiction de dire un mot de cet incident à ton père, ordonna-t-elle, un index pointé vers Miata.

Pendant que Kula vérifiait qu'elle avait toujours son badge – elle craignait de l'avoir perdu pendant l'altercation –, une voiture de sport flambant neuve se gara devant l'hôtel. Le conducteur se précipita pour ouvrir la portière à l'arrière. Un jeune homme qui ne devait pas avoir plus de vingt-cinq ans trônait au centre de la banquette tel un roi. Il descendit du véhicule, son portable collé contre l'oreille. Il parlait et riait, une serviette blanche passée autour du cou, une grande bouteille d'eau à la main. Il remarqua qu'il était l'objet de l'attention de Kula, Miata et Isatu. Il tendit la bouteille à son chauffeur, plongea la main dans sa poche et en ressortit des billets qu'il remit aux deux jeunes filles. Il s'engouffra dans l'hôtel en tenant son jean, qui ne cessait de lui tomber sur les fesses. Elles sautillèrent en gloussant jusqu'à ce que Kula leur fasse les gros yeux. Pascal, qui s'était garé sur le parking adjacent, l'interpella :

— Tu veux que je vous dépose en ville ? Je suis juste passé chercher des papiers au bureau.

Kula accepta la proposition et lui présenta sa fille et son amie. Celles-ci s'assirent à l'arrière de la Toyota ; Kula, à l'avant.

— Je lis sur ton visage que tu as des questions au sujet du jeune homme qui vient de leur donner de l'argent, déclara Pascal avec un sourire.

— Est-ce que ce pays marche complètement sur la tête ?

— Voilà une grande question... En un mot, beaucoup de situations pourrissent depuis un moment... Mais laisse-moi t'expliquer ce que tu viens de voir.

Il se concentra pour démarrer, tant son moteur mettait du temps à réagir.

— Et voilà ! pesta-t-il. Le moteur d'un travailleur refuse toujours de partir au quart de tour !

Il sortit du parking. Les filles admiraient leurs billets tout neufs en échangeant des messes basses – et en ignorant les adultes. Pascal expliqua à Kula qu'elle venait de croiser un « statois » (une personne revenant des Etats-Unis) qui avait perfectionné sa « fausse réussite ».

— A une époque, j'ai été impressionné par ces jeunes hommes. Je voulais leur ressembler, partir et arrêter de chercher le succès ici, dans mon propre pays. Jusqu'à ce qu'un de mes cousins, qui vit à l'étranger, m'apprenne la vérité. Il en connaissait certains. Bien sûr, ils ne sont pas tous comme eux, seulement beaucoup exhibent une fausse réussite qui envoie le mauvais message à notre jeunesse.

Il klaxonna pour que le gardien lui ouvre le portail métallique. Il attendit de l'avoir franchi pour poursuivre :

— Nombre de Sierra-Léonais, des jeunes hommes principalement, se sont installés aux Etats-Unis. En Europe, aussi. Ils ont émigré dans l'espoir d'améliorer leur quotidien. Pourtant, en arrivant sur place, ils ont constaté que la réalité n'était pas aussi idyllique que ce qu'ils avaient imaginé. Au lieu de rentrer au pays, par honte et par crainte d'être traités de ratés par ceux devant lesquels ils s'étaient vantés avant leur départ, ils sont restés à l'étranger. Et les galères se sont accumulées. Malgré tout, ils viennent rendre visite à leur famille, après avoir économisé pendant un an à coups de petits boulots, juste pour étaler leur prétendue réussite. Certains se font même envoyer par bateau des voitures telles que celle que tu as vue devant l'hôtel le temps de leur séjour de deux ou trois semaines. Ils finissent parfois par les revendre pour avoir les moyens de repartir. La plupart ne disposent que de quelques milliers de dollars, entre trois et cinq mille disons, ce qui représente une somme importante à dépenser ici. On les voit partout en ville, sur les plages et dans les hôtels. Ils réussissent à impressionner tout le monde, filles, garçons, hommes, femmes, qui se remettent à rêver d'une vie meilleure à l'étranger, ignorant la réalité qui se cache derrière cette façade trompeuse. Bien sûr, il y a parmi eux des gens sérieux qui s'instruisent et travaillent dur pour gagner de l'argent. Lorsqu'ils reviennent, en général ils se montrent discrets, ils ne font pas étalage de leur réussite. Ils sont rares, malheureusement.

Pascal ralentit pour laisser passer un groupe de motos. Kula l'avait écouté avec attention.

— En résumé, ils donnent une image trompeuse de leur existence.

— Exactement, ma sœur. Sauf que cette image est attrayante. Et qu'ils l'entretiennent année après année. Il y a même des victimes parmi les jeunes filles, à qui ils font des promesses lors de ces visites.

— Un peu comme un rituel pour briser les rêves, répété inlassablement.

La remarque de Kula toucha Pascal, qui ne put parler pendant plusieurs minutes, se la répétant en son for intérieur.

— Je n'ai jamais trouvé des mots aussi justes. Leur pertinence me laisse sans voix.

Il traversa en silence la ville, si emmitouflée dans le noir que toute sa beauté avait disparu aux yeux. La lune et les étoiles étaient ailleurs ce soir-là.

Bockarie et Kula avaient fait tout ce qui était en leur pouvoir pour veiller sur leur famille, malheureusement la situation était de plus en plus difficile. Les prix ne cessaient d'augmenter. Alors qu'ils étaient en poste depuis quinze jours, ils vinrent à manquer d'argent pour nourrir leurs enfants. Ils voulaient que Manawah et Miata continuent leurs cours d'été, mais ils n'avaient plus les moyens de les payer. Quand ils se voyaient, ils n'avaient plus l'énergie de faire autre chose que dormir. Kula travaillait même le week-end dorénavant. Ils n'avaient pas eu le temps d'écrire chez eux et, ainsi que les anciens l'avaient prédit, le sommeil se montra plus capricieux à mesure que leurs inquiétudes grandissaient. Ils parvenaient à contrôler leurs enfants, toutefois ils savaient que si leur existence ne s'améliorait pas, ils n'auraient bientôt plus de prise sur eux. Miata serait la première à se laisser séduire par le miroir aux alouettes de la capitale.

La situation devint particulièrement critique pendant les deux dernières semaines du mois, au terme duquel Bockarie et Kula espéraient être payés. La famille ne pouvait plus s'offrir que quelques repas par semaine. Une nouvelle forme de honte, de douleur et de gêne élut domicile sur leurs visages – les visages de parents qui regardaient leurs enfants se coucher le ventre vide, soir après soir, ou insatisfaits du peu de nourriture qu'ils avaient avalée. Le sommeil se refusait également aux enfants qui ne mangeaient pas à leur faim. Bien des nuits, Kula et Bockarie s'attardaient sur la galerie et se demandaient, en chuchotant, s'ils avaient pris la mauvaise décision en venant à Freetown. A la campagne, on pouvait toujours compter sur quelqu'un pour partager son repas, ou faire quelques plantations en prévision des jours où l'argent viendrait à manquer. Ils n'avaient pas vu M. Saquee depuis un moment : il les évitait, car il connaissait leurs difficultés et ne voulait pas, par sa simple présence, leur rappeler qu'ils étaient censés lui verser un loyer bientôt. Le rire se faisait plus rare, lui aussi, dans une famille qui n'en avait jamais été avare.

Enfin, le jour de la paie arriva. Bockarie s'autorisa un sourire à la perspective de pouvoir arracher les épines de souffrance qui l'empêchaient de respirer. Il arriva de bonne heure au QG et se mit au travail. A la mi-journée, il entendit qu'on tambourinait à la porte du bureau. C'était inhabituel : les clients faisaient en général preuve de discrétion lorsqu'ils venaient chercher leurs mémoires. M. Kaifala, qui était allé ouvrir, fut plaqué au sol par des policiers et menotté. Les forces de l'ordre demandèrent ensuite à tout le monde de se mettre dos au mur et de lever les mains. Ils fouillèrent les pièces et emportèrent des sacs d'argent liquide. M. Kaifala dut les suivre. Même après leur départ, Bockarie resta contre le mur, les mains en l'air, pétrifié par la douleur qui pulsait dans son cœur. Il avait compris qu'il ne serait pas payé ce jour-là ni peut-être jamais. La police n'était pas venue fermer l'entreprise mais arrêter M. Kaifala, suspecté d'avoir pris part à un trafic de cocaïne. Bockarie apprit de ses collègues qu'un avion plein de drogue avait été saisi à l'aéroport, juste après son atterrissage. L'enquête suivait son cours, et de nombreux hommes importants du pays, dans le milieu politique et dans celui des affaires, avaient été arrêtés, tandis que d'autres avaient déjà fui à l'étranger. Le mystérieux émissaire qui avait pris contact avec Bockarie au nom de M. Kaifala leur dit à tous de rentrer chez eux. Ils seraient prévenus de la reprise des opérations. Bockarie l'entraîna à l'écart.

— Et ma paie ? J'ai besoin de cet argent.

— Tu as bien vu que la police a tout emporté. Si nous pouvons rouvrir, nous te devrons un mois de salaire.

Bockarie éleva la voix :

— Et si vous ne rouvrez pas ?

— Tu auras acquis ici une expérience professionnelle à rajouter sur ton CV ! s'esclaffa-t-il avant de s'éloigner.

Certains collègues de Bockarie étaient agglutinés autour d'une radio pour écouter les dernières nouvelles concernant l'avion rempli de cocaïne. La fièvre des débats s'empara aussi des auditeurs. Les Sierra-Léonais devaient-ils s'inquiéter que leur pays fournisse de la drogue à l'Europe et aux Etats-Unis ? Les avis ne s'accordaient pas.

« Pourquoi nous soucier d'eux, de leurs enfants et de leurs familles ? Ils ne l'ont pas fait, eux, quand nous étions en guerre, que toutes les armes et munitions venaient de chez eux », répondit l'un des invités de l'émission.

Bockarie n'écoutait que d'une oreille distraite. Il avait ses propres problèmes, qui n'intéressaient personne. Il avait prévu de retrouver Kula à l'hôtel pour fêter avec elle cette journée. Ils partageraient une grande bouteille de bière. Comment allait-il lui expliquer la situation ? A sa sortie du bâtiment, il fut accueilli par une bourrasque de vent chaud détestable. Il appréciait la chaleur en général, cependant tout s'était teinté d'amertume. Ses enfants ne mangeraient encore pas aujourd'hui. Il partit à la rencontre de sa femme.

Elle l'attendait à l'entrée de l'hôtel, et elle pleurait. Elle avait été renvoyée parce que Pascal et le directeur chinois ne s'entendaient plus. En conséquence, tous ceux que le premier avait recrutés étaient également remerciés, sans toucher de salaire. Ils s'étreignirent, Bockarie restant fort pour eux deux. Elle ne pleurait pas par faiblesse mais pour ses enfants. Ils échangèrent des explications d'une voix brisée, et à leur retour à la maison, les enfants n'entendirent qu'un récit décousu, tant la faim les obnubilait et accaparait leur attention. Leurs visages étaient déformés par les ombres du désespoir qui s'y étaient amassées. Les joues de Kula étaient maculées de larmes chargées du poids d'hier et ridées par la perspective de lendemains pénibles. La nuit approchait, et demain arriverait, sous une forme ou une autre. Si on leur avait annoncé qu'ils évoqueraient plus tard cette journée lors de conversations apaisées, parlant avec sérénité du dénuement auquel tant avaient été confrontés, ils auraient refusé de le croire.

Ils restèrent tous assis en silence pendant près de deux heures. Personne ne bougeait à l'exception d'Oumu, qui voulait demander à son père de lui raconter une histoire et n'osait pas dans ces circonstances. Elle se rappela celles que les anciens lui contaient. Ce souvenir raviva la voix de Mama Kadie dans sa mémoire. « Plante toujours tes pieds nus dans le sol pour découvrir ce que la terre a à t'offrir pour la journée. Elle garde toujours un trésor en réserve, il faut savoir écouter pour le trouver. » Voilà ce que la vieille femme avait dit à Oumu lors d'un de leurs nombreux échanges. Mama Kadie les chérissait, car elle savait Oumu prête à devenir un réceptacle des histoires du passé, ces histoires qui fortifient votre colonne vertébrale quand le monde vous écrase et affaiblit votre résolution.

Oumu repensait à ces paroles à présent que sa famille était réunie, dans la faim et le silence, que ses parents évitaient les regards des enfants. Elle étudia les siens. Chacun d'eux avait l'échine courbée en signe de défaite, sans doute incapables d'autre chose. Elle se leva de la petite chaise qu'elle occupait près de la porte. Elle retira ses tongs, se pencha pour les ramasser et les posa sur sa tête. Elle descendit dans la cour et, lentement, planta ses pieds dans la terre. Elle fit plusieurs fois le tour de la cour avant que quelque chose n'attire ses pas vers la route principale. C'était là qu'elle avait vu le Colonel pour la dernière fois. Il lui avait adressé un signe puis avait placé un doigt sur ses lèvres, ainsi qu'il l'avait fait le jour de leur arrivée dans la capitale. Elle avait respecté sa volonté et n'avait informé personne de sa présence.

Peut-être aurait-il pour elle des paroles encourageantes, même si elle ne voyait pas bien à quoi cela l'avancerait. Tout en cheminant, elle fredonna un air familier, qui concluait un conte de sa connaissance. On y racontait que ceux qui se couchaient sans avoir entendu d'histoire se réveillaient dans un lieu inconnu et mettaient du temps à redevenir eux-mêmes. Elle le chantonna tout bas, pour elle-même, plutôt que de le livrer au monde extérieur où il serait noyé par le vacarme de ceux qui cherchaient à conclure une nouvelle journée éprouvante. Elle s'arrêta dès qu'elle atteignit la rue animée et leva la tête à la recherche du Colonel.

Il la guettait depuis longtemps, dissimulé dans l'obscurité.

— Oumu, attends-moi, lui lança-t-il. Je vais venir à toi.

Il vérifia qu'il n'y avait pas de voitures avant de traverser rapidement, un panier de nourriture sous le bras. Il le lui

279

tendit sans un autre mot. Ses yeux apprirent néanmoins à la fillette qu'elle devait l'apporter à sa famille. Elle sourit, ses lèvres si desséchées par la faim qu'elles étaient collées et que son sourire ne parvenait pas à être aussi ample que les mouvements de joie de son cœur. Ils restèrent face à face un moment, puis Oumu rassembla ses forces et souleva le panier dans ses petites mains pour voir si elle pouvait le porter. Elle le reposa brièvement.

— Il faut que je rentre, sinon mes parents vont s'inquiéter de mon absence.

Elle serra la main du Colonel comme les adultes le faisaient lorsque la situation ne leur permettait pas de dire tout ce qu'ils avaient sur le cœur, promettant ainsi de prendre le temps, la prochaine fois, d'une conversation plus plaisante. Le Colonel s'accroupit pour être à sa hauteur et lui glissa quelques mots à l'oreille.

— Tu leur en parleras quand tu sentiras le moment venu, conclut-il.

Elle hocha la tête, tourna les talons et rejoignit sa famille. Elle avait oublié la présence de ses tongs en équilibre sur son crâne et pressa le pas. Elle entra dans la pièce silencieuse où tous attendaient, immobiles, qu'un événement se produise. N'importe lequel. Elle posa le panier, sortit des assiettes et entreprit de servir le riz, le poisson et la sauce aux feuilles de patates douces. L'odeur les ramena tous à l'instant présent, loin des lieux où ils s'étaient réfugiés. Ils relevèrent la tête, surpris, mais la faim qui étreignait leurs gorges les empêcha de demander à Oumu où elle avait trouvé la nourriture. Elle alla prendre ses parents par la main, puis fit signe à ses frères et sœur de les rejoindre autour du repas. Elle leur donna un petit bol d'eau pour qu'ils puissent se laver les mains avant de commencer à manger.

Après que Kula eut vérifié que la nourriture n'était pas trop brûlante, ils se jetèrent dessus et dévorèrent les cinq premières poignées de riz. Un silence suivit, ponctué cette fois par des soupirs de soulagement tant les saveurs de la sauce se déployaient dans leur bouche. Ils transpiraient tous à grosses gouttes, car il y avait longtemps qu'ils n'avaient pas fait de véritable repas.

Ils dégustèrent la fin plus lentement, se délectant de chaque bouchée comme s'ils mangeaient ce plat simple pour la première fois. Oumu, qui avait terminé avant tout le monde, se rassit sur son siège et lécha sa main. Ses parents l'imitèrent, suivis par Manawah, Miata et Abu. Thomas se régala de tout ce qu'il restait et nettoya les assiettes à coups de langue. Tous s'étaient adossés aux murs de la pièce, formant un cercle, leurs mains grasses d'huile de palme posées sur leurs genoux.

Oumu devina que ses parents n'allaient pas tarder à l'interroger sur l'origine de ce repas.

— Celui qui me l'a donné m'a demandé de vous dire que le monde ne s'arrêtait pas de tourner aujourd'hui et que vous deviez retrouver le sourire si vous voulez continuer à y vivre.

— Et qui est cette personne ? s'enquit sa mère.

— Le Colonel.

Bockarie et Kula échangèrent un regard, des sourires traversèrent leurs visages. Avant qu'ils aient eu le temps d'ajouter quoi que ce fût, Oumu lança :

— Mère, peux-tu nous raconter une histoire ?

— Je n'y vois pas d'objection.

Kula se redressa, se racla la gorge et attendit le silence qui invitait les esprits à ce rassemblement.

— Il était une fois deux frères qui avaient décidé de partir de chez eux pour se rendre dans un autre pays. A cette époque, avant d'entreprendre un voyage, il fallait se livrer à une cérémonie de purification en se lavant le corps, et le cœur, dans les moindres recoins. Voilà pourquoi, le jour du départ, les frères descendirent à la rivière pour se nettoyer. Ils récupérèrent leurs cœurs dans leurs poitrines, les purifièrent, puis les mirent à sécher sur un rocher pendant qu'ils s'occupaient du reste de leurs corps. On croyait alors qu'en lavant son cœur, surtout à la veille d'un voyage, on se mettait dans la disposition d'en profiter pleinement. Les frères étaient taquins et joueurs, si bien qu'ils s'amusèrent dans la rivière. Enivrés de rires, ils partirent en oubliant leurs cœurs sur le rocher au bord de la rivière. Ils ne s'en rendirent compte qu'une fois arrivés dans le nouveau pays. Les choses qui s'offraient à leurs yeux ne leur apportaient aucun plaisir, ils ne les comprenaient ni ne les ressentaient. Le frère aîné se toucha la poitrine et se rendit compte que son cœur n'y était plus. Le plus jeune fit de même. Ils remballèrent leurs affaires et repartirent chez eux le plus vite possible. Lorsqu'ils atteignirent la rivière, des jours plus tard, leurs cœurs les attendaient toujours. Le passage de plusieurs nuits les avait transformés pourtant, et les fourmis les avaient grignotés par endroits. Les frères les lavèrent avant de les remettre en place. Malheureusement, ils ne purent plus jamais vivre les choses comme autrefois.

Kula avait terminé et un silence assourdissant s'étirait.

— Il leur reste à trouver le moyen de réparer leurs cœurs abîmés, en ravivant le feu presque éteint en eux. Voilà leur raison d'exister.

La voix d'Oumu avait rompu le silence, qui ne se réinstalla pas. Voici ce qui arrive quand différentes sagesses fusionnent, ancienne et nouvelle, et trouvent à se loger dans le cœur de la jeunesse.

C'est la fin, ou peut-être le début d'une autre histoire.
Chaque histoire commence et se termine par une femme, une mère, une grand-mère, une fille, un enfant.
Chaque histoire est une naissance...

Remerciements

L'écriture de ce roman n'a été possible que grâce au soutien de ma famille et de tant de personnes, dans tant d'endroits différents. Elles m'ont inspiré, donné de la force et du courage. Leur simple présence à mes côtés pendant ce voyage a été une aide précieuse.

Je dois une gratitude infinie à mon épouse, Priscillia, ma muse, pour ses remarques pertinentes. Elles m'ont permis d'acérer mon imagination, de développer et de réintroduire certains personnages dans ce livre. Merci, mon amour, tu es mon soleil d'aujourd'hui et de demain. J'ai une dette envers ma grand-mère, Mamie Kpana, pour sa sagesse, gravée dans ma mémoire quand j'étais enfant. Sa philosophie de vie me nourrit et elle a inspiré l'un des principaux personnages de ce roman. *Bi se kaka mama !* Je remercie ma mère, Laura Simms, dont les encouragements indéfectibles, la connaissance et l'amour des histoires ravivent constamment ma passion pour l'écriture. Et mon autre mère, Sarah Hoveyda (ou ma belle-mère, si certains préfèrent). Sa joie et son talent pour profiter de chaque instant me ramènent toujours sur terre, me rappellent la simplicité et la beauté : متشکرم. Merci à ma cousine Aminata, à son mari Khamis (Mohamed), à ma nièce Mariam et à mes neveux Reyhan Kamil et Ayaan Kamal pour vos manières d'agir et de parler qui font renaître toujours le passé, l'époque où j'étais petit garçon dans mon village, chez moi. A ma famille calédonienne, ma sœur Nadia, mon frère François et mon neveu Madiba, *merci beaucoup*[1] pour la joie que vous m'avez donnée par votre présence durant les longues heures de retravail silencieux sur ce roman, à Brooklyn. Madiba, heureux bonhomme, tu n'avais que quatre mois, mais ton rire était un baume magique. Merci de m'avoir parfois forcé à éteindre mon ordinateur, de m'avoir rappelé que j'avais besoin de prendre un moment avec vous pour regarder par la fenêtre, découvrir le monde extérieur à travers vos yeux, et rire.

Je vous suis reconnaissant, Sumaili, JV, Prince et Valentin, pour vos questions, votre curiosité, vos conversations, votre force, pour l'amour et le bonheur que vous m'avez apportés alors que nous nous trouvions ensemble à Bangui, en République centrafricaine. Je retravaillais ce roman et vous preniez vos cours d'anglais. Ces moments ont certainement influencé mon écriture.

J'ai rédigé ce livre chez moi, en Sierra Leone, en République centrafricaine, en Italie, en France et aux Etats-Unis. J'adresse mes remerciements, comme toujours, à mon pays natal, à mon peuple qui m'a donné envie d'écrire et constitue une formidable source d'inspiration. Je remercie la Civitella Ranieri Foundation pour sa résidence de 2011 qui m'a offert l'espace, le temps et l'isolement dont j'avais besoin afin d'assembler les premiers éléments de ce roman. C'était une bénédiction d'être en Ombrie, dans ce lieu magnifique qui a redonné des ailes à mon imagination. Je tiens aussi à remercier toute l'équipe administrative à New York et en Italie, ainsi que mes compagnons de résidence.

Je suis reconnaissant au peuple de République centrafricaine et à la ville de Bangui, où j'ai terminé ce livre, et où je me suis nourri au quotidien de l'endurance et de la résilience de ceux que j'ai pu y croiser, en particulier les enfants. Ils ont laissé en moi la trace

---

1. En français dans le texte.

indélébile de ce que signifie être humain, n'importe où, n'importe quand.

Ira Silverberg, j'ai une dette éternelle envers toi qui m'as ouvert les portes du monde de l'édition. Merci, merci.

J'ai beaucoup de chance d'avoir une éditrice telle que Sarah Crichton, une femme rare. Comme toujours, ça a été un plaisir merveilleux de collaborer avec toi, et j'attends la suite avec impatience. Merci à toute l'équipe de Farrar, Straus et Giroux. J'ai vraiment l'impression d'appartenir à votre famille.

Enfin, j'adresse un immence merci à mon agent, Philippa Brophy chez Sterling Lord Literistic, pour sa confiance en ma vision des choses, son souci constant de mon bien-être ; ainsi qu'à Julia Kardon, qui a toujours répondu à mes innombrables questions avec patience et professionnalisme.

Composition et mise en pages
Nord Compo à Villeneuve-d'Ascq

Cet ouvrage a été imprimé en France par

*La Flèche (SARTHE)
en février 2015*

Dépôt légal : février 2015
N° d'impression : 3008136